本书为国家自然科学基金青年项目（批准号：72303096）、江苏高校哲学社会科学研究重大项目（批准号：2022SJZD051）、中国博士后科学基金面上项目（批准号：2024M750473）的阶段性研究成果。

金融地理结构、国际贸易与技术进步研究

JINRONG DILI JIEGOU
GUOJI MAOYI
YU
JISHU JINBU YANJIU

金友森 ◎ 著

企业管理出版社
ENTERPRISE MANAGEMENT PUBLISHING HOUSE

图书在版编目（CIP）数据

金融地理结构、国际贸易与技术进步研究 / 金友森著. -- 北京：企业管理出版社，2024.9. -- ISBN 978-7-5164-3109-2

Ⅰ.F832

中国国家版本馆CIP数据核字第2024S90Q12号

书　　名：	金融地理结构、国际贸易与技术进步研究
书　　号：	ISBN 978-7-5164-3109-2
作　　者：	金友森

策划编辑：赵喜勤

责任编辑：赵喜勤

出版发行：企业管理出版社

经　　销：新华书店

地　　址：北京市海淀区紫竹院南路17号　　邮编：100048

网　　址：http：//www.emph.cn　　电子信箱：zhaoxq13@163.com

电　　话：编辑部（010）68420309　　发行部（010）68414644

印　　刷：北京厚诚则铭印刷科技有限公司

版　　次：2024年11月第1版

印　　次：2024年11月第1次印刷

开　　本：710mm×1000mm　　1/16

印　　张：14.25印张

字　　数：203千字

定　　价：78.00元

版权所有　翻印必究・印装有误　负责调换

前　言

改革开放以来，中国凭借劳动力比较优势积极参与全球产业分工，高速发展的出口贸易为中国经济增长注入了重要动力。进入 21 世纪后，随着国内劳动力成本不断抬升以及国际生产网络进一步深化，中国的出口贸易结构出现了由加工贸易为主向一般贸易为主转变的趋势。而在当前高质量发展阶段，技术创新正成为推动经济增长的新引擎，中国对外贸易政策的重心也开始从过去的强调出口贸易转向主动扩大进口。显然，无论是国际贸易还是技术创新，其可持续发展都离不开外部资金的有效支持，金融发展、国际贸易与技术进步的关系也因此成为社会和学术界长期共同关注的重要议题。

中国既是贸易大国，也是金融大国，金融服务实体经济一直都是中国政府统筹发展经济和金融事业的根本宗旨。中国不仅拥有全球最大的银行体系和货物贸易规模，还具备全球超大规模的市场优势，以中国为背景研究金融地理结构、国际贸易与技术进步之间的关系，对于在全球范围内深化理解金融供给改革助力贸易发展和经济增长的机制路径具有一定的参考价值。自党的十八大以来，习近平总书记在不同场合多次强调要"坚持把金融服务实体经济作为根本宗旨"，"坚持深化金融供给侧结构性改革"。优化金融供给的地理结构不仅是金融发展的一个缩影，也是中国持续推进金融供给侧结构性改革的重要体现，而国际贸易与技术进步则是实体经济不可或缺的组成部分，因此，考察金融地理结构的贸易促进与技术升级效应对于审视和评估金融服务实体经济的能力亦具有重要的现实意义。

区别于现有研究主要基于金融市场发展深度的视角分析金融发展的经济效应，本书侧重立足于银行分支机构空间布局体系日益完善的现实背景，试图将金融地理学引入异质性企业贸易理论和内生经济增长理论的分析框架中，系统研究金融供给的地理结构对企业进出口贸易与技术创新行为的影响效应及其内在机制。本书首先从地理距离视角出发刻画中国的金融地理结构，利用高德地图开放平台测算了中国的银企距离，在此基础上研究银企距离对企业出口行为和出口贸易转型升级的影响。然后从地理密度视角出发重新界定中国的金融地理结构，系统分析银行密度对企业创新水平和创新持续时间的影响。再从外资银行进入视角出发理解中国对外开放的金融地理结构，厘清中国银行业对外开放政策的演变逻辑，进而探究外资银行进入对企业全要素生产率的影响。最后基于数字普惠金融的视角审视中国数字金融资源供给的地理结构，结合当前中国数字金融蓬勃发展以及进口贸易日益扩大的现实背景，从多个角度论证数字普惠金融对不同规模企业进口行为的影响。

本书的特色主要在于以下三个方面。

第一，研究视角。首先，本书较早关注并系统研究了银企地理距离对企业出口行为与出口贸易转型升级的影响。既有研究大多关注金融发展或融资约束水平与国际贸易的关系，鲜有研究金融供给的地理因素与企业出口行为内在关联的同类著作。本书基于金融地理学的视角，较早探讨了企业相对金融机构地理位置的远近在企业出口行为上所发挥的作用，进一步深化和拓展了现有研究。其次，本书还较早考察了外资银行进入对制造业企业全要素生产率的影响。阅读所及，笔者发现与这一主题紧密相关的文献是 Lai et al. (2016)，与之不同的是，本书考察的是外资银行进入对微观企业（而不是行业）层面全要素生产率的影响，从而能够有效避免行业加总偏误对研究结论的干扰。最后，本书也为理解数字金融发展与企业对外贸易的关系提供了一个相对较新的研究视角。目前，相关文献致力于研究以物理网点为基础的金融发展对企业出口的影响，研究数字金融发展影响企业进口贸易的文献仍然较少。本书在第七章探讨了数字普惠金融对企业进口的影响，从融资约束和消费促进两条渠道厘清其中的作用机制，是对现有文献的一个有益补充。

第二，研究方法。本书提供了测算企业与银行分支机构之间地理距离的合理思路。本书基于中国工业企业数据库以及中国原银行业监督管理委员会（以下简称原银监会）提供的金融许可证信息，在完善中国工业企业和银行分支机构精确地址信息的基础之上，利用高德地图开放平台测算了企业与银行分支机构的坐标距离。在此基础上，本书还分别测算了企业距国有大型商业银行、股份制商业银行、城市商业银行和农村商业银行四类金融机构的地理距离，并基于此考察了银企距离对中国银行业结构的异质性影响。此外，本书根据原中国银行保险监督管理委员会（以下简称原银保监会）提供的外资法人银行名单整理了中国城市级别的外资银行分支机构数据，该数据是基于手工查找的、目前较为完整和细化的外资银行机构数据，基于这一数据衡量外资银行进入更加准确。

第三，研究内容。首先，本书较早以中国为研究对象，回答了银企距离缩短是否能够提高企业融资能力这一基础且关键的问题。国外已有较多研究考察了银企距离对企业信贷获取能力的影响，如 Agarwal and Hauswald（2010）、Backman and Wallin（2018）、Nguyen（2019）、Kärnä et al.（2021），但这些大都是基于西方发达国家成熟金融市场的研究，在依赖银行主导型金融体系的大型发展中国家，银企距离与企业融资能力的关系有待进一步探讨和检验。其次，除一般贸易出口比重外，本书还从质量、技术、创新和价值链地位等角度构建了出口贸易转型升级的多维指标评价体系，提供了银企距离影响出口贸易转型升级在更多领域的经验证据。最后，国内关于企业创新的既有文献多数是建立在静态分析视角之上的，本书将生存分析模型引入企业创新的研究框架，从动态视角考察了银行密度对企业创新持续时间的影响，进一步拓展了该领域的研究广度。

最后，本书的撰写和出版离不开许多人的帮助和支持，在此向大家深表谢意。感谢国家自然科学基金青年项目（批准号：72303096）、江苏高校哲学社会科学研究重大项目（批准号：2022SJZD051）和中国博士后科学基金面上项目（批准号：2024M750473）对本书的支持。本书多数内容在全国高校国际贸易学科协作组会议、中国世界经济学会年会、中国产业经济研究学术年会等会议中做过交流，并得到了丁一兵、郑世林、倪红福、宋锦等与会专家的肯定和指导，在此一并表示感谢。还要感谢湖南大学曹世健、南京理工大学唐琳琳和方航等学生的助研工作，特别感谢企业管理出版社的大力支持与帮助。由于笔者水平有限，本书难免存在疏漏之处，欢迎读者们批评指正。

金友森

2024年6月于南京

目 录

第一章 绪论 ... 1
第一节 研究背景及意义 ... 1
第二节 内容框架及研究方法 ... 5

第二章 金融地理结构与国际贸易相关研究进展 ... 10
第一节 金融地理结构测度及其经济效应研究 ... 10
第二节 企业贸易行为的影响因素研究 ... 16
第三节 金融发展对国际贸易的影响研究 ... 21
第四节 对已有研究文献的简要评述 ... 23

第三章 银企距离与企业出口行为 ... 26
第一节 引言 ... 26
第二节 银企距离影响企业出口行为的理论机制分析 ... 27
第三节 计量模型、数据来源与变量选取 ... 29
第四节 银企距离影响企业出口行为的实证分析 ... 33
第五节 主要结论与政策启示 ... 51

第四章 银企距离与出口贸易转型升级 ... 53
第一节 引言 ... 53
第二节 银企距离影响出口贸易转型升级的理论机制分析 ... 55
第三节 计量模型、数据来源与变量选取 ... 58
第四节 银企距离与出口贸易转型升级的特征事实 ... 60

第五节　银企距离影响出口贸易转型升级的实证分析……………　64
　　第六节　主要结论与政策启示………………………………………　88

第五章　银行地理密度与企业创新……………………………………　90
　　第一节　引言…………………………………………………………　90
　　第二节　银行发展与企业创新的相关研究回顾……………………　93
　　第三节　银行密度影响企业创新的理论分析………………………　94
　　第四节　计量模型、数据与变量选取………………………………　100
　　第五节　银行密度影响企业创新的实证分析………………………　103
　　第六节　主要结论与政策启示………………………………………　121

第六章　外资银行进入与生产率进步…………………………………　124
　　第一节　引言…………………………………………………………　124
　　第二节　外资银行进入与企业生产率的相关研究回顾……………　126
　　第三节　外资银行准入的政策梳理及现状分析……………………　130
　　第四节　外资银行进入影响企业生产率的理论分析………………　136
　　第五节　计量模型、数据与变量选取………………………………　140
　　第六节　外资银行进入影响企业生产率的实证分析………………　143
　　第七节　主要结论与政策启示………………………………………　164

第七章　数字普惠金融、企业规模与企业进口………………………　167
　　第一节　引言…………………………………………………………　167
　　第二节　理论基础与影响机理………………………………………　168
　　第三节　计量模型、数据与变量选取………………………………　172
　　第四节　实证结果与分析……………………………………………　174
　　第五节　主要结论与政策启示………………………………………　190

参考文献……………………………………………………………………　192

第一章 绪 论

第一节 研究背景及意义

改革开放以来,中国凭借劳动力比较优势积极参与全球产业分工,出口贸易实现了持续高速增长。2009 年,中国货物出口贸易额首次超越德国,成为世界第一大出口国并持续至今。无疑,出口贸易是拉动实体经济增长的重要动力。据世界银行统计,中国商品出口额从 1978 年的 99.55 亿美元增长至 2019 年的 24994.57 亿美元,其占 GDP 的比重相应地从 6.66% 上升至 17.50%[①]。尽管近年来随着国内要素成本上升以及国际环境不确定性加剧,中国出口增速放缓,但出口贸易对于一国经济增长以及稳定就业所发挥的重要作用仍是毋庸置疑的。

在中国出口贸易创造增长奇迹的过程中,占据半壁江山的加工贸易起到了决定性的推动作用(马述忠等,2017)。改革开放前期,出于出口创汇的需求,中国加工贸易发展迅速并逐渐成为对外贸易扩张的中坚力量,加工贸易出口所占比重从 20 世纪 80 年代初的不足 5% 一度提升至 1998 年最高点的 56.88%。然而,加工贸易"两头在外"的特征决定了前期阶段的贸易增长是粗放式的,出口部门的生产效率并没有因广泛参与加工贸易而获得有效提升(Yu,2015)。进入 21 世纪后,随着国内劳动力成本不断抬升以及国际生产网络进一步深化,中国的出口贸易结构出现了由加工贸易向一般贸易转型升级的长期趋势。根据《中国海关统计年鉴》与海关总署的统计数据,中

---

① 商品出口额和 GDP 数据均来自世界银行数据库:https://data.worldbank.org.cn/。

国加工贸易出口占总出口额的比重从2000年的55.24%持续下降至2018年的32.05%，一般贸易出口占总出口额的比重则相应地从42.21%持续上升至56.32%。在这些背景之下，党和国家对出口贸易转型升级做出了重要部署。2019年11月，中共中央、国务院印发了《关于推进贸易高质量发展的指导意见》，明确提出要"做强一般贸易，增强议价能力，提高效益和规模"。

在出口贸易面临转型升级的同时，中国对外贸易的发展模式也开启了重大战略调整。自2008年国际金融危机以来，全球经济增长疲软导致外部需求持续低迷，国内劳动力成本持续攀升、资源约束日益趋紧，传统比较优势的不断弱化使得"出口导向"的贸易发展模式难以为继。在这些背景之下，中国对外贸易政策的重心开始从过去的强调出口贸易转向主动扩大进口，这一战略调整反映了中国经济发展政策从长期倚重的需求侧管理向供给侧改革转变（裴长洪，2013）。党的十九大以来，主动扩大进口已成为中国构建全面开放新格局的关键着力点，一系列鼓励进口的政策措施相继出台。《国务院办公厅转发商务部等部门关于扩大进口促进对外贸易平衡发展意见的通知》（国办发〔2018〕53号）、《国务院办公厅关于推进对外贸易创新发展的实施意见》（国办发〔2020〕40号）、《中华人民共和国国民经济和社会发展第十四个五年规划和2035年远景目标纲要》等多项重大政策均明确提出要扩大各类优质产品进口。着眼当前高质量发展阶段，扩大进口对于中国实现制造业转型升级和全球价值链跃升的重要意义不言而喻。

在国际贸易领域发生变化之际，技术进步与创新也越发成为引领中国经济高质量发展的核心动力。党的十九大报告明确指出，我国经济已由高速增长阶段转向高质量发展阶段，必须坚持质量第一、效益优先，以供给侧结构性改革为主线，推动经济发展质量变革、效率变革、动力变革，提高全要素生产率。2022年政府工作报告进一步明确，要深入实施创新驱动发展战略，巩固壮大实体经济根基，推进科技创新，促进产业优化升级，突破供给约束堵点，依靠创新提高发展质量。在传统比较优势逐渐削弱且外贸竞争新优势尚未完全形成的背景下，如何加快优化提高企业全要素生产率和创新能力的保障机制显得尤为紧迫。

显然，由于固定成本和沉没成本的存在，无论是国际贸易还是技术进步，其可持续发展均离不开外部资金的有效支持，而具有高资金门槛、长投资期限特征的企业创新活动更是如此。在中国当前的金融体系下，商业银行的信贷投放仍是各类企业外部融资的主要来源（李志生等，2020）。除了北京、上海、深圳等金融中心城市，我国的金融地理结构基本上可以由商业银行的网点布局所决定，信贷资源也主要是通过商业银行网点配置到各个地区、行业和企业。经过多年的改革与发展，中国银行业基本建成了兼具深度和广度的现代银行体系，服务实体经济的能力得到显著提升（王兆星和曹宇，2019）。根据原银监会提供的金融许可证数据，全国银行业金融机构网点数量自1978年的6719个增加至2018年的225959个，年均增速达9%。另外，根据王兆星和曹宇（2019）的统计，全国银行网点的乡镇覆盖率已超过96%。很明显，日益完善的银行空间布局体系强化了企业获取金融资源的能力（李志生等，2020；蔡庆丰等，2020）。与此同时，数字普惠金融作为推动中国金融发展的一支新生力量，其对外贸企业，尤其是中小微外贸企业的赋能作用也不容忽视。这就引出了一个重要的问题——金融资源（物理资源或数字资源）的地理布局与供给是否会对企业贸易与技术升级行为产生影响？对于这一问题，国内外现有研究尚未进行系统性探索。有鉴于此，本书尝试基于金融地理结构的视角，结合中国对外贸易发展模式出现的新调整以及引领经济增长的新方向，系统研究金融地理结构对企业的贸易行为及其技术进步的影响，力求为深化理解金融发展、国际贸易与经济增长的关系提供一个崭新的视角，也希冀能为深入推进金融供给侧结构性改革提供些许启示。

简言之，本书在金融地理学、异质性企业贸易理论和内生经济增长理论框架下，较为系统地研究了金融地理结构是否以及如何影响企业贸易行为与技术升级行为的问题，研究意义主要体现在以下两个方面。

第一，理论意义。①本书将金融地理学和异质性企业贸易理论进行了有效对接。金融地理学是经济地理学的一个重要分支，是一门基于地理学视角研究金融领域问题的交叉学科。随着金融资本跨区域流动的规模日益扩大，金融现象的空间维度及其经济影响越来越受到学者们的关注。根据新凯恩斯主义的货币非中性理论，信息不对称和交易成本引起的市场失灵导致了区域间金融系统的信贷分配效率存在显著差异（Crocco et al., 2010）。从经济学视角来看，金融地理学的研究领域主要包括金融系统对区域发展的非中性影响、地理距离对企业信用获得或融资能力的影响（彭宝玉等，2016）。可以发现，现有研究尚未将金融地理学的分析框架引入国际贸易与技术进步领域，而根据异质性企业贸易理论，融资能力是决定企业国际化经营的重要机制。因此，本书将金融地理学和异质性企业贸易理论进行逻辑整合，具有重要的理论意义。②本书拓展了异质性企业贸易理论的异质性外延。经典的异质性企业贸易理论主要关注了企业生产率异质性、劳动要素成本的异质性对企业贸易行为的影响（Melitz, 2003; Yeaple, 2005; Kasahara and Lapham, 2013），本书致力于探讨企业相对银行机构地理距离、获取金融资源能力的异质性在决定企业贸易和技术升级行为上的作用，在一定程度上可视为对企业异质性内涵的丰富和拓展。

第二，现实意义。①有利于审视金融服务实体经济的能力。本书试图从企业出口转型升级、技术创新与进口扩张等视角入手，系统研究金融地理结构对企业贸易与技术升级行为的影响效应及其内在机制。事实上，金融资源的地理布局是金融发展的一个缩影，而国际贸易与技术进步则是实体经济不可或缺的组成部分，因此考察金融地理结构的贸易与技术效应对于审视和评估金融服务实体经济的能力具有重要现实意义。②有利于更好地推动金融供给侧结构性改革。构建普惠金融体系、完善金融机构的空间布局是金融供给侧结构性改革的重要内容，本书从金融资源可达性的视角出发，考察金融机构的地理布局以及金融资源的区域分布对企业贸易与技术升级行为的影响，并通过多种方法的实证检验得出较为一致的结论，这对于中央提出的"构建多层次、广覆盖、有差异的银行机构体系"和"有序推进数字普惠金融发展"来说，无疑具有重要的现实意义。

第二节　内容框架及研究方法

一、内容框架

本书旨在探讨金融地理结构对企业贸易行为与技术升级行为的影响，结合中国的银行空间布局体系日益完善、金融开放进程日益加快、数字金融蓬勃发展以及国际贸易转型升级与技术创新迫在眉睫的多重事实，重点探究以下问题：如何刻画中国的金融地理结构？金融地理结构对企业出口行为及其转型升级有何影响？金融地理结构对企业创新能力有何影响？外资银行的地理进入能否促进企业生产效率的提升？数字普惠金融如何赋能企业进口贸易扩张？

围绕以上问题，本书首先对相关文献进行系统梳理，在总结现有研究的基础上探寻本研究的可拓展之处。其次，从地理距离视角出发刻画中国的金融地理结构，利用中国工业企业数据库以及中国商业银行分支机构的数据，基于高德地图开放平台测算银企距离，在此基础上实证研究银企距离对企业出口行为及其转型升级的影响。然后从地理密度视角出发界定中国的金融地理结构，实证分析银行密度对企业创新水平和创新持续时间的影响。接着从外资银行进入视角出发理解中国对外开放的金融地理结构，探究外资银行在中国的发展现状及其对企业全要素生产率的影响。最后，基于数字普惠金融的视角审视中国数字金融资源供给的地理结构，结合当前中国数字金融蓬勃发展以及进口贸易日益扩大的现实背景，从多个角度论证数字普惠金融对不同规模企业进口行为的影响。总体而言，本书遵循"提出问题—分析问题（理论分析与实证检验相结合）—解决问题"的研究思路，系统研究了金融地理结构对企业贸易行为与技术进步的影响。根据上述研究思路，本书共分为七章内容，结构安排如下。

第一章为绪论，主要介绍本书的研究背景与意义，阐述总体的研究思路、内容框架与研究方法。

第二章为金融地理结构与国际贸易相关研究进展。主要从金融地理结构的测度与经济效应、企业出口行为和进口行为的影响因素、金融发展对企业进出口的影响三个方面对国内外关于金融发展与国际贸易的相关研究进行系统性总结与梳理。在此基础上，对现有研究提出评述。

第三章为银企距离与企业出口行为。重点探讨"如何测算中国银企距离、银企距离是否影响了企业出口倾向和出口规模、银企距离对企业出口行为的影响是否存在异质性"等一系列问题。为此，首先根据中国工业企业数据库以及原银监会提供的金融许可证信息，基于高德地图开放平台对企业与银行分支机构的坐标距离进行了直接测算。在论述银企距离影响企业出口行为的理论机制的基础上，实证检验了银企距离对企业出口倾向的影响以及银企距离对企业出口规模的影响，并从银行类型、企业所有制和地区环境三个方面对银企距离的异质性影响进行了探讨。

第四章为银企距离与出口贸易转型升级。基于中国出口贸易结构出现由加工贸易为主向一般贸易为主转变趋势的事实，本章重点探讨"银企距离是否影响了中国出口贸易的转型升级、银企距离通过何种渠道影响出口贸易的转型升级、银企距离对出口贸易转型升级的影响是否存在异质性"等一系列问题。为此，首先论述了银企距离影响出口贸易转型升级的理论机制，其次基于中国商业银行分支机构、中国工业企业数据库和中国海关进出口数据库的匹配数据实证检验了银企距离对出口贸易转型升级的影响，并对银企距离的影响渠道和异质性影响进行了实证检验。最后还构建了出口贸易转型升级的多维评价体系，并进一步检验了银企距离对出口贸易转型升级其他表现的影响。

第五章为银行地理密度与企业创新。基于银行主导型的金融体系能否有效支撑国家创新驱动发展战略的时代议题，本章重点考察"银行分支机构的地理密度是否影响了企业创新水平、银行密度通过何种渠道影响企业创新水平、银行密度如何影响企业创新持续时间"等一系列问题。为此，首先对银行发展与企业创新的相关研究做了简要回顾，并从理论上厘清银行密度影响企业创新的理论机制。在此基础上，结合中国商业银行分支机构、中国工业企业数据库与国家专利数据库的匹配数据实证检验了银行密度对企业创新水平和创新持续时间的影响。

第六章为外资银行进入与生产率进步。立足于经济高质量发展阶段国家不断推进的金融开放进程，本章重点探讨"中国对外资银行制定的准入政策是如何演变的、外资银行进入是否影响了企业全要素生产率、外资银行进入对企业全要素生产率的影响是否存在异质性"等一系列问题。为此，本章首先梳理了中国对外资银行的开放政策，并介绍外资银行在中国的发展现状，接着从理论上厘清外资银行进入影响当地企业全要素生产率的作用机理。在此基础上，结合手工查找的外资银行进入数据与中国上市公司数据的匹配数据，实证检验了外资银行进入对企业全要素生产率的总体影响与异质性影响。

第七章为数字普惠金融、企业规模与企业进口。基于中国数字金融蓬勃发展以及扩大进口多措并举的现实背景，本章重点探讨"数字普惠金融的发展能否成为促进企业扩大进口的关键动力、数字普惠金融对不同规模企业进口贸易的影响效应有何差异"等一系列问题。为此，首先从融资约束和消费促进两个方面论证了数字普惠金融对企业进口的影响机理，并在此基础上进一步分析其对不同规模企业在影响渠道上所发挥的不同作用。接着，利用北京大学数字普惠金融指数、中国工业企业数据库以及中国海关进出口数据库的匹配数据，实证检验了数字普惠金融对不同规模企业进口行为的影响效应及其作用机制。

二、研究方法

本书遵循定性分析与定量分析相结合的研究范式，综合运用经济学、管理学、统计学与社会学相结合的跨学科融合方法，注重理论研究的前瞻性、政策分析的针对性与技术方法的先进性。具体研究方法主要包括以下四种。

（1）文献研究法。无论是关于金融地理结构的研究，还是关于企业贸易行为或技术进步的研究，国内外均已形成较为丰硕的成果，前人的这些研究为本书的变量测算、理论分析和实证检验提供了重要借鉴与支撑。因此，文献研究法是贯穿全书的最基础的研究方法。借助图书馆、互联网和期刊数据库等平台，本书主要对国内外相关领域的经典和前沿文献进行系统梳理、总结、对比和归纳，力求提高研究的科学性、严谨性和前瞻性。

（2）指标构建法。指标构建是进行实证分析的前提，本书基于中国工业企业数据库、中国海关进出口数据库、中国商业银行金融信息许可证数据库、国家知识产权局专利数据库等多套大型微观数据库，采用软件处理和手工整理相结合的方法，构建了一系列分析指标。例如，本书借助高德地图开放平台和 XGeocoding 软件测算了银行分支机构与工业企业之间的坐标距离，利用中国海关进出口数据库构建了企业一般贸易出口比重、出口产品质量、出口产品范围、出口持续时间、出口技术复杂度、出口上游度等指标，基于国家知识产权局专利数据库构建了企业创新持续时间指标，基于 CSMAR 数据库构建了中国上市公司的全要素生产率和违约风险等指标；手工整理了县域级别的银行地理密度、地级市层面的外资银行分支机构数量等指标。这些指标或作为被解释变量，或作为核心解释变量，不仅为本书的实证研究提供了便利，也为与本书相关的后续研究提供了数据与指标基础。

（3）理论分析与实证检验相结合的方法。本书结合金融发展理论、金融地理学理论、异质性企业贸易理论和内生经济增长理论，从多个角度系统研究了银企距离影响企业出口转型升级、银行密度影响企业创新、外资银行进入影响企业全要素生产率以及数字普惠金融影响企业进口的理论机制。基于这些理论分析，本书设计了科学严谨的计量模型，并采用了普通最小二乘法（OLS）、两阶段最小二乘法（2SLS）、双重差分法（DID）、倾向得分匹配法（PSM）、Heckman 两步法、Probit 模型、Tobit 模型、Logit 模型、Poisson 模型、PPML 模型、Cloglog 模型等多种计量方法进行一系列的实证检验。此外，本书还采用中介效应分析法及交互项模型对相应的理论机制进行了实证检验。这些理论和实证相结合的分析方法确保了本书论述逻辑的严谨性和科学性。

（4）对比研究法。对比研究法贯穿本书实证分析的全过程。在银企距离测算方面，本书不仅测算了企业距银行机构的最近距离，还测算了企业距银行机构的平均距离和最远距离，并比较不同距离指标对企业出口的影响是否存在差异。在银行类型方面，本书将银行分为股份制商业银行、城市商业银行、农村商业银行和国有大型商业银行，比较企业与不同类型银行机构之间的地理距离对企业出口转型升级的影响。在企业类型方面，本书根据企业所有制类型、企业规模、企业技术水平、出口状态和贸易方式对企业进行了分组，并比较银企距离、银行密度、外资银行进入以及数字普惠金融对不同群体的差异性影响。在地区类型方面，本书将地区分为制度环境完善和不完善地区、高金融发展水平和低金融发展水平地区、交通基础设施发达地区和欠发达地区、东部地区和中西部地区，比较银企距离、银行密度、外资银行进入以及数字普惠金融的影响效应在不同区域的差异。

第二章　金融地理结构与国际贸易相关研究进展

理论研究与实践经验表明，金融自由化和贸易自由化是新兴市场国家和发展中国家实现从封闭经济体向开放经济体顺利转型的两项重要措施。随着经济一体化进程的不断推进，全球金融发展水平和国际贸易规模都实现了大幅提升，其中一些微观层面的迹象表现在各国金融供给的地理结构发生了深刻变化，以及企业的进出口贸易日益频繁。在这一现实背景下，结合本书研究主题，本章将从以下三个方面对国内外关于金融发展与国际贸易的相关研究进行系统性总结与梳理：一是对金融地理结构相关研究的概述，包括对金融地理结构的测度研究和金融地理结构的经济效应研究的梳理；二是对企业出口行为和进口行为影响因素研究的概述；三是对金融发展影响国际贸易研究的概述，包括梳理金融发展影响出口的研究以及金融发展影响进口的研究。在此基础上，本章最后部分对现有研究提出评述。

第一节　金融地理结构测度及其经济效应研究

金融地理结构是指金融资源在地理空间上的分布与供给。随着新经济地理学的兴起，经济活动主体的地理位置和空间分布逐渐引起了学者们的广泛关注。作为金融业的核心市场主体，银行机构的地理布局不仅关系银行效率的高低，也关系一国实体经济的兴衰。根据新凯恩斯主义的货币非中性理论，由于信息不对称和交易成本而引起的市场失灵导致区域间金融系统的信贷分配效率存在显著差异，银行体系的地理结构在一定程度上解释了区域经济增长的差异（Crocco et al.，2010）。作为经济细胞的企业，其地理位置（地理距离）也会对企业经营状况和发展战略等方面产生重要影响（Kalnins and Lafontaine，2013；Chakrabarti and Mitchell，2016；Bick et al.，2017）。

一、金融地理结构的测度研究

笔者通过梳理相关文献发现，现有关于金融地理结构的测度方法大致可以分为地理密度法和地理距离法两类。在地理密度方面，金融地理结构的一个常用代理指标是银行机构渗透率。例如，Alessandrini et al.（2009）利用银行分支机构的地理渗透率（省内分支机构数量与全省地理面积之比）衡量意大利的银行地理分布结构，渗透率越大意味着金融供给可达性越高。Turner（2011）同样采用银行分支机构的地理渗透率（每 1000 平方千米的银行分支机构数量）对国家层面的金融准入程度进行了衡量。类似地，姚晓明和朱晟君（2019）也采用银行分支机构的地理渗透率对中国省级层面的银企距离进行了衡量。除此之外，还有一些研究用一定区域内单位银行分支机构的平均辐射半径作为金融地理结构的代理变量，辐射半径越短说明金融供给可达性越高（Milani，2014）。

由于地理密度法的测量准确度较低，并且难以测度企业层面的金融供给可达性，更多学者选择从地理距离的视角出发对金融供给地理结构进行测算，其中一种方法是计算企业和银行所处邮政编码区域之间的距离。例如，Carling and Lundberg（2005）基于 1994—2000 年瑞典的企业和银行数据，计算了企业所在地的邮政编码与银行所在地的邮政编码之间的地理距离，发现两地平均距离为 4 千米。Deyoung et al.（2008）基于 1984—2001 年美国的小额信贷数据，利用小企业借款人邮政编码地区与贷款人邮政编码地区之间的地理距离衡量金融地理结构。Balasubramanyan and Houston（2010）同样利用美国的小额信贷数据，计算了银企邮政编码之间的地理距离，发现银企距离在 2006—2009 年保持下降趋势。银行和企业之间地理距离的另一种直接测算方法是计算企业距银行总部的地理距离。Jiménez et al.（2009）基于1992—2002年西班牙的企业和银行数据，用银行总部与企业所在的省会城市之间的地理距离衡量银企距离，按照这一方式所计算的平均银企距离为354千米，有30%的贷款源自本地银行。Knyazeva and Knyazeva（2012）基于1990—2008年美国的银行和上市公司的匹配数据，计算了企业与银行总部的地理距离，得出企业距最近银行总部的地理距离的平均值为408英里（653千米）。Hollander and Verriest（2016）利用2005—2008年美国商业银行的信贷数据和上市公司数据，计算了企业总部距离银行总部的最近距离，发现平均水平的银企最近距离为390英里（624千米）。方成和丁骋骋（2019）基于中国一家城市商业银行2011—2014年的贷款数据，利用贷款发生地与银行总部的地理距离衡量金融地理结构，计算得到的银企距离的平均值为169千米。

此外，还有一些学者选择直接测算企业与银行分支机构之间的地理距离，以求更加准确地度量企业层面的金融地理结构。Petersen and Rajan（2002）是这一领域较早的研究，其基于1973—1993年美国小企业的融资调查数据，利用企业距银行分支机构的地理距离衡量银企距离，发现样本期间的银企距离保持明显上升趋势。Degryse and Ongena（2005）基于比利时一家全国性银行在1995—1997年发放的1万多份贷款合同数据，利用地图软件测算了企业距银行分支机构的最近交通距离，发现样本期间的银企距离略有上升。类似地，Agarwal and Hauswald（2010）基于2002—2003年美国中小企业贷款数据测算了企业距银行分支机构的交通距离，发现获得贷款的企业距银行机构的平均距离为9.91英里（15.85千米），未获得贷款的企业距银行机构的平均距离为10.67英里（17.07千米）。Herpfer et al.（2018）基于2004—2012年挪威银行和企业的数据，利用Microsoft MapPoint软件计算了企业与最近银行分支机构之间的道路驾驶距离，得到平均驾驶时间为19分钟，换算成行驶距离大致为6.30英里（10.08千米）。Bellucci et al.（2019）则基于2004—2006年意大利的银行样本，测算了企业与最近银行分支机构的地理距离，发现平均银企距离为 5.18 千米。

二、金融地理结构的经济效应研究

通过梳理可以发现，国内外关于金融地理结构经济效应的研究主要集中在信贷市场上，具体表现在以下五个方面。

第一，在信贷可得性方面，Brevoort and Hannan（2006）研究了银企距离与贷款决策之间的关系，发现银企距离是影响银行信贷决策的重要因素，对于中小银行而言，银企距离的重要性更加明显。Agarwal and Hauswald（2010）认为银企之间的地理邻近能够强化银行的"软"信息搜集能力，使得本地银行相比其他竞争银行拥有关于企业的信息优势，从而提高了本地企业获得信贷的概率。Han（2017）基于美国小企业融资调查数据库，利用加权最大似然估计法实证检验了贷款人与借款人之间的地理距离对贷款批准概率的影响，发现银行贷款批准概率随着银企距离的增加而降低，但借贷距离对非银行贷款批准概率的影响在统计上并不显著，表明非银行贷款与银行贷款在处理信息不对称方面存在差异。Backman and Wallin（2018）基于瑞典的调查数据，研究了银行准入如何影响企业获得外部资金进行创新的能力，发现企业距最近的银行越远，企业获取创新所需的外部资金的难度越大。同样基于瑞典的数据，Kärnä et al.（2021）以区域银行分支机构数量作为金融地理结构的代理变量，研究发现企业所在地区银行分支机构数量越多，其所能获得的信贷规模越大，表明金融地理结构对于信贷供给而言仍然是重要的决定因素。Nguyen（2019）则从美国银行分支机构撤销的视角出发研究了金融地理结构对信贷分配的影响，发现银行分支机构的撤销（金融资源的地理可达性下降）导致了当地小企业贷款持续下降，并指出这一影响仅局限在撤销的分支机构周围 6 英里（9.60 千米）的范围内。

第二，在融资成本方面，现有文献尚未得出一致的结论。一些学者基于边际成本定价的视角，认为银企距离对贷款利率或融资成本具有正向影响。例如，Knyazeva and Knyazeva（2012）实证研究了银企距离对贷款利差

（贷款利率与同业拆借利率之差）的影响，发现银企距离的增加显著提高了贷款利差，原因在于较远的银企距离增加了银行的信息搜集成本和监督成本，银行在制定贷款利率时会将这些成本考虑在内。Bellucci et al.（2013）利用 2004—2006 年意大利银行信贷数据开展的实证研究同样支持银行按照边际成本进行定价的观点，即贷款利率随银企距离的增加而提高。Qian et al.（2019）则基于企业集团内部借贷市场的视角，考察了地理距离对集团内部借贷利率的影响，发现借款人和贷款人之间的地理距离与贷款利率显著正相关。另一些学者则基于信息垄断优势视角，认为银企距离对贷款利率或融资成本具有负向影响。例如，Degryse and Ongena（2005）提出了银行的空间价格歧视定价策略，即由于银行事先能够获得企业地理位置信息，距离企业较近的银行可以利用其天然的成本和信息优势对邻近企业制定更高的贷款利率，对较远的企业反而制定更低的贷款利率。Casolaro and Mistrulli（2008）基于意大利银行和企业数据的实证研究得出了类似结论，银企距离越近，银行贷款利率越高，这一效应在中小银行中更加明显。Herpfer et al.（2018）的研究同样支持市场力量假说，发现银企之间的单程驾驶时间每缩短 8 分钟，贷款利率会上升 17 个百分点。类似的研究还包括 Petersen and Rajan（2002）、Cerqueiro et al.（2011）等。

第三，违约风险方面，Deyoung et al.（2008）构建了银企距离影响企业信贷违约的理论模型，并实证检验了两者之间的关系，发现银企距离的增加显著提高了企业信贷违约的概率。Milani（2014）研究了银企距离对意大利企业信贷违约概率的影响，发现银企地理距离的增加阻碍了信息的收集和监控，从而提高了企业违约的概率，而技术进步能够缓解银企距离对违约概率的正向作用。Presbitero and Rabellotti（2014）认为借款人与信贷机构之间的物理距离可以视为代理成本的重要表现，地理距离的延伸增加了委托—代理成本，从而可能加剧借款企业的道德风险问题，其经验证据表明银企距离越远，借款企业的用款行为越容易偏离初始目的而从事机会主义行为。Kim and Kim（2017）基于 2005—2012 年美国的 P2P 贷款数据，实证研究了借款人与贷款人之间的地理距离对众筹市场的影响,发现本地投资者与非本地投资者相比,其贷款受到借款人违约的可能性更低。方成和丁骋骋(2019)基于中国城市商业银行的实证分析得出了类似观点,即距离银行总部较远的借款企业具有更高的违约概率。

第四,在银企关系方面,Ono et al.(2015)利用2000—2010年日本的银企数据实证研究了银企距离对银企关系的影响,发现银企距离的变化正向影响企业更换主银行的概率,这一效应在距离增加时表现更明显,企业与银行之间的地理距离在更换主银行后显著缩短。Herpfer et al.(2018)利用基础设施改善对地理距离的外生冲击分析了地理距离对银企关系的影响,发现因基础设施改善而缩短的交通距离增加了企业与新银行建立关系的可能性,原因在于银企距离的缩短降低了交易成本。

第五,其他方面的经济效应。Jiménez et al.(2009)、Bellucci et al.(2019)研究了地理距离对贷款抵押率的影响,发现银企距离越近,银行要求借款企业提供抵押品的概率越高。Balasubramanyan and Houston(2010)较早探讨了银企距离与银行业绩的关系,指出银企距离越大,银行获得的净利息收入越多,而收入增加会导致信贷损失拨备增加,从而使得银行倾向于向更远的地方放贷,因此银企距离和银行业绩存在相互影响的关系。Hollander and Verriest(2016)考察了银企距离对金融契约条款约束力的影响,认为银企距离的延长加剧了信息不对称,为了保护贷款人的利益,银行会对金融契约设置更加严格的条款。

此外,随着微观企业数据可获得性的提高,近年来一些研究聚焦分析了金融地理结构对企业经营绩效的影响。例如,Chen et al.(2020)考察了中国城市商业银行发展对私营企业出口的影响,发现地区内城市商业银行分支机构数量的增加显著促进了当地私营企业的出口,并且这种促进效应在高外部融资依赖度的行业更加明显。Benfratello et al.(2008)采用意大利各省份的银行密度(银行分支机构数量与人口数量之比)衡量地区的银行发展水平,发现银行密度的增大显著增加了企业过程创新的可能性,但对企业产品创新的影响则更加微弱且不稳健。蔡庆丰等（2020）探究了企业周围一定距离的银行分支机构的数量对其创新能力的影响，发现国有银行机构数量的增加抑制了企业创新，股份制银行和其他中小银行机构数量的增加则能提高企业创新水平。李志生和金凌（2021）同样测算了企业周围一定距离的银行分支机构的数量，研究发现银行分支机构数量的增加显著促进了企业投资水平和投资效率的提高。

第二节　企业贸易行为的影响因素研究

自 Melitz（2003）以后，异质性企业贸易理论在国际贸易理论研究中逐渐占据了重要地位，展示了其在解释现代微观贸易数据库中观察到的种种贸易现象的强大潜力。异质性企业贸易理论打破了传统贸易理论和新贸易理论认为"同一产业内的企业是同质的"假定，提出企业在生产率、资本密集度、规模等方面的差异会影响其贸易行为。随着异质性企业贸易理论的不断完善和发展，有关微观企业贸易行为的文献层出不穷。本部分主要从出口和进口两个方面梳理影响企业贸易行为的主要因素。

一、企业出口行为的影响因素研究

作为异质性企业贸易理论的重要组成部分，企业的出口行为一直是当今国际经济学、产业经济学和发展经济学等多重学科的研究热点之一。通过梳理现有相关研究，本节将影响企业出口行为的因素概括为五个方面：要素禀赋、制度因素、产业政策、贸易与外商投资政策和外部市场环境。

（一）要素禀赋对企业出口的影响研究

在劳动力成本方面，陈雯和孙照吉（2016）的研究发现中国劳动力成本的上升显著抑制了企业出口二元边际；张明志和铁瑛（2016）则发现工资对企业出口产品质量的影响取决于劳动生产率，在劳动生产率达到一定水平时，工资上涨反而能够对企业出口产品质量的提升产生促进作用。在中间品进口方面，Feng et al.（2016）认为中间品进口显著促进了企业出口规模和出口概率的提高，马述忠和吴国杰（2016）研究发现中间品进口也促进了企业出口产品质量的提升；周记顺和洪小羽（2021）则提出了不同的观点，认为中间品进口对企业出口复杂度产生了抑制作用，类似的研究还有 Edwards et al.（2018）、Xu and Mao（2018）。在技术创新方面，康志勇（2013）和李宏等（2021）分别基于研发活动和专利质量视角考察了创新能力对企业出口行为的影响，发现企业创新水平的提高对企业出口具有显著的促进作用。在人力资本方面，多数研究认为人力资本扩张或积累对企业出口绩效产生了正向促进作用（Mulliqi et al., 2019；程锐和马莉莉，2020），但也有一些观点认为人力资本与出口之间存在倒 U 形关系（Onkelinx et al., 2016）。

（二）制度因素对企业出口的影响研究

一些学者聚焦评估了中国最低工资标准制度对企业出口的影响，发现最低工资标准的上调不仅显著降低了企业出口概率和出口规模（孙楚仁等，2013；Gan et al., 2016），还降低了企业出口产品的质量和出口国内附加值率（许和连和王海成，2016；耿伟和杨晓亮，2019）。知识产权保护制度也是国内外学者们长期研究的对象，例如余长林（2016）指出知识产权保护对企业扩展边际产生了正向促进作用，但对企业集约边际产生了抑制作用；张雨和戴翔（2021）则发现知识产权保护与企业出口国内增加值之间存在倒 U 形关系。此外，还有一些学者专门研究了中国增值税改革对企业出口的影响。例如，Fan et al.（2020）以中国"金税三期工程"的实施为政策冲击，利用双重差分方法考察了税收征管强化对企业出口的影响，发现加大征税力度对企业出口产生了显著的促进作用，离地方税务局较远的企业的出口增幅大于税务局附近的企业。刘玉海等（2020）则选择以 2009 年实施的增值税转型为政策冲击，研究发现因增值税转型而产生的税收激励显著促进了企业出口国内附加值率的提升，陈瑾等（2021）的研究与此类似。

（三）产业政策对企业出口行为的影响研究

在开发区政策方面，已有研究发现出口加工区的主导产业政策显著促进了企业出口规模扩张（张鹏杨等，2019）；进一步将研究范围延伸至所有开发区时，孙伟和戴桂林（2020）发现开发区的主导产业政策显著促进了企业出口国内附加值率的提高，杨烨和谢建国（2021）则发现开发区的设立在总体上提高了企业出口产品质量。在政府补贴方面，多数研究认为政府补贴对企业出口规模和出口概率的提升均产生了促进作用（施炳展，2012；苏振东等，2012；康志勇，2014），但也有研究认为政府补贴对企业出口集约边际无显著影响，对出口扩展边际则呈现出倒 U 形的影响（张杰和郑文平，2015）。在产业集聚方面，Long and Zhang（2011）、白东北等（2021）的研究均发现产业集聚促进了企业出口规模的增加，邵朝对和苏丹妮（2019）则研究发现产业集聚也促进了企业出口国内附加值率的提高。在交通基础设施方面，现有研究基本认为机场、公路、铁路等交通基础设施的完善和发展能够促进出口贸易增长（Cristea，2011；Coşar and Demir，2016；白重恩和冀东星，2018；Donaldson，2018；唐宜红等，2019）。

（四）贸易与外商投资政策对企业出口的影响研究

大量研究基于贸易自由化视角，探讨了关税削减或中国加入 WTO 事件对企业出口的影响，基本得出较为一致的结论，即贸易自由化总体上促进了企业出口绩效的提升（Bas，2012；毛其淋和盛斌，2014；Fan et al.，2019）。与此同时，贸易政策不确定性对企业出口行为的影响也引起了学者们的广泛关注，Handley（2014）、Feng et al.（2017）分别基于澳大利亚和中国的数据研究发现，贸易政策不确定性下降显著促进了企业出口。当然，也有一些学者仅就某种贸易政策的贸易效应进行了分析，例如许和连和王海成（2018）、梁平汉等（2020）研究了出口退税政策对企业出口的影响，发现出口退税审批权下放和出口退税无纸化改革都能显著提高企业出口规模。除贸易政策外，还有一些学者重点关注并研究了中国的外资准入管制放松政策对企业出口的影响，采用《外商投资产业指导目录》的变更衡量中国外资自由化程度，发现外资自由化显著促进了企业出口二元边际增长以及出口国内附加值率提高，代表性文献包括孙浦阳等（2015）、Lu et al.（2017）、邵朝对等

(2020)。

（五）外部市场环境对企业出口的影响研究

在外部需求方面，Mayer et al.（2021）发现外部需求的增加显著促进了企业核心产品的出口，钟腾龙和余淼杰（2020）在此基础上进一步将企业分为质量竞争型企业和成本竞争型企业，发现外部需求对出口行为的影响随企业竞争策略的不同而表现出截然相反的作用。在经济政策不确定性方面，现有研究发现目的国经济政策不确定性的提高会对企业出口意愿、出口规模和出口频率产生抑制作用（谢申祥和冯玉静，2018；綦建红等，2020）。在贸易便利化方面，段文奇和刘晨阳（2020）指出本国贸易便利化有利于企业出口扩展边际的增长但不利于其集约边际的增长，杨继军等（2020）发现本国贸易便利化提高了企业出口增加值，Fontagné et al.（2020）则认为目的国贸易便利化水平的提高对企业出口也产生了正向促进作用。在互联网发展方面，Ricci and Trionfetti（2012）、李兵和李柔（2017）的研究均证实了互联网使用对企业出口绩效的促进效应。

二、企业进口行为的影响因素研究

相比出口行为，考察企业进口行为影响因素的研究相对较少。通过梳理，本章将影响企业进口行为的因素概括成以下五个方面：汇率变动、要素禀赋、贸易政策、同群行为和其他因素。

（一）汇率变动对企业进口的影响研究

Landon and Smith（2007）重点研究了汇率变动与机器进口的关系，认为本币贬值一方面会增加机器进口成本，从而降低本国的机器进口需求，但另一方面又会通过促进本国出口而激励企业增加机器进口，以扩大生产规模，因此汇率变动对机器进口的最终影响取决于这两种效应的相对大小。López and Nguyen（2015）研究发现实际汇率及其波动性的增加降低了企业中间投入进口强度，但对中间投入进口概率没有显著影响。Li and Miao（2019）发现汇率波动对企业进口金额、进口范围和进口概率具有抑制作用。程凯和杨逢珉（2019）探究了人民币汇率变动对企业进口产品质量的影响，发现人民币升级对企业进口产品质量提升产生了显著的促进作用。

（二）要素禀赋对企业进口的影响研究

Fan et al.（2021）考察了劳动成本对工业机器人进口的影响，发现2008—2012年间中国最低工资的上涨显著促进了企业进口工业机器人。许家云和毛其淋（2019）指出生产性补贴对企业进口金额增加、进口产品范围扩大和进口质量提高都产生了显著的促进作用。耿伟和廖显春（2016）认为中国要素价格负向扭曲的程度不断增加，从而导致中间品进口的多样化水平下降。

（三）贸易政策对企业进口的影响研究

余淼杰和李乐融（2016）、施炳展和张雅睿（2016）考察了贸易自由化对中间品进口的影响，发现以关税减免为表征的贸易自由化显著提高了一般贸易企业进口中间品的质量。在贸易政策不确定性方面，已有研究指出贸易政策不确定性下降显著促进了企业进口规模的增长（Imbruno，2019；毛其淋，2020）和技术复杂度的提升（刘美秀等，2020）。在贸易壁垒方面，朱小明（2018）认为对外反倾销对受保护企业的进口多元化水平产生了显著的抑制作用。

（四）同群行为对企业进口的影响研究

Pateli（2016）、Bisztray et al.（2018）研究了企业进口行为的同群效应，即同地区或同行业内其他进口商数量的增加会显著促进本企业进口，原因在于本企业可以从同群企业身上获得有益于降低进口成本的相关信息。Békés and Harasztosi（2020）则重点分析了企业机器进口行为的同群效应，发现当地机器进口商数量的增加显著提高了企业进口国外机器的概率。吴小康和韩剑（2018）基于中国数据验证了企业进口决策和进口规模的同群效应，刘斌和赵晓斐（2020）则认为企业进口决策存在同群效应，但进口规模的同群效应不明显。

（五）其他因素对企业进口行为的影响研究

岳云嵩等（2017）探讨了互联网的使用对企业进口的影响，发现互联网的使用促进了企业进口概率和进口规模的提升。类似的，谭用等（2019）指出互联网的深化程度对企业进口价格有负向影响，对进口规模有正向影响。程凯和杨逢珉（2020）研究了贸易便利化对企业中间品进口质量的影响，发现贸易便利化对中间品进口质量产生了促进作用。除此之外，还有一些研究考察了移民网络（孟珊珊和王永进，2020）、知识产权保护（Wei and Lian, 2020）对企业进口行为的影响。

第三节　金融发展对国际贸易的影响研究

一、金融发展对出口的影响研究

理论与实践反复证明，融资约束是制约企业出口能力的一大瓶颈。以 Melitz（2003）为代表的异质性企业贸易理论认为，受融资约束的企业由于不能承担出口的固定成本而无法进入国际市场（Muûls, 2015）。总的来说，融资约束对企业出口的抑制作用在学术界已经得到绝大多数学者的认可。例如，Manova（2013）和 Chaney（2016）构建了融资约束与出口贸易的理论模型，均认为融资约束的存在限制了企业出口参与。Mukherjee and Chanda（2021）基于印度制造业企业数据的经验研究发现外部融资约束的提高显著降低了企业出口额。孙灵燕和李荣林（2011）同样得出了融资约束抑制企业出口的结论。

显然，缓解企业融资约束的重要手段之一便是通过不断深化的金融改革来提高金融资源的有效供给。随着异质性企业贸易理论的日益完善与发展，诸多学者基于不同的经济背景对金融发展与企业出口的关系进行了有益探索。理论上，Chaney（2016）将金融发展因素融入 Melitz（2003）的异质性企业贸易模型，发现金融发展水平的提高降低了企业从事出口贸易的临界生产率。实证上，在宏观层面，包群和阳佳余（2008）、Bellone et al.（2010）、Becker et al.（2013）认为发达的区域金融市场通过降低企业融资成本拉动了地区出口增长，Crinò and Ogliari（2017）则认为金融发展主要通过提高行业平均产品质量而促进行业出口规模扩张。在微观层面，Minetti and Zhu（2011）基于意大利企业的调查数据发现银行的信贷配给显著抑制了企业的出口倾向和出口规模，即增加信贷融资有利于提高企业的出口二元边际；陈继勇和刘骐豪（2015）、Manova et al.（2015）基于中国企业的实证研究得出了类似的结论。

此外，还有一类研究从金融自由化视角出发，考察金融发展与企业出口的关系。侯欣裕等（2019）利用《外商投资产业指导目录》构建了金融服务业外资准入管制程度变量，研究发现金融服务业外资准入管制的放松显著促进了下游企业出口概率和出口规模的提升。毛其淋和王澍（2019）基于城市商业银行管制放松的事实考察了地方金融自由化对出口的影响，发现地方金融自由化显著促进了企业出口。何欢浪和吴兰兰（2020）对股份制商业银行分支机构的实证研究也发现银行管制放松的确对企业出口产生了促进作用。荆逢春等（2018）则从外资银行进入的视角出发，发现外资银行进入显著提高了企业出口概率。

二、金融发展对进口的影响研究

相比出口贸易，企业从事进口贸易不仅需要承担国外市场的信息搜集、合同谈判等固定成本，更重要的是要直接支付货款，因而面临更高的资金需求，融资约束的存在导致企业无法获得足额资金用于承担进口成本。Bas and Berthou（2012）较早关注了融资约束对企业资本品进口行为的影响，发现流动性更强、杠杆率更低的企业更有可能进口外国资本品。Aristei and Franco（2014）基于欧洲制造业企业的经验研究发现，信贷约束的存在降低了企业中间投入品的进口可能性和进口规模；Nucci et al.（2021）基于世界银行企业调查数据的研究得出了类似结论。Wagner（2015）利用企业信用评级分数衡量信贷约束，发现信用评分越高的企业越有可能进口，且具有更多的进口产品和进口来源国。张夏和施炳展（2016）、武力超和刘莉莉（2018）、魏浩等（2019）等国内研究同样支持融资约束抑制企业进口的结论。

与金融发展通过缓解融资约束而促进企业出口的研究类似，一些学者也对金融发展与企业进口的关系进行了探讨。Chen（2015）利用中国工业企业数据库和海关数据库考察了融资约束、金融发展与企业进口的关系，发现区域金融发展显著增强了企业进口倾向，但这一增强效应并不是通过缓解融资约束渠道而发挥作用的。陈梅等（2017）同样认为区域金融发展未通过缓解融资约束而促进企业进口。与此相反，Fauceglia（2015）通过理论推导和实证分析发现，债权保护、债务强制执行效率、会计准则和信贷融资比重等信贷市场制度增加了企业获得外部融资的机会，通过减少信贷约束而有利于企业资本品进口。此外，Alfaro and Hammel（2007）探讨了资本市场发展与企业进口的关系，发现股票市场自由化显著促进了机器设备进口增长。

第四节　对已有研究文献的简要评述

在中国进出口贸易都已形成空前规模和面临新发展机遇的背景下，随着中国银行业发展规模日益壮大以及空间布局体系日益完善，研究金融地理结构对企业贸易行为的影响具有重要意义。从这一需求出发，结合研究主题，本章系统梳理了金融地理结构测度与经济效应相关的研究文献，回顾了企业进出口行为影响因素的相关研究，以及金融发展影响国际贸易的前沿文献。总结现有研究，可以发现关于金融地理结构或企业贸易行为的研究已十分丰富，这些研究为后续相关研究提供了重要借鉴和启示。然而，目前将两者结合起来考察金融地理结构对企业贸易行为的研究非常少见，而国内关于银企地理距离的测度、演化机制与经济效应的研究更为缺乏。具体而言，笔者认为现有研究在以下四个方面存在不足。

（一）关于金融地理结构经济效应的研究视角比较单一

虽然已有大量文献探讨了金融地理结构对企业行为的影响，但这些研究大都集中在金融地理结构对信贷可得性、贷款利率、违约风险、贷款抵押率、金融契约设计、银企关系等信贷市场领域，对其他领域的企业行为关注明显不足，而将金融地理结构与企业贸易行为联系起来的研究更为少见。显然，无论是进口贸易还是出口贸易，其发展均离不开外部资金支持，尤以依赖银行主导型金融体系的发展中国家为甚。根据前人的研究，金融地理结构会直接影响企业所能获得的信贷资金规模，而信贷供给能够促进贸易发展的结论已得到多数理论研究和实践经验的支持，因此我们从逻辑上不难理解金融地理结构能够对企业贸易行为产生影响的判断。遗憾的是，这一研究视角尚未引起金融发展领域学者们的充分关注与重视。

（二）现有研究大都基于金融供给强度深化的视角考察金融发展对企业贸易行为的影响，鲜见关于金融供给的地理因素与企业贸易行为的讨论

国际贸易领域的研究很早就关注了融资约束对企业进出口行为的影响，并基本认同融资约束的存在对企业贸易行为具有限制作用。然而，学界对于如何准确衡量企业的融资约束水平尚未形成共识，常用的融资约束衡量方式包括外部资金依赖度和有形资产比例（Manova，2013）、流动比率和杠杆率（Mukherjee and Chanda，2021；Fauceglia，2015）、利息支出强度（孙灵燕和李荣林，2011）、虚拟变量（Minetti and Zhu，2011；Nucci et al.，2021）以及综合指标（魏浩等，2019）等，基于财务指标所计算的融资约束也不可避免地会产生较为严重的内生性问题。此外，现有研究大都采用地区或行业宏观层面的指标衡量金融发展水平（Manova，2013；Becker et al.，2013；杨连星等，2015；齐俊妍和王晓燕，2016），该做法隐含的一个假设是同一地区或同一行业内不同企业得到的金融服务是相等的，而这显然与现实经济不符。由此可见，利用金融机构与企业之间的地理距离来表征企业可能获得的金融资源，不失为一个更具外生性且更加准确的办法。

（三）对于银企距离的测算研究缺少中国的证据

通过梳理我们发现，相比地理密度法，银企距离直接度量法的精确度更高，而其中利用企业与银行分支机构的地址信息直接测算银企坐标距离的方式则相对更为科学合理[①]，也得到了国外学者们更为广泛的应用。然而遗憾的是，鲜有研究对中国的银企距离进行直接测算。经过多年的改革与发展，中国银行业实现了从低效率的一元银行体制到综合竞争力显著提升的现代银行体系基本建立的跨越，根据原银监会提供的金融许可证信息，全国银行业金融机构网点数量自1978年的6719个增加至2018年的225959个，从全球范围来看，中国银行机构的网点数量已名列前茅。显然，日益完善的银行布局体系缩短了企业与银行之间的地理距离，但学界对于中国银企距离的测算研究与国外还有不小差距。

（四）现有研究对企业进口影响因素的关注不足

从本章文献梳理的结果中可以看出，国内外已有大量文献探讨了企业出口行为的影响因素，但对于企业进口行为的影响因素仍然较少研究。尽管不乏部分文献探讨了以物理网点为基础的金融发展对进口的影响，但鲜有研究聚焦分析数字金融资源的地理供给对企业进口的影响。面对中国金融领域出现的新调整和新特征，在此基础上进行的理论和经验研究仍然十分匮乏。

[①] 采用企业和银行的邮政编码测算银企距离的缺点在于，当企业和银行处于同一邮政编码区域时会产生较多零值；采用企业与银行总部的地理距离衡量银企距离的缺点在于，每笔贷款的发起、管理和监督工作通常是由银行分支机构完成的，总行（分行）仅负责审核贷款申请而不直接与企业接触，企业与银行总部的地理距离因而无法反映银企距离的作用机制。

第三章　银企距离与企业出口行为[①]

第一节　引　言

经过40多年的改革与发展，中国银行业实现了从高风险、低效率的一元银行体制到风险可控、综合竞争力显著提升的现代银行体系基本建立的跨越。然而，高速发展的银行业与实体经济融资需求仍不相匹配，实体经济长期融资难、融资贵、融资慢的问题尚未得到根本解决。为了防范金融供给与实体经济需求的长期结构性失衡，党的十九大报告明确提出了"增强金融服务实体经济能力"的要求。2019年2月，习近平总书记在中央政治局第十三次集体学习时再次强调"要深化金融供给侧结构性改革"，并指出"要构建多层次、广覆盖、有差异的银行体系"。显然，增加和完善金融资源的有效供给已成为加快推进金融供给侧结构性改革的重要部署（厉以宁等，2017）。

毋庸置疑，制造业出口是拉动中国实体经济增长的重要动力。然而近年来，随着国内要素成本上升以及国际环境不确定性加剧，中国出口增速放缓，经济下行压力加大。与此同时，自2008年国际金融危机后，商业银行对出口企业的信贷供给规模大幅下降，众多企业的出口能力难以为继（Buch et al.，2010；Paravisini et al.，2015）。尽管中国银行业的信贷供给已形成一

[①] 本章是笔者与许和连合作，主要内容发表于《经济科学》2021年第5期。

定规模并保持较快速度的增长[①]，但信贷供给的地理结构仍未适应实体经济的发展态势，大量受益于工业化和城镇化而快速兴起的县域城市和偏远地区的信贷供给严重不足，地方金融服务的覆盖面和渗透率仍然有限（刘光溪，2017）。由于银行的信贷决策普遍存在"本地偏好"（Deyoung et al., 2008; Presbitero and Rabellotti, 2014），银行机构的地理布局直接关系到地区信贷资金的相对供给规模，而银行与企业之间的地理距离则在一定程度上决定了企业信贷资金的可得性，进而影响企业出口绩效。在这样的背景之下，研究如何通过优化银行机构的地理布局为出口贸易发展清除融资障碍，对于增强金融服务实体经济的能力、推动中国经济可持续增长以及维持国内就业的稳定具有重要意义。

基于以上分析，本章从金融地理学的视角出发，利用中国商业银行分支机构和中国工业企业数据库的匹配数据，考察了银企距离对企业出口行为的影响。

第二节　银企距离影响企业出口行为的理论机制分析

首先，银企之间地理邻近通过降低信息不对称程度而提高企业的信贷可获得性，进而促进企业出口。在信贷市场上，信息不对称是影响银行信贷资源配置效率的主要因素（Stiglitz and Weiss, 1981），银行通常依赖借款人提供的各类信息而做出信贷决策，这些信息大致可以分为"硬"信息（如企业资产负债情况、抵押品价值、信用记录等）和"软"信息（如企业家能力、管理理念、声誉等）（Backman and Wallin, 2018）。"硬"信息可以通过计算机通信技术、会计披露以及信用评级等方式获得，"软"信息由于具有难以

[①] 中国人民银行发布的《2016年四季度金融机构贷款投向统计报告》显示，截至2016年末，全国金融机构人民币各项贷款余额106.6万亿元，同比增长13.5%；2017年度及2018年度相应报告的数据显示，全国金融机构人民币各项贷款余额的同比增速分别为12.7%和13.5%。

书面化和定量化的特点则更加依赖借贷双方的长期面对面接触（Petersen and Rajan，2002）[1]。银企距离的缩短降低了银企双方现场沟通的成本，银行能够及时获取内容更丰富、质量更高的企业"软"信息，在"硬"信息不足的情况下这些信息将成为影响银行信贷决策的关键因素，因此企业更有可能获得来自邻近银行的贷款（Brevoort and Hannan，2006；Agarwal and Hauswald，2010；Kärnä et al.，2021；蔡庆丰等，2020）。除企业信息外，银企距离缩短还能促使银行获得更多关于当地经济状况的信息，这些信息也能为银行对企业的贷款决策提供有利依据（Pollard，2003）。相反，银企距离越远，银行的信息搜集成本和监督成本随之抬高，此时银行倾向于提高信贷标准、制定更加严苛的信贷契约（Hollander and Verriest，2016）。相比内销企业，出口企业在进入国际市场时需要提前承担因出口行为而产生的额外固定成本（如根据国外消费者偏好和质量标准设计产品、建立和维护国外营销体系的投入等）和可变成本（如运输成本、关税和保险费用等），在企业内源融资普遍不足的情况下，这些预付成本更加依赖于银行的信贷支持（Manova et al.，2015）。信贷可得性的提高使得企业有更多的资金用来承担出口成本而成功进入国际市场，进而实现更多的出口收益（陈继勇和刘骐豪，2015）。

其次，地理邻近也可能通过强化银企关系而影响企业的信贷融资能力，进而影响企业出口行为。已有研究表明，企业与贷款银行之间的地理距离越近，企业更换贷款银行的概率越小，即银企距离的缩短能够强化银企关系（Ono et al.，2015）。一方面，紧密的银企关系不仅能够提高银企之间信息传递的效率和质量，还能缩短贷款决策的审批时间，以及降低贷款合约的担保要求，提高借款企业获得信贷的便利性（Behr et al.，2011），从而有利于银

---

[1] 从我国商业银行对公信贷业务的具体实践情况来看，依据《中华人民共和国商业银行法》和《贷款通则》等法律法规以及中国原银行业监督管理委员会（以下简称原银监会）制定的《商业银行授信工作尽职指引》，商业银行对非自然人客户调查和客户资料的验证应以实地调查为主，间接调查为辅。实地调查通常包括走访企业经营场所、生产车间、固定资产和存货所在地以及与企业管理人员和财务人员当面交谈等方式。

行为邻近企业的出口行为提供长期稳定的信贷资金。另一方面，因地理邻近而强化的银企关系也可能增加企业的信贷融资成本。密切的银企关系会强化本地银行对借款企业的信息垄断优势（尹志超等，2015），增加企业更换贷款银行的成本（Hasan et al.，2019）；为了获得垄断租金，关系型银行可以利用信息和成本优势对距离较近的企业制定更高的贷款利率（Herpfer et al.，2018）。显然，融资成本的增加直接限制了企业的信贷融资能力，从而对企业出口行为产生不利影响。因此，缩短银企距离通过强化银企关系影响企业出口的作用方向难以确定。

综上所述，缩短银企距离可能通过降低信息不对称和强化银企关系两条渠道影响企业出口，但该理论机制的总体作用方向未能确定，需通过后续严格的实证检验才能得出结论。

第三节　计量模型、数据来源与变量选取

为了检验银企距离对企业出口行为的影响，参考 Bas（2014）和孙浦阳等（2015）的研究，本章建立如下基本计量模型：

$$exportdum_{ft}=\alpha_0+\alpha_1\ln distance_{ft}+\lambda X+\phi_f+\varphi_t+\varepsilon_{ft} \quad (3-1)$$

$$\ln export_{ft}=\beta_0+\beta_1\ln distance_{ft}+\gamma X+\phi_f+\varphi_t+\varepsilon_{ft} \quad (3-2)$$

其中，f、t 分别表示企业和年份。式（3-1）用于检验银企距离对企业出口倾向的影响，$exportdum$ 表示企业当年的出口状态虚拟变量，出口取值为 1，否则为 0；式（3-2）用于检验银企距离对企业出口规模的影响，$lnexport$ 表示企业出口销售额加 1 后的自然对数。$lndistance$ 表示银企距离加 1 后的自然对数，X 为控制变量集；ϕ_f 为企业固定效应，φ_t 为年份固定效应，ε_{ft} 为相应模型的随机误差项。为了控制企业固定效应，本章主要采用固定效应 Logit 模型对式（3-1）进行估计，采用 OLS 模型对式（3-2）进行估计。

本章使用的数据主要有两个来源：一是中国商业银行分支机构数据。原

银监会公布了自 1949 年开始的全国各类商业银行分支机构的金融许可证信息，包括证件流水号、发证日期、机构名称及机构地址等信息。对于部分具体地理位置不完整的观测值，通过手工查找的方式进行补全，从而构建了 2000—2010 年中国商业银行分支机构在省、市、县、乡镇街道、村街门牌号层面的地理位置变量。二是相应年份的企业数据来自中国工业企业数据库。为保证数据的合理性和研究的准确性，参考 Yu（2015）的做法对该数据库进行如下处理：①将不同年份的行政区划代码统一调整为 2002 年的行政代码；②将不同年份的国民经济行业分类统一调整为 2002 年的分类标准（GB/T4754—2002）；③剔除职工从业人员数、总资产、固定资产、销售收入、实收资本指标缺失的样本；④剔除总资产小于固定资产、总资产小于流动资产、实收资本为零或小于零的样本；⑤剔除职工从业人员数小于 8 人的样本，剔除企业存续年限大于当年与 1949 年差值的样本。最后，本章将商业银行分支机构数据根据银行所在省、市、县和年份关键识别信息，与相应年份的中国工业企业数据库进行匹配。

遵循 Degryse and Ongena（2005）、Lu et al.（2019）的思路，本章采用如下步骤对银企距离进行测算：①根据工业企业数据库中的省地县码、乡镇街道、村街门牌号等信息，合成 2000—2010 年所有工业企业的详细地址变量。其中，对于村街门牌号或其他详细地址变量缺失的样本，按照国家统计局和民政部提供的精确到村（居）委会级别的 12 位行政区划代码对企业地址进行近似转换。②基于高德地图开放平台，利用 XGeocoding 软件将所有工业企业的详细地址转换为企业经纬度，同时将所有手工补全的银行分支机构的详细地址转换为银行经纬度。③将各年企业经纬度和银行经纬度两套数据按照省、市、县识别信息进行匹配，计算得到每个工业企业与县域内所有商业银行的地理距离，从中筛选出每个企业距县域内商业银行的最近距离作为银企距离的代理变量[①]。

为了直观反映银企距离与企业出口行为的关系,此处绘制了城市内平均水平的银企距离(ln*distance*)与企业出口概率(*exportdum*)、银企距离(ln*distance*)与企业出口规模(ln*export*)的散点图(如图3-1所示)[②]。从中可以看出,银企距离与企业出口行为之间存在较为明显的负相关关系,即缩短银企距离可能会促进企业出口。当然,这一判断有待后文严谨的实证检验。

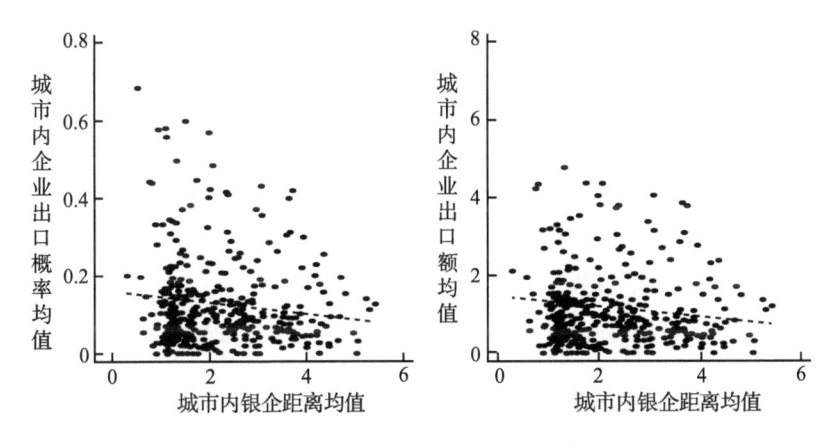

图3-1 银企距离与出口行为散点图

本章的控制变量包括:①企业全要素生产率(*tfp*),借鉴鲁晓东和连玉君(2012)的做法,采用OP法进行测算,企业投资由永续盘存法估算获得,$I_{ft}=K_{ft}-(1-\eta)K_{ft-1}$。其中,$I_{ft}$和$K_{ft}$分别为企业$f$在$t$年的投资和资本存量,

---

[①] 与Degryse and Ongena(2005)、Brevoort and Hannan(2006)、Herpfer et al.(2018)等多数文献对银企距离的测算方式类似,本章选用最近距离作为银企距离的代理变量。此外,本章使用地理直线距离而不是交通距离衡量银企距离,一方面是由于交通距离内生于经济增长,采用交通距离进行回归可能带来估计偏误(夏怡然和陆铭,2015);另一方面是由于数据可得性的限制,现有的地图开放平台提供的导航功能存在较大流量限制,笔者尚无法批量获取坐标点之间的道路行驶距离。

[②] 由于样本观测值太多,直接绘制企业层面的银企距离与出口行为散点图会导致大量散点重叠,尽管拟合线斜率仍然为负,但根据散点的分布情况难以直观看出两者之间的关系。因此,笔者选取银企距离和企业出口行为在城市层面的均值作为绘图标准。

$\eta=15\%$，表示折旧率（Amiti and Konings，2007）。②企业规模（$size$），采用企业年平均就业人数的自然对数进行衡量。③企业资本密集度（cap），以人均固定资产的自然对数表示。④企业存续年限（age），用当年年份与企业成立年份之差加 1 后的自然对数表示。⑤行业竞争程度（hhi），用赫芬达尔指数表示企业所在特定行业的竞争程度，计算公式为 $hhi = \sum_{f=1}^{N}(A_f / A)^2$；其中，$N$ 表示某一国民经济行业分类（Chinese Industrial Classification，CIC）二位码行业内的企业数量，A_f 表示企业 f 的销售收入，A 表示该行业内所有企业的销售收入之和；该指数越大，表明市场集中程度越高，竞争程度越低。⑥外资企业虚拟变量（$foreign$），按照企业实收资本相对份额，属于外资控股（含港、澳、台资企业）的企业记为 1，否则为 0。

表 3-1 给出了本章主要变量的描述性统计结果。其中，ln$distance$ 反映了企业距县域内所有商业银行分支机构的最近距离，ln$distance1$、ln$distance2$、ln$distance3$ 和 ln$distance4$ 则分别反映了企业距县域内国有大型商业银行、股份制商业银行、城市商业银行和农村商业银行四类银行分支机构的最近距离[1]。从中可以看出，企业距国有大型商业银行的距离最短，距农村商业银行的距离次之，距股份制银行和城市商业银行的距离则相对较长，这一结果大体上符合中国各类银行分支机构的数量分布情况[2]。此外，从表 3-1 中分组描述性统计结果还能看出，出口企业的银企距离普遍小于非出口企业，初步表明银企距离越短，企业出口的可能性越大。

---

[1] 国有大型商业银行包括中国工商银行、中国农业银行、中国银行、中国建设银行、交通银行和中国邮政储蓄银行。股份制商业银行包括中信银行、中国光大银行、招商银行、上海浦东发展银行、中国民生银行、华夏银行、平安银行、兴业银行、广发银行、渤海银行、浙商银行和恒丰银行。城市商业银行和农村商业银行名单参见原银监会发布的《银行业金融机构法人名单》（截至 2018 年 12 月底）。

[2] 根据原银监会提供的金融许可证数据，在剔除政策性银行和外资银行后，2000—2010 年期间国有大型商业银行分支机构数量占比高达 73.55%，农村商业银行分支机构数量占比为 16.72%，股份制银行和城市商业银行分支机构的数量占比则分别为 3.89% 和 5.85%。

表 3-1　变量描述性统计

变量	全样本 观测值	全样本 均值	全样本 标准差	出口企业 观测值	出口企业 均值	出口企业 标准差	非出口企业 观测值	非出口企业 均值	非出口企业 标准差
ln*distance*	1491439	2.2779	1.6493	374598	2.0744	1.5957	1116841	2.3462	1.6613
ln*distance1*	1488091	2.4117	1.6923	372693	2.2452	1.6497	1115398	2.4673	1.7027
ln*distance2*	755565	2.8738	1.5298	252011	2.7709	1.5640	503554	2.9253	1.5098
ln*distance3*	890589	2.8872	1.5699	249769	2.7389	1.6006	640820	2.9450	1.5540
ln*distance4*	472241	2.7400	1.8421	128566	2.5356	1.8221	343675	2.8165	1.8437
tfp	1491439	6.7279	0.9389	374598	6.7705	0.9195	1116841	6.7136	0.9448
size	1491439	4.6829	1.0698	374598	5.2043	1.1166	1116841	4.5080	0.9942
cap	1491439	3.7476	1.2864	374598	3.5903	1.3263	1116841	3.8003	1.2683
age	1491439	1.9690	0.8031	374598	2.0337	0.7129	1116841	1.9473	0.8300
hhi	1491439	0.0027	0.0053	374598	0.0022	0.0033	1116841	0.0029	0.0058
foreign	1491439	0.1389	0.3458	374598	0.3499	0.4769	1116841	0.0681	0.2520

第四节　银企距离影响企业出口行为的实证分析

一、基准回归结果与分析

表 3-2 给出了银企距离影响企业出口的基准回归结果。各列均控制了企业和年份固定效应，第（1）列和第（3）列分别估计了在未添加任何控制变量的情况下银企距离对企业出口倾向和出口规模的影响，ln*distance* 的系数在 1% 的水平下显著为负。第（2）列和第（4）列则是在第（1）列和第（3）列的基础上进一步加入了所有控制变量后的回归结果，可以发现 ln*distance* 的系数仍在 1% 的水平下显著为负。这一结果支持本章的理论分析，即缩短银企距离显著促进了企业出口扩张。

表 3-2 中第（2）列和第（4）列控制变量的回归结果符合已有关于企业出口行为检验的结论。全要素生产率（*tfp*）显著促进了企业出口倾向和出口

规模的提高,符合以 Melitz(2003)为代表的异质性企业贸易理论的研究结论;扩大企业规模(size)有利于促进企业出口,意味着企业出口行为存在显著的规模经济效应;企业资本密集度提高(cap)显著促进了企业出口,资本密集度较高的企业往往具有较高的劳动生产率和技术水平(樊海潮和郭光远,2015);企业存续年限(age)越长,企业出口概率和出口规模越大,表明成熟型企业更能发挥学习曲线效应;行业竞争加剧(hhi)有利于促进企业出口,表明国内市场的激烈竞争增强了企业开拓国际市场的动机;相比内资企业,外资企业(foreign)具有更强的技术溢出效应,因此具有更好的出口表现。

表3-2 银企距离影响企业出口的基准回归结果

变量	(1) exportdum	(2) exportdum	(3) lnexport	(4) lnexport
ln*distance*	−0.0427*** (0.0082)	−0.0370*** (0.0084)	−0.0230*** (0.0042)	−0.0194*** (0.0041)
tfp		0.1233*** (0.0097)		0.1862*** (0.0050)
size		0.7784*** (0.0130)		0.5049*** (0.0078)
cap		0.1742*** (0.0083)		0.1482*** (0.0043)
age		0.1721*** (0.0152)		0.0554*** (0.0079)
hhi		−21.6643*** (2.6311)		−1.7380*** (0.5420)
foreign		0.1234*** (0.0241)		0.1386*** (0.0180)
企业固定效应	是	是	是	是
年份固定效应	是	是	是	是
观测值	260958	260958	1491439	1491439

注:括号内为在企业层面聚类的标准误,***、**、* 分别表示在1%、5%、10%水平下显著。如无特别说明,本章下表同。在使用 xtlogit 命令进行估计时,样本期内被解释变量(expdum)始终为0或始终为1的观测值会被自动剔除,导致前两列样本量小于后两列 OLS 回归的样本量。

二、异质性检验结果与分析

基准回归结果表明,缩短银企距离显著促进了企业出口倾向和出口规模的提升。那么,这一影响是否具有异质性?事实上,无论是金融业还是制造业,其发展格局一直是由多种所有制经济和多种市场主体共同形成的,其发展水平也均表现出明显的地区差异。因此,为了更加全面地考察银企距离对出口的异质性影响,此部分将从银行类型、企业所有制和地区差异三个方面进行探讨。

(一)银行类型

经过40多年的改革和发展,中国的银行业体系形成了以国有大型商业银行为主导,多种类型银行业金融机构相互竞争、共同发展的格局[①]。由于不同性质的商业银行在服务实体经济的对象、能力和效率上存在显著差异,在探讨银企距离对企业出口行为的影响时有必要对银行类型进行区分。国有商业银行是典型的大银行,其在贷款决策中更加注重企业抵押品价值、财务报表、信用评级等"硬"信息(Berger and Black,2011),这些信息基本可以通过更加先进的技术手段(如通信技术、人工智能等)以及更加完善的披露制度获取,而无须依赖于银企距离的缩短。相比之下,城市商业银行和农村商业银行都是区域性中小金融机构,前者的市场定位是服务地方经济、城市市民和中小企业,后者的市场定位则是服务"三农"和小企业(刘明康,2009),其核心竞争力均在于地缘优势;一方面,地缘优势的发挥在较大程度上有赖于银企距离的缩短;但另一方面,受自身规模和管理水平限制,缩短企业距该类银行的距离所能增加的信贷供给相对有限,银企距离缩短的出口促进效应可能会因此被弱化。区别于上述三类银行,股份制商业银行在公司治理、风险管理、盈利能力和产品服务等方面具有独到的经营优势,其业

---

① 根据CSMAR数据库统计,以资产规模计算,2003年国有大型商业银行、股份制商业银行、城市商业银行和农村商业银行的市场份额分别为61.28%、10.70%、5.29%和0.14%,2016年相应份额则变为41.38%、18.72%、12.16%和8.73%。

务范围和服务对象更加多元化和差异化，既能服务大企业又能服务中小企业，但其分支机构的覆盖率和渗透率相对较低，在这种情况下缩短企业距股份制商业银行的距离能够有效强化其优势、弥补其劣势，从而能够为出口企业融资提供更加坚实的保障。因此我们推测，缩短企业与股份制商业银行分支机构之间的地理距离的出口促进效应理应更强，城市商业银行和农村商业银行次之，国有大型商业银行相对最弱。

表3-3和表3-4报告了区分银行类型后银企距离影响企业出口的估计结果。从中可以看出，无论是在出口倾向还是在出口规模的回归模型中，ln$distance$1的系数均未通过10%水平的显著性检验，ln$distance$2、ln$distance$3和ln$distance$4的系数至少在10%水平下显著为负，且系数的绝对值大小依次递减。当然，为了进一步从统计意义上确认各组之间银企距离的系数是否存在显著性差异，此处利用Bootstrap法进行组间系数差异性检验，结果如表3-5所示。从中可以看出，无论是在出口倾向还是在出口规模的回归模型中，仅有ln$distance$3和ln$distance$4之间的系数差异未通过10%水平的显著性检验，表明缩短企业距城市商业银行的地理距离与缩短企业距农村商业银行的地理距离对企业出口的促进效应没有显著差异。综上所述，这些结果表明缩短企业距股份制商业银行的地理距离对企业出口的促进作用最强，其次是城市商业银行和农村商业银行，国有大型商业银行最弱，该结论基本符合上述理论预期。

表3-3 银行异质性检验：出口倾向[①]

变量	（1） *exportdum*	（2） *exportdum*	（3） *exportdum*	（4） *exportdum*
ln$distance$1	0.0138 （0.0091）			

[①] 由于每个县域内可能同时存在多种类型的银行分支机构，因此不能简单地将分组样本量加总为总样本量。表3-4同。

续表

变量	（1） *exportdum*	（2） *exportdum*	（3） *exportdum*	（4） *exportdum*
ln*distance*2		−0.0952*** （0.0144）		
ln*distance*3			−0.0570*** （0.0144）	
ln*distance*4				−0.0381* （0.0226）
tfp	0.1226*** （0.0098）	0.1168*** （0.0139）	0.1468*** （0.0139）	0.0813*** （0.0217）
size	0.7797*** （0.0130）	0.7891*** （0.0174）	0.8415*** （0.0178）	0.8606*** （0.0285）
cap	0.1749*** （0.0084）	0.2096*** （0.0116）	0.2192*** （0.0117）	0.2533*** （0.0185）
age	0.1771*** （0.0154）	0.2670*** （0.0237）	0.3475*** （0.0231）	0.2187*** （0.0374）
hhi	−21.6848*** （2.6405）	−21.3852*** （3.4020）	−19.2886*** （3.4839）	−26.9718*** （5.4549）
foreign	0.1211*** （0.0242）	0.1004*** （0.0294）	0.0980*** （0.0306）	0.0769* （0.0425）
企业固定效应	是	是	是	是
年份固定效应	是	是	是	是
观测值	259161	145058	149573	65878

表 3-4 银行异质性检验：出口规模

变量	（1） ln*export*	（2） ln*export*	（3） ln*export*	（4） ln*export*
ln*distance*1	0.0037 （0.0042）			
ln*distance*2		−0.0486*** （0.0072）		

续表

变量	(1) ln*export*	(2) ln*export*	(3) ln*export*	(4) ln*export*
ln*distance*3			−0.0191*** (0.0066)	
ln*distance*4				−0.0189** (0.0090)
tfp	0.1855*** (0.0050)	0.2908*** (0.0090)	0.2410*** (0.0072)	0.1471*** (0.0101)
size	0.5034*** (0.0078)	0.6277*** (0.0123)	0.5731*** (0.0110)	0.4655*** (0.0152)
cap	0.1480*** (0.0043)	0.1971*** (0.0070)	0.1624*** (0.0060)	0.1876*** (0.0084)
age	0.0565*** (0.0079)	0.1150*** (0.0142)	0.1079*** (0.0115)	0.0681*** (0.0175)
hhi	−1.7851*** (0.5446)	−5.9836*** (1.4354)	−1.7136** (0.7199)	−3.5129*** (1.2932)
foreign	0.1373*** (0.0180)	0.1115*** (0.0218)	0.1246*** (0.0214)	0.0912*** (0.0279)
企业固定效应	是	是	是	是
年份固定效应	是	是	是	是
观测值	1487653	741738	865216	439728

表 3-5 组间系数差异性检验结果

变量	被解释变量：*exp* ln*distance*1	ln*distance*2	ln*distance*3	被解释变量：ln*export* ln*distance*1	ln*distance*2	ln*distance*3
ln*distance*2	0.000***			0.000***		
ln*distance*3	0.000***	0.067*		0.000***	0.000***	
ln*distance*4	0.098*	0.098*	0.568	0.016**	0.009***	0.983

注：表内数值为通过自体抽样（Bootstrap）1000 次得到的经验 p 值，用于检验组间银企距离系数差异的显著性。

(二)企业所有制

长期以来,金融资源错配构成了中国金融市场化改革面临的首要难题,金融资源的有效配置滞后于金融规模的高速增长。具体而言,商业银行在分配信贷资源时通常会优先考虑国有企业,民营企业的融资需求较难得到满足(Song et al.,2011;徐思远和洪占卿,2016)。偏向国有企业的金融资源分配制度造成了国有企业的预算软约束,而地方政府通过对本地银行的干预也造成了地方银行的预算软约束(陶锋等,2017)。显然,地方国有企业和金融机构的双重预算软约束具有较强的行政干预色彩,这种长期存在的银企关系随银企距离的变化而发生改变的可能性较小。而外资企业相比民营企业通常具有通畅的融资渠道,对地方银行信贷资金的依赖相对较小(Manova et al.,2015),因此我们推测缩短银企距离对国有企业和外资企业出口的影响较弱,但对面临较大信贷约束的民营企业出口的促进作用较强。表3-6和表3-7给出了按照企业实收资本相对份额区分企业所有制类型后的回归结果。从中可以看出,无论是在出口倾向的回归模型[表3-6第(1)—(3)列]还是在出口规模的回归模型[表3-7第(1)—(3)列]中,民营企业样本中银企距离的系数在1%水平下显著为负,国有企业和外资企业样本中银企距离的系数均未通过10%水平的显著性检验。这一结果验证了上述推断,即缩短银企距离对民营企业出口的促进作用更强。当然,本部分也在相应回归模型中纳入银企距离与国有企业虚拟变量的交互项($\ln distance \times SOE$)、银企距离与民营企业虚拟变量的交互项($\ln distance \times private$)来做进一步佐证,表3-6第(4)列和表3-7第(4)列的结果验证了上述分组回归结论的可靠性。

表3-6 企业所有制异质性检验:出口倾向

变量	(1) 国有 $exportdum$	(2) 民营 $exportdum$	(3) 外资 $exportdum$	(4) 全样本 $exportdum$
$\ln distance$	0.0445 (0.0491)	−0.0488*** (0.0099)	0.0236 (0.0199)	−0.0133 (0.0129)

续表

变量	（1）国有 exportdum	（2）民营 exportdum	（3）外资 exportdum	（4）全样本 exportdum
ln*distance* × *SOE*				0.0045 （0.0298）
ln*distance* × *private*				−0.0318** （0.0124）
SOE				−0.1508** （0.0741）
private				−0.0569 （0.0351）
tfp	0.3791*** （0.0536）	0.1475*** （0.0120）	−0.0361 （0.0229）	0.1234*** （0.0097）
size	1.3684*** （0.1093）	0.8327*** （0.0156）	0.5291*** （0.0306）	0.7784*** （0.0130）
cap	0.5020*** （0.0788）	0.1829*** （0.0099）	0.1023*** （0.0211）	0.1742*** （0.0083）
age	−0.0837 （0.0879）	0.1412*** （0.0172）	0.5180*** （0.0501）	0.1728*** （0.0153）
hhi	−22.9708** （11.5761）	−18.0247*** （3.3491）	−26.3877*** （5.2054）	−21.6725*** （2.6309）
企业固定效应	是	是	是	是
年份固定效应	是	是	是	是
观测值	6641	187126	47482	260958

表 3-7 企业所有制异质性检验：出口规模

变量	（1）国有 ln*export*	（2）民营 ln*export*	（3）外资 ln*export*	（4）全样本 ln*export*
ln*distance*	0.0141 （0.0115）	−0.0254*** （0.0044）	0.0132 （0.0151）	0.0055 （0.0097）

续表

变量	（1）国有 ln*export*	（2）民营 ln*export*	（3）外资 ln*export*	（4）全样本 ln*export*
ln*distance* × *SOE*				−0.0167 （0.0120）
ln*distance* × *private*				−0.0299*** （0.0094）
SOE				−0.1336*** （0.0356）
private				−0.0770*** （0.0255）
tfp	0.1725*** （0.0155）	0.1499*** （0.0052）	0.3830*** （0.0209）	0.1863*** （0.0050）
size	0.4518*** （0.0347）	0.4508*** （0.0083）	0.6962*** （0.0276）	0.5050*** （0.0078）
cap	0.1845*** （0.0203）	0.1254*** （0.0044）	0.3005*** （0.0183）	0.1483*** （0.0043）
age	−0.0315 （0.0291）	0.0263*** （0.0083）	0.3763*** （0.0403）	0.0558*** （0.0079）
hhi	−0.9251 （1.0683）	−0.8023 （0.5192）	−14.3224*** （3.8512）	−1.7440*** （0.5422）
企业固定效应	是	是	是	是
年份固定效应	是	是	是	是
观测值	71652	1179435	187440	1491439

（三）地区差异

由于发展政策、地理位置及要素禀赋等方面的不同，中国各地区的经济发展表现出明显的区域差异，缩短银企距离对不同地区企业出口行为的影响也将有所不同。具体而言，东部地区的基础设施、信息技术、市场化程度等普遍优于中西部地区，在这种环境下，缩短银企距离的积极效应更易被先进的金融科技、人工智能等技术条件以及完善的产权保护、司法保护等制度安排所替代。此外，东部地区的互联网金融、商业信用、直接融资等金融市场的发展水平也高于中西部地区，位于该地区的出口企业具有更多的融资渠道，对银企距离变化的敏感性可能相对更低。据此我们推测，缩短银企距离对东部地区企业出口的促进作用应该小于中西部地区。表3-8给出了区分企业所在地区后的回归结果[①]。从中可以看出，无论是在出口倾向的回归模型[第（1）列和第（2）列]还是在出口规模的回归模型[第（4）列和第（5）列]中，中西部地区样本中银企距离系数的绝对值均大于东部地区，意味着缩短银企距离的确对中西部地区企业出口的促进作用更强。表3-8中第（3）列和第（6）列在全样本中纳入银企距离与东部地区虚拟变量交互项（ln$distance \times east$）后的回归结果也佐证了这一结论。

表3-8 地区异质性检验结果

变量	（1）东部地区 exportdum	（2）中西部地区 exportdum	（3）全样本 exportdum	（4）东部地区 lnexport	（5）中西部地区 lnexport	（6）全样本 lnexport
ln$distance$	−0.0241** (0.0094)	−0.0469** (0.0221)	−0.0699*** (0.0189)	−0.0159*** (0.0050)	−0.0232*** (0.0065)	−0.0322*** (0.0066)
ln$distance \times east$			0.0410* (0.0210)			0.0169** (0.0083)
$east$			−10.7029 (417.6649)			−0.1712 (0.3481)
tfp	0.1000*** (0.0112)	0.2201*** (0.0240)	0.1232*** (0.0097)	0.2370*** (0.0064)	0.1186*** (0.0069)	0.1862*** (0.0050)

---

① 东部地区包括北京市、天津市、河北省、辽宁省、山东省、上海市、江苏省、浙江省、福建省、广东省和海南省，其余地区为中西部地区。

续表

变量	（1）东部地区	（2）中西部地区	（3）全样本	（4）东部地区	（5）中西部地区	（6）全样本
	exportdum	*exportdum*	*exportdum*	*lnexport*	*lnexport*	*lnexport*
size	0.8006***	0.8819***	0.7783***	0.5883***	0.3211***	0.5050***
	（0.0145）	（0.0350）	（0.0130）	（0.0097）	（0.0117）	（0.0078）
cap	0.1993***	0.1570***	0.1740***	0.1625***	0.0805***	0.1482***
	（0.0095）	（0.0210）	（0.0083）	（0.0054）	（0.0064）	（0.0043）
age	0.3430***	0.0010	0.1723***	0.1147***	−0.0538***	0.0554***
	（0.0184）	（0.0331）	（0.0152）	（0.0100）	（0.0119）	（0.0079）
hhi	−20.9274***	−6.5003	−21.6723***	−4.6006***	−0.2635	−1.7392***
	（2.9320）	（5.4416）	（2.6312）	（1.1181）	（0.4867）	（0.5420）
foreign	0.1177***	0.2923***	0.1234***	0.1359***	0.1183**	0.1386***
	（0.0253）	（0.0987）	（0.0241）	（0.0192）	（0.0478）	（0.0180）
企业固定效应	是	是	是	是	是	是
年份固定效应	是	是	是	是	是	是
观测值	211618	49339	260958	1130600	360828	1491439

三、稳健性检验结果与分析

（一）改变银企距离衡量方式

为了排除变量测量误差以及可能的极端值对基准回归结果的干扰，借鉴 Knyazeva and Knyazeva（2012）的做法，本章节进一步测算了平均银企距离（lnavgdist），平均银企距离为企业与县域内所有银行分支机构距离的平均值，反映了特定地区内单一企业与所有银行地理距离的平均水平。此处以该变量作为银企距离的代理变量重新对式（3-1）和式（3-2）进行回归，相应结果见表3-9第（1）列和第（2）列。从中可以看出，平均银企距离（lnavgdist）的系数在1%水平下显著为负，表明本章节的研究结论在主要解释变量的测算方法上是稳健的。

(二)改变估计方法

由于样本中存在大量非出口企业,导致本章节的被解释变量 lnexport 产生了较多零值,在这种情况下采用 OLS 回归可能难以得到一致估计量,而 PPML 估计方法则能有效解决这一问题,此处改用 PPML 对式(3-2)重新估计。表 3-9 第(3)列给出了相应的估计结果,银企距离的系数仍在 1% 水平下显著为负,表明本章节的研究结论在估计方法上具有稳健性。

(三)控制其他政策冲击的影响

值得注意的是,在本章节样本期内中国同时进行了多项规模宏大、影响深远的政策改革,这些重大改革措施也可能会对企业出口行为产生影响。为了避免本章节的结论受这些政策冲击的影响,笔者在此对其进行控制。一是贸易自由化政策。自中国于 2001 年正式加入 WTO 后,以关税减免为主要形式的贸易自由化对中国企业的出口行为产生了重要影响(毛其淋和盛斌,2014;Fan et al., 2015)。二是外资自由化政策。为了履行加入 WTO 时所做出的承诺,中国在 2002 年对《外商投资产业指导目录》进行了大幅修改,在减少大量限制(含禁止)行业数目的同时增加了众多鼓励行业数目,由此带来的外资自由化对中国企业的出口行为产生了不可忽视的影响(Lu et al., 2017)。三是国有企业改革。在加入 WTO 前后时期明显提速的国有企业改革对促进市场竞争、提高企业经营效率起到了重要作用,可能也会因此影响企业的出口行为。为了控制这些政策效应,首先遵循 Brandt et al.(2017)的做法,在基本计量模型中加入 CIC4 位码行业层面的最终品进口关税(*output_tariff*)和中间品进口关税(*input_tariff*);其次借鉴孙浦阳等(2015)的做法,在基本计量模型中加入根据《外商投资产业指导目录》规定的三类行业赋值加总后得到的外资自由化指标(*DFRI*),该指标数值越大表明外资自由化程度越低;最后在基本计量模型中加入 CIC4 位码行业层面的国有资本份额(*soeshare*)。表 3-9 第(4)和第(5)列给出了控制贸易自由化、外资自由化和国有企业改革三项政策冲击后的结果,可以看出 lndistance 的系数仍在 1% 水平下显著为负,再次印证了前文结论的稳健性。

表3-9 银企距离影响企业出口的稳健性检验结果

变量	（1） exportdum	（2） lnexport	（3） lnexport	（4） exportdum	（5） lnexport
ln*distance*			−0.0062*** (0.0017)	−0.0354*** (0.0084)	−0.0190*** (0.0041)
ln*avgdist*	−0.0627*** (0.0183)	−0.0226*** (0.0086)			
tfp	0.1234*** (0.0097)	0.1862*** (0.0050)	0.0921*** (0.0026)	0.1259*** (0.0098)	0.1884*** (0.0050)
size	0.7789*** (0.0130)	0.5052*** (0.0078)	0.1976*** (0.0033)	0.7765*** (0.0131)	0.5029*** (0.0078)
cap	0.1748*** (0.0083)	0.1484*** (0.0043)	0.0682*** (0.0021)	0.1722*** (0.0084)	0.1477*** (0.0043)
age	0.1719*** (0.0152)	0.0554*** (0.0079)	0.0343*** (0.0040)	0.1640*** (0.0154)	0.0527*** (0.0079)
hhi	−21.7026*** (2.6308)	−1.7379*** (0.5419)	−3.9412*** (0.6296)	−17.0742*** (2.6547)	−1.0794** (0.5009)
foreign	0.1230*** (0.0241)	0.1386*** (0.0180)	0.0166*** (0.0038)	0.1265*** (0.0243)	0.1394*** (0.0179)
output_tariff				−0.0603*** (0.0018)	−0.0379*** (0.0016)
input_tariff				−0.0886*** (0.0035)	−0.0366*** (0.0021)
DFRI				−0.0847*** (0.0141)	−0.0246*** (0.0073)
soeshare				−0.9323*** (0.1163)	−0.0735* (0.0412)
企业固定效应	是	是	是	是	是
年份固定效应	是	是	是	是	是
观测值	260958	1491439	510743	260958	1491439

四、内生性讨论与影响机制检验

影响基准回归结果可靠性的一种担忧是：银行的网点布局可能受地区对外贸易发展水平的影响，企业为了出口融资便利也可能主动选址在金融发达地区，即前文可能存在由反向因果关系引致的内生性问题。对于这一问题，借鉴李志生等（2020）的思路，此处采用1937年城市的银行分支机构密度（城市的银行分支机构数量与地理面积之比）与年份的乘积作为银企距离的工具变量（IV）进行两阶段最小二乘（2SLS）估计[①]。这一工具变量的合理性主要体现在以下两个方面：第一，相关性方面，历史年份的银行分支机构密度衡量了不同地区的金融基础，现代商业银行分支机构的空间布局体系在一定程度上由过去的金融基础发展而来。第二，外生性方面，1937年国民政府奉行的是战时对外贸易统制政策，国家资本几乎垄断了主要产品的出口贸易（罗红希，2016）；在这种经济环境下，绝大部分出口企业的经营行为受国家行政干预影响，其自主选址于金融发达地区的可能性很小；当然，在出口贸易发展落后并受国家严格管制的背景下，企业的出口活动也不太可能成为影响银行设立分支机构决策的重要因素。

表3-10汇报了银企距离影响企业出口行为的2SLS回归第二阶段的结果，可以看出 ln*distance* 的系数在1%水平下显著为负，表明基准回归的结论在考虑内生性问题后仍然稳健。此外，在第一阶段回归中工具变量的系数在1%水平下显著为负，且F统计量的值明显大于10，表明工具变量不存在弱相关问题。

[①] 1937年城市银行分支机构的数量来自《全国银行年鉴（1934—1937）》。由于特定年份的银行密度不随时间变化，本章借鉴Lin（2017）的做法，将1937年城市的银行密度乘以年份以构造时变工具变量；该处理方法相当于给银行密度加上了一个线性时间趋势，即随着时间的变化银行密度逐年增加（银企距离逐年缩短），这一特征在较大程度上符合中国银行业发展的现实情况。

表 3-10 银企距离影响企业出口的内生性检验结果

变量	(1) exportdum	(2) lnexport
ln*distance*	−1.8689*** (0.5764)	−1.5380*** (0.2870)
tfp	0.1264*** (0.0098)	0.1886*** (0.0050)
size	0.7456*** (0.0166)	0.4776*** (0.0093)
cap	0.1605*** (0.0094)	0.1365*** (0.0049)
age	0.1743*** (0.0153)	0.0579*** (0.0079)
hhi	−21.3969*** (2.6312)	−1.6728*** (0.5414)
foreign	0.1219*** (0.0241)	0.1379*** (0.0180)
企业固定效应	是	是
年份固定效应	是	是
观测值	260958	1491439
第一阶段 IV	−0.0016*** (0.0002)	
第一阶段 F 统计量	30.51	

根据本章前文的理论分析，降低信息不对称和强化银企关系是银企距离缩短影响企业出口行为的两条作用机制。对于第一条机制，如果缩短银企距离通过降低信息不对称程度而促进了企业出口，那么可以推测在信息不对称越严重的企业中，缩短银企距离对企业出口的促进作用越强。对于第二条机制，如果缩短银企距离通过强化银企关系而促进了企业出口，那么可以推测在银企关系越弱的企业中，缩短银企距离对企业出口的促进效应越大；反

之，如果缩短银企距离通过强化银企关系而抑制了企业出口，则可以推测在银企关系越弱的企业中，缩短银企距离对企业出口的促进效应相对更小。此处采用构建交互项的方法对上述影响机制进行检验。其中，信息不对称（*information*）用企业无形资产与总资产之比进行衡量（Ryan et al., 2014），无形资产比重越高，银行机构对借款企业进行价值评估的难度越大，银行面临的信息不对称水平也就越高；由于中国工业企业数据库对企业无形资产的统计年份截至2006年，此处对信息不对称渠道进行实证检验的样本区间为2000—2006年。银企关系（*relation*）采用企业长期借款与总负债之比进行衡量（Houston and James, 2001），企业长期借款比重越高表明银企关系越强；囿于数据可得性，企业长期借款用长期负债近似代替。

表3-11给出了影响机制检验2SLS回归第二阶段的结果。其中第（1）列和第（2）列为信息不对称渠道的检验结果，可以看出银企距离与信息不对称交互项的系数至少在5%水平下显著为负，表明缩短银企距离的确对信息不对称更严重的企业的出口行为具有更大的促进作用。第（3）列和第（4）为银企关系渠道的检验结果，可以看出银企距离与银企关系交互项的系数在1%水平下显著为正，表明缩短银企距离对银企关系更弱的企业的出口行为具有更大的促进作用。这些结果在一定程度上验证了本章的影响机制，即缩短银企距离通过降低信息不对称和强化银企关系而促进了企业出口倾向和出口规模的提升。

表3-11 银企距离对企业出口的影响机制检验结果

变量	（1） *exportdum*	（2） ln*export*	（3） *exportdum*	（4） ln*export*
ln*distance*	−5.8446*** （0.7095）	−1.6943*** （0.3599）	−1.7800*** （0.5721）	−1.4774*** （0.2847）
ln*distance* × *information*	−4.6855*** （1.7848）	−1.2640** （0.4971）		
ln*distance* × *relation*			0.3735*** （0.1271）	0.2938*** （0.0586）

续表

变量	（1） *exportdum*	（2） ln*export*	（3） *exportdum*	（4） ln*export*
information	6.3936* （3.8600）	1.3278 （1.0804）		
relation			−0.2577 （0.3013）	−0.4678*** （0.1392）
tfp	0.3173*** （0.0155）	0.3223*** （0.0082）	0.1268*** （0.0098）	0.1883*** （0.0050）
size	0.6579*** （0.0263）	0.5787*** （0.0151）	0.7406*** （0.0165）	0.4758*** （0.0093）
cap	0.1670*** （0.0168）	0.1440*** （0.0088）	0.1549*** （0.0093）	0.1353*** （0.0048）
age	−0.0075 （0.0230）	−0.0145 （0.0127）	0.1709*** （0.0153）	0.0568*** （0.0079）
hhi	−13.0496*** （3.2680）	−3.7539*** （1.3918）	−21.1601*** （2.6327）	−1.6595*** （0.5406）
foreign	0.0791* （0.0464）	0.1177*** （0.0363）	0.1224*** （0.0241）	0.1380*** （0.0180）
企业固定效应	是	是	是	是
年份固定效应	是	是	是	是
观测值	103566	685401	260958	1491439

五、进一步分析：银企距离与企业出口绩效

本章前文主要从出口倾向和出口规模两个角度考察了银企距离对企业出口行为的影响，为了更加全面地理解银企距离与企业出口的关系，此处进一步探究银企距离对企业出口绩效的影响。结合现有研究，本部分主要选取出口利润、出口产品范围和出口持续时间作为企业出口绩效的代理变量。其中，企业的出口利润用主营业务收入的利润率与企业出口额相乘后的自

然对数近似代替（薛新红和王忠诚，2016），企业出口产品范围为企业当年出口的 HS6 位码产品种类数的自然对数，企业出口持续时间采用陈勇兵等（2012）的方法计算而得。需要说明的是，在计算企业出口产品范围和出口持续时间时，我们将样本与相应年份的中国海关贸易数据库进行了匹配。

表 3-12 给出了银企距离影响企业出口绩效的回归结果。从第（1）列和第（2）列的结果可以看出，银企距离的影响系数至少在 5% 水平下显著为负，意味着缩短银企距离显著促进了企业出口利润和出口产品种类的增加。第（3）列为采用 Cloglog 模型估计银企距离影响企业出口持续时间的结果，被解释变量为企业—目的国层面的出口活动是否终止的虚拟变量（终止为 1，否则为 0），发现银企距离的影响系数在 1% 水平下显著为正，表明缩短银企距离显著降低了企业终止出口活动的风险率，即有利于延长企业的出口持续时间。综上所述，这些结果表明缩短银企距离显著促进了企业出口绩效的提升。

表 3-12 银企距离与企业出口绩效

变量	（1）出口利润	（2）出口产品范围	（3）出口持续时间
ln$distance$	-2.4509*** (0.3344)	-0.2684** (0.1095)	0.8715*** (0.3319)
tfp	0.2046*** (0.0052)	0.0842*** (0.0041)	-0.0539*** (0.0039)
$size$	0.3975*** (0.0099)	0.1560*** (0.0054)	-0.0887*** (0.0048)
cap	0.1295*** (0.0051)	0.0548*** (0.0040)	-0.0077* (0.0044)
age	0.0645*** (0.0085)	0.0568*** (0.0071)	0.0344*** (0.0045)
hhi	-1.6700** (0.7371)	-0.8923 (0.7272)	-5.5316* (2.8254)

续表

变量	(1) 出口利润	(2) 出口产品范围	(3) 出口持续时间
foreign	0.0886*** (0.0170)	−0.0134** (0.0057)	−0.0762*** (0.0063)
企业固定效应	是	是	否
年份固定效应	是	是	是
观测值	1491439	236534	1604787

注：由于 Cloglog 模型控制固定效应数量有限，第（3）列控制城市、行业和年份固定效应。

第五节 主要结论与政策启示

改革开放 40 多年来，中国实现了从一个封闭经济体跃升为世界第一大货物出口国的转变，出口成为拉动实体经济增长的重要动力。毋庸置疑，实体经济的发展离不开金融系统的有效支持，银行业的信贷供给仍然是中国实体经济的主要融资来源。尽管国内外已有大量文献考察了金融发展对企业出口的影响，但鲜有文献基于金融地理学的视角探究金融供给的地理因素如何影响企业的出口行为。有鉴于此，本章基于 2000—2010 年中国商业银行分支机构数据和中国工业企业数据库的匹配数据，测算了中国工业企业距银行分支机构的地理距离，在此基础上实证研究了银企距离是否以及如何影响企业出口行为。研究发现：①缩短银企距离显著促进了企业出口倾向和出口规模的提升，这一结论在替换主要变量、改变估计方法、控制其他政策冲击以及考虑内生性问题后依然稳健。②银企距离对企业出口行为的影响在银行类型、企业所有制以及地理区位方面存在异质性，缩短企业与股份制商业银行之间的地理距离的出口促进效应最强，城市商业银行和农村商业银行次之，国有大型商业银行最弱；缩短银企距离对民营企业和中西部地区企业出口的促进作用更强。③降低信息不对称程度和强化银企关系是银企距离缩短促进企业出口的作用渠道，缩短银企距离还对增加企业出口利润、扩大出口产品范围和延长出口持续时间产生了显著的促进效应。

本章的研究结论具有如下政策启示：①应坚持放松商业银行分支机构市场准入条件，增加和完善地方信贷资金的有效供给。鉴于缩短银企距离的出口促进效应，我们认为放松商业银行分支机构的市场准入条件是缩短银企距离的一种可行方式，在一定程度上能够满足制造业出口部门的融资需求。2017年全国金融工作会议提出要构建普惠金融体系，这也要求金融机构在空间布局上提高覆盖率和渗透率，增加和完善中小城市以及偏远地区的信贷供给。②要鼓励发展中小银行，加快构建多层次、有差异的银行业竞争体系。本章的结果表明缩短银企距离的出口促进效应主要体现在中小银行中，这意味着中国中小银行分支机构的地理布局仍存在较大完善空间。事实上，股份制商业银行、城市商业银行和农村商业银行的分支机构数量仍然十分有限，因此在完善现代银行治理机制以及强化风险管控的前提下，加快完善中小银行的市场布局可能是未来金融供给侧结构性改革的突破方向之一。③银行业金融机构要进一步加大对民营企业的融资支持。"十四五"时期，应加快改革和完善商业银行内部绩效考核机制，将民营企业服务目标纳入激励机制；同时要积极引导商业银行基层分支机构下沉工作重心，取消贷款审批中对民营企业设置的歧视性要求，加快金融产品创新，拓宽民营企业融资途径。

第四章　银企距离与出口贸易转型升级[1]

第一节　引　　言

改革开放以来，中国凭借劳动力比较优势积极参与全球产业分工，实现了从封闭经济体跃升为世界第一大货物出口国的伟大转变。在这一过程中，占据半壁江山的加工贸易对中国出口贸易的增长奇迹起到了决定性的推动作用。然而，加工贸易"两头在外"的特征决定了前期阶段的贸易增长是粗放式的，出口部门的生产效率并没有因广泛参与加工贸易而获得有效提升（Yu，2015）。进入21世纪后，随着国内劳动力成本不断抬升及国际生产网络进一步深化，中国的出口贸易结构出现了由加工贸易为主向一般贸易为主转变的趋势[2]。理论与实践反复证明，无论是从效率、技术而言，还是从增加值而言，一般贸易部门相比加工贸易部门均具有更好的出口表现（Dai et al.，2016；齐俊妍和王岚，2015；Kee and Tang，2016）。

研究发现，加工贸易之所以能够在中国落地生根并迅速发展的一个重要原因是改革开放初期国内资金匮乏（国务院发展研究中心课题组，2003）。

---

[1]　本章为笔者与许和连、王海成合作，主要内容发表于《经济研究》2020年第11期。
[2]　加工贸易出口比重从2000年的55.24%持续下降至2018年的32.05%，一般贸易出口比重则相应地从42.21%持续上升至56.32%，数据来自中国海关总署与《中国海关统计年鉴》。

经过40多年的改革与发展，主导中国金融市场的银行业实现了从低效率的一元银行体制到综合竞争力显著提升的现代银行体系基本建立的跨越。国内资金对实体经济的供应能力获得了较大提升，其中一个直观的表现是由于银行网点数量增加所带来的银企距离大幅缩短。根据原银监会提供的金融许可证数据，全国银行业金融机构网点数量自1978年的6719个增加至2018年的225959个，年均增速达9%。日益完善的银行布局体系缩短了企业与银行的地理距离，平均而言，中国工业企业距银行分支机构的地理距离自2000年的20.38千米下降至2010年的14.37千米，年均降幅约3%[①]。

那么，不断缩短的银企距离是否促进了出口贸易的转型升级呢？一些观点认为，银行的信贷决策普遍存在"本地偏好"（Deyoung et al., 2008; Presbitero and Rabellotti, 2014），银行分支机构的地理布局直接关系到地区信贷资金的相对供给规模，银企距离的缩短则在一定程度上提高了企业的金融资源可达性。但这一类观点大都是基于发达经济体成熟金融市场的研究，在依赖银行主导型金融体系的转轨经济体和发展中国家，银企距离与出口贸易转型升级的关系有待进一步探讨与检验。如果缩短银企距离的确能够促进我国出口贸易转型升级，那么政府部门应该坚持增加和完善地方金融的有效供给，为深入推进外贸转型升级清除融资障碍；反之，公共政策则应该在实体经济和金融部门之间寻找新的平衡点。

基于以上情境，本章试图将金融供给的地理因素引入新新贸易理论的研究框架中，在对中国银企距离进行直接测算的基础上，探讨银企距离如何影响企业的出口贸易转型升级，并结合中国独特的银行业体系、企业所有制类型和区域发展水平来分析这种影响的差异。

---

① 数据源自本章的测算结果，对于银企距离缩短的特征事实，本章将在变量选取部分详细分析。

第二节　银企距离影响出口贸易转型升级的理论机制分析

货币非中性理论认为，信息不对称和交易成本引起的市场失灵导致区域间金融系统的信贷分配效率存在显著差异（Crocco et al., 2010）。由于金融资本在地理空间上并不是完全流动的，银行在为出口企业提供信贷决策时不仅关注该笔贷款的风险收益率，也会对企业的地理位置进行考量。因此，银行和企业间的地理距离会影响企业信贷资金的可得性（Brevoort and Hannan, 2006），进而对企业不同贸易方式的出口行为产生影响（Manova and Yu, 2016；刘晴等, 2017）。结合金融地理学和新新贸易理论的相关研究，本章节梳理了银企距离影响出口贸易转型升级的两条机制：一是银企距离的变化影响了企业的融资成本；二是因距离而产生的信息不对称加剧了银行面临的潜在风险。

一、融资成本渠道

纵观现有研究，银企距离对企业融资成本的影响方向难以确定。一方面，地理邻近能够降低银企双方的通勤成本和信息搜集成本，从而降低企业融资成本。通勤成本源自银企双方因面对面接触而付出的时间和费用，金融契约的谈判和签订通常需要银企双方进行多次现场接洽和沟通，银行事前对贷款申请的评估以及事后对借款人的监督也不可避免地会产生通勤成本（Alessandrini et al., 2009）。因距离而产生的信息搜集成本则主要体现在银行因获取企业"软"信息而额外付出的精力和费用（Knyazeva and Knyazeva, 2012）。根据 Petersen and Rajan（2002）的研究，金融信息可以分为"硬"信息和"软"信息，"硬"信息可以通过先进的通信技术、会计披露及信用评级等方式获得，"软"信息则由于具有难以书面化和定量化的特点更加依赖借贷双方的长期面对面接触。无疑，这些通勤成本和信息搜集成本最终均会以高额贷款利率的形式转嫁至借款人身上，银企距离的缩短显然降低了企业因此所需承担的融资成本（Benfratello et al., 2008；Bellucci et al., 2013；

方成和丁骋骋，2019）。但另一方面，地理上的邻近也强化了本地银行的市场垄断地位，银行的定价机制更容易产生空间上的价格歧视，企业融资成本可能会因此增加（Casolaro and Mistrulli，2008；Agarwal and Hauswald，2010；Herpfer et al.，2018）。Degryse and Ongena（2005）较早提出了银行的空间价格歧视定价策略，即由于银行事先能够获得企业地理位置信息，距离企业越近的银行可以利用其天然的成本和信息优势对邻近企业制定更高的贷款利率，对较远企业反而制定更低的贷款利率。此外，从关系融资的角度来看，企业更容易与距离较近的银行建立并保持长期稳定的借贷关系，处于垄断地位的银行可以深入了解并独占企业信息，为了从中获得长远收益，近距离银行有动机发放关系型贷款。然而，这种关系型信贷加剧了借款企业的"套牢"风险，随着关系型银行对企业及其项目信息的掌握增多，银行话语权提高，关系型银行可能向借款者索取更高利率以获得信息垄断租金（Sharpe，1990；尹志超等，2015；Hasan et al.，2019）。因此，缩短银企距离也可能通过促进关系融资的形成而提高企业融资成本。

相比加工贸易，一般贸易出口企业需要根据国外消费者偏好和质量标准进行产品设计及建立营销体系，从而承担着更高的出口固定成本（Dai et al.，2016；刘晴等，2017）。并且由于加工贸易企业因出口所需而进口的国外中间品可享受免进口关税待遇，一般贸易企业则需全额缴纳中间品进口关税，一般贸易出口的可变成本也要高于加工贸易（Manova and Yu，2016），最终导致一般贸易相比加工贸易出口方式对银行信贷资金具有更高的依赖度。因此，如果缩短银企距离降低了信贷融资成本而使得企业能够获得更多的信贷资金用于承担出口成本，那么企业将选择提高一般贸易的出口比重以获得更高利润[①]；相反，如果缩短银企距离提高了信贷融资成本，那么企业将倾向于选择提高加工贸易的出口比重以节约更多的出口成本。也就是说，银企距离

---

① 已有大量研究表明，一般贸易出口方式相比加工贸易能够实现更高的利润（Dai et al.，2016；Manova and Yu，2016；刘晴等，2017）。

将通过改变企业的债务融资成本影响企业所能获得的信贷资金规模,进而决定企业出口贸易转型升级与否,这一机制的作用方向因而是不确定的。

二、违约风险渠道

长期以来,信用风险是我国银行业面临的最主要风险,如何防范与化解信用风险仍是各类商业银行在加强风险管理机制建设中需要长期重视的问题(刘明康,2009)。在信息不对称的金融市场中,地理距离是影响银行评估借款企业信用风险的重要因素,银行的贷款决策会因借款企业地理位置的疏远变得更加谨慎。

一方面,银企距离加剧了信贷市场的逆向选择问题。银企距离的增加降低了银企双方现场沟通的频率,银行所搜集的关于借款企业资信状况的信息质量随地理距离的延伸而大打折扣,银行筛选授信客户的准确性随之下降,高质量的贷款申请被拒的同时低质量的贷款申请获批的可能性也在增加,这种逆向选择使得信贷市场的整体违约风险增加(Deyoung et al., 2008;Agarwal and Hauswald, 2010)。另一方面,银企距离也可能助长借款企业的道德风险行为。由于银企距离的增加提高了银行的监督成本,远距离借款人的用款行为更有可能发生道德风险,例如将信贷资金用于私人消费或者从事其他非契约规定的高风险投机行为(Presbitero and Rabellotti, 2014)。显然,因银企距离而加剧的逆向选择和道德风险问题提高了银行面临的潜在信用风险水平,在这种情况下银行认为远距离的借款企业更有可能违反金融契约,为了有效控制风险,银行对远距离企业的信贷申请可能持更加谨慎的态度。

因此,缩短银企距离能够降低银行和企业之间的信息不对称程度,通过抑制逆向选择和道德风险的发生有利于降低银行面临的信用风险水平,从而使得银行可能增加对本地企业的信贷供给。那么,银行更倾向于将因缩短地理距离而增加的信贷供给投向一般贸易企业还是加工贸易企业呢?笔者认为,这应该同时取决于信贷资金的预期风险和收益。从风险的角度来看,一般贸易企业不仅具有更好的财务表现(Manova and Yu, 2016),其对一般贸易货物（如从国外进口的中间品、用于出口或内销的产成品等）也具有抵押或质押的权利，而中国海关明确规定加工贸易企业不具备对加工贸易货物的抵押权[①]，因此银行对以一般贸易为主要方式的出口企业的信用风险评估可能会更低。从资金收益的角度来看，一般贸易企业相比加工贸易企业能够获得更多利润并且对外部资金具有更高需求，银行与其建立联系后共享出口收益的空间也更大[②]，因此银行投向以一般贸易为主要方式的出口企业的信贷资金或许能够为银行带来更高的预期收益。上述分析表明，缩短银企距离保障了银行对借款企业的准确识别与监督，在一定程度上能够提高银行的风险控制能力，由此增加的且偏向一般贸易企业的信贷供给促使企业倾向于提高一般贸易出口比重以扩大融资规模。

综上所述，本章进一步将银企距离影响出口贸易转型升级的逻辑思路总结为：对企业而言，地理邻近可能降低或提高企业的信贷融资成本；对银行而言，地理邻近强化了银行对借款企业的风险管控能力；企业融资成本和银行风险评估水平的变化共同决定了企业能否获得充足的信贷资金用于出口贸易转型升级。

第三节　计量模型、数据来源与变量选取

本章研究的重点问题在于缩短银企距离是否能够显著促进出口贸易转型升级，参考 Brandt and Morrow（2017）、Manova and Yu（2016）的做法，建立如下基本计量模型：

$$OTshare_{ft} = \alpha_0 + \alpha_1 \ln distance_{ft} + \lambda X + \phi_c + \theta_i + \varphi_t + \varepsilon_{ft} \qquad (4-1)$$

其中，f、t 分别表示企业和年份。被解释变量 $OTshare$ 表示出口贸易转

[①] 见 2004 年海关总署令第 113 号《中华人民共和国海关对加工贸易货物监管办法》第七条，后续 2008 年、2010 年、2014 年的修订版做出了类似规定。

[②] 正如 Manova and Yu（2016）所指出的，银行对企业的信贷支持也会同样考虑企业的盈利能力，对于那些预期利润更高的企业，银行更偏好向其提供更多信贷。

型升级,与 Brandt and Morrow(2017)的做法一致,采用企业一般贸易出口比重(企业一般贸易出口额/当年企业一般贸易与加工贸易出口总额)进行衡量。核心解释变量 $distance$ 表示银企距离,对其进行加 1 后取自然对数得到 $\ln distance$,X 为控制变量集。由于大量企业当年仅采用一种特定的贸易方式进行出口(企业当年所有的产品全部采用加工贸易或一般贸易方式出口),导致 $OTshare$ 的取值大量归并在 0 和 1 处,本章借鉴 Brandt and Morrow(2017)的方法,采用 Tobit 模型进行估计。由于 Tobit 命令无法控制个体固定效应,此处控制了城市固定效应(ϕ_c)、CIC4 位码行业固定效应(θ_i)和年份固定效应(φ_t)以尽可能缓解遗漏变量问题,这一做法与刘晴等(2017)、邵朝对和苏丹妮(2019)采用 Logit 模型分别考察融资约束、产业集聚影响企业贸易方式的做法类似。ε_{ft} 表示模型的随机误差项。本章所有回归的标准误在企业层面进行了聚类调整。

本章使用的数据主要有三个来源。一是中国商业银行分支机构数据。原银监会公布了自 1949 年开始的全国 20 多万家各类商业银行分支机构的金融许可证信息,涵盖证件流水号、机构名称、发证日期等基本信息。其中部分银行分支机构地址信息的统计不完整,通过手工查询的方式进行补齐。由此构建出 2000—2010 年中国商业银行分支机构在省、市、县、乡镇街道、村街门牌号层面的地理位置变量。

二是相应年份的企业数据,来自中国工业企业数据库。参考 Yu(2015)的做法对该数据库进行了处理:①将不同年份的行政区划代码统一调整为 2002 年的行政区划代码;②将不同年份的国民经济行业分类统一调整为 2002 年的分类标准(GB/T4754-2002);③删除职工从业人员数、总资产、固定资产、销售收入、实收资本指标缺失的样本;④删除总资产小于固定资产、总资产小于流动资产、实收资本为 0 或为负的样本;⑤删除职工从业人员数小于 8 人的样本,删除企业存续年限大于当年与 1949 年差值的样本。

三是相应年份的产品出口数据,来自中国海关进出口数据库和 CEPII 的 BACI 数据库。在测算企业一般贸易出口比重、出口上游度及出口产品质量时使用了中国海关进出口数据库，在测算企业出口技术复杂度时同时使用了中国海关进出口数据库和 BACI 数据库，并将两套数据库的 HS 编码进行了对应[①]。

对于上述数据的匹配，笔者首先将商业银行分支机构数据根据银行所在省、市、县识别信息，与相应年份的中国工业企业数据库数据进行匹配；其次，将带有银行信息的中国工业企业数据库数据根据企业名称和企业邮政编码、电话号码后七位数字两种方法与相应年份的中国海关进出口数据库数据进行匹配。

本章包含的主要控制变量如下：①全要素生产率（tfp），采用 OP 法进行测算，企业投资由永续盘存法估算获得，即 $I_{ft}=K_{ft}-(1-\eta)K_{ft-1}$，其中 I_{ft} 和 K_{ft} 分别为企业 f 在 t 年的投资和资本存量，$\eta=15\%$ 表示折旧率（Amiti and Konings，2007）。②企业规模（$size$），采用企业销售收入的自然对数进行衡量。③存续年限（age），采用当年年份与企业成立年份之差进行衡量，加 1 取自然对数。④资产流动性（$liquidity$），用企业流动资产与总资产的比重衡量。⑤资本密集度（cap），以人均固定资产的自然对数衡量。⑥所有制类型（$ownership$），借鉴 Hsieh and Song（2015）的做法，将国有资本份额超过 50% 以及控股类型为国有的企业记为国有企业（$state$），将外资份额（含港、澳、台资本金）大于 50% 以及控股类型为外资（含港、澳、台）的企业记为外资企业（$foreign$），其余企业为民营企业（$private$）。

第四节　银企距离与出口贸易转型升级的特征事实

本章对银企距离的测算方式与上一章相同，故此处不再赘述，图 4-1 给

[①] 本章节所使用的 BACI 数据库的 HS 编码为 1992 年的 HS6 位数产品编码，而 2000—2010 年中国海关进出口数据库的 HS 编码为横跨 1996 年、2002 年和 2007 年三种版本的 HS8 位数产品编码。对此，笔者首先将海关数据库的 HS8 位码的出口产品调整至 HS6 位码，其次将历年 HS6 位码的产品对应至 1992 年的 HS6 位码产品，对应标准来自世界银行（https://wits.worldbank.org/product_concordance.html）。

出了按照这种方法计算得到的银企距离年度均值的变化趋势。从中可以看出,银企距离在2000—2010年总体上呈现明显的下降趋势,其在2004年和2008年两个时间节点降幅较大,原因可能有两方面:一是受益于2003年原银监会的成立,2004年监管部门对银行分支机构市场准入的审批效率大幅提升。2003年4月原银监会成立,其重要职责之一便是"审查批准银行业金融机构及其分支机构的设立、变更、终止以及业务范围"。相较原先的中国人民银行监管模式,专门组建的原银监会对银行分支机构的审批效率大幅提升,从而加速了商业银行分支机构的筹建与开办工作[1]。二是受2007年中国邮政储蓄银行(以下简称邮储银行)成立以及"允许股份制商业银行在县域设立分支机构"政策的影响,2008年原银监会批准的银行分支机构数量明显增多,银企距离得到进一步缩短。2007年3月,邮储银行经原银监会批准成立,其在继承原国家邮政局、中国邮政集团公司邮政金融业务的基础上,进一步扩大了经营范围,信贷业务规模大幅增长[2]。2008年原银监会颁发的金融许可证数量相比上年增长约2.4倍,其中颁发对象为邮储银行分支机构的数量增幅高达7.8倍[3]。2007年4月,《中国银监会办公厅关于允许股份制

---

[1] 例如原银监会成立1个月后,于2003年5月发布了《中国银行业监督管理委员会关于调整银行市场准入管理方式和程序的决定》,对新设分支机构的审批程序进行了精简和规范。2004年6月发布《中国银行业监督管理委员会关于银监会行政许可项目有关事项的通知》,对金融机构市场准入时限和准入管理方式的规定进一步凸显了高效原则,明确指出监管机构应在6个月内对金融机构的设立申请事项做出书面审查决定,对城市商业银行、城市信用社、农村商业银行、农村合作银行、农村信用社及其分支机构的开业申请事项由审批制改为核准制。

[2] 2006年以前,中国邮政集团公司邮政储汇局的业务主要是储蓄业务、汇兑业务、代理业务和中介业务,并未涉及信贷业务。据《中国金融年鉴2007》记载,2006年3月,中国邮政集团公司邮政储汇局完成了小额信贷业务的第一批试点工作,结束了邮储只存不贷的历史,并于同年将试点业务拓展至10个省份的911个网点。自2007年邮储银行成立后,原银监会允许其经营《中华人民共和国商业银行法》规定的所有业务,邮储银行的信贷业务开始在全国范围内铺开。

[3] 数据源自笔者对原银监会公布的金融许可证数据的加总计算。另据刘明康(2009)统计,2007年3月至2008年9月期间,邮储银行总共组建了36家一级分行、316家二级分行以及20089家支行。

商业银行在县域设立分支机构有关事项的通知》(银监办发〔2007〕79号)出台,规定股份制商业银行和城市商业银行可以在县域按照规定设立支行,进一步增加了地区银行分支机构的数量。

为了更加直观地描述银企距离与出口贸易转型升级的关系,此处将企业一般贸易出口比重的年度均值同样绘制在图4-1上。可以看出,企业一般贸易出口比重逐年攀升,意味着中国的出口贸易表现出由加工贸易向一般贸易转型升级的明显趋势[①]。结合银企距离的下降趋势,我们推测银企距离与出口贸易转型升级之间存在负相关关系,当然两者之间更为精确的关系需要通过严谨的实证研究才能得出结论。

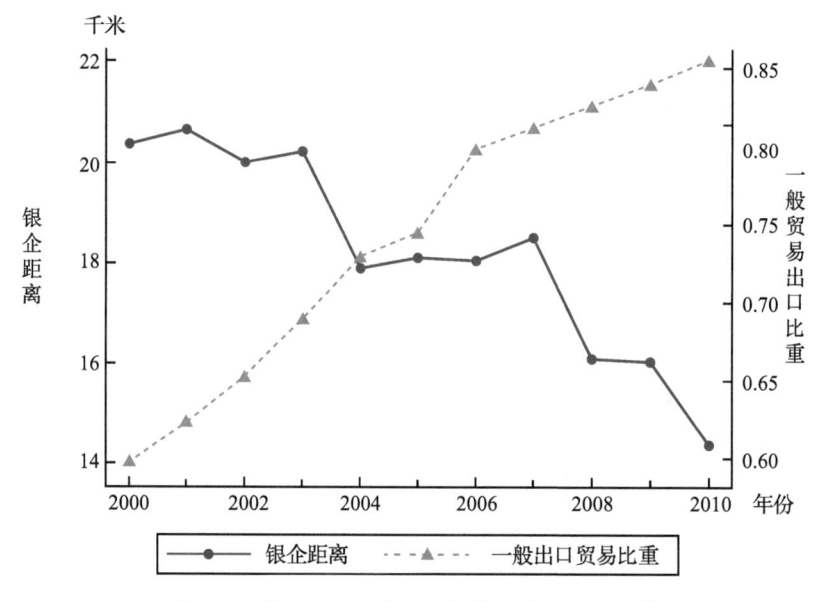

图 4-1　银企距离与出口贸易转型升级变化趋势

表4-1给出了变量的描述性统计结果。其中,样本期内银企距离(*distance*)的平均值约为15.77千米,中位值约为2.01千米,标准差约为32.02千米,表明我国不同地区的银企距离差别较大。为了将测算结果与现

---

① 该结果也与 Brandt and Morrow (2017) 的研究结论相近。

实情况进行对比，笔者查找了中国所有县级行政区划的地理面积，发现中国县级行政区划地理面积的平均值和中位值分别为 3543 平方千米和 1576 平方千米，假设行政区划为圆形结构（Lu et al., 2019），那么可以得出县级行政区划直径的平均值和中位值分别为 67 千米和 45 千米。从这一简单视角来看，笔者所计算的银企距离远小于企业所在县域的直径距离。此外，通过梳理相关文献发现，本章节的结果与 Agarwal and Hauswald（2010）测算的美国的银企距离（平均值为 15.95 千米，中位值为 4.22 千米）较为接近[①]，可能的原因是中美两国国土面积均较大，国内的区域间经济发展水平均存在较大差异，银行和企业的地理分布特征具有一定相似性。限于篇幅，对于其余变量的描述性分析不再赘述。

表 4-1 变量描述性统计

变量	均值	中位数	标准差	最小值	最大值
distance/千米	15.7740	2.0052	32.0183	0	142.7048
OTshare	0.7357	1	0.4043	0	1
tfp	6.9077	6.8458	0.9476	0.1122	13.3832
size	10.6463	10.4932	1.3049	8.5220	19.3114
age	2.0137	2.0794	0.6812	0	4.1109
liquidity	0.5636	0.5962	0.2523	0.0497	0.9709
cap	3.7108	3.7408	1.3552	0.0023	14.2241
state	0.0218	0	0.1462	0	1
foreign	0.3993	0	0.4897	0	1
private	0.5789	1	0.4937	0	1

---

① Petersen and Rajan（2002）利用 1973—1993 年美国小企业的金融调查数据测算的银企距离平均值和中位值分别是 68.43 千米和 6.44 千米；Agarwal and Hauswald（2010）计算的 2002—2003 年美国银企距离的平均值和中位值分别是 15.95 千米和 4.22 千米；Degryse and Ongena（2005）基于 1995—1997 年比利时小企业数据计算的银企距离平均值和中位值分别是 3.67 千米和 2.25 千米；Carling and Lundberg（2005）测算的 1994—2000 年瑞典银企距离平均值和中位值分别为 4.01 千米和 1.00 千米；Bellucci et al.（2019）计算的 1999—2005 年意大利银企距离平均值和中位值分别为 5.18 千米和 2.62 千米。

第五节 银企距离影响出口贸易转型升级的实证分析

一、基准回归结果与分析

表 4-2 给出了基于全样本的回归结果，各列均控制了城市、行业和年份固定效应。第（1）列没有添加任何控制变量，ln*distance* 的影响系数在 1% 水平下显著为负。第（2）—（4）列依次加入控制变量后，ln*distance* 的影响系数仍在 1% 水平下显著为负。这一结果表明，缩短银企距离能够显著提升企业一般贸易出口比重，即缩短银企距离的确促进了我国出口贸易的转型升级。

表 4-2 第（4）列控制变量的结果基本符合现有关于出口贸易转型升级的研究结论。提高全要素生产率（*tfp*）有利于企业出口转型升级，生产率高的企业能够支付高出口固定成本而倾向于选择一般贸易方式进行出口以获得更高的利润（刘晴等，2017；Dai et al.，2016）。与 Yu（2015）的研究一致，企业规模（*size*）的影响系数显著为负，可能的原因在于相比一般贸易，加工贸易的生产经营方式更加依赖规模经济效应，因为加工贸易企业具有"两头在外"的特征，只需负责产品的生产组装环节，这一环节的规模经济效应最为明显。企业存续年限（*age*）越长可能带来越多负担，诸如设备老化、结构失衡、技术进步缓慢、债务繁重和增长乏力等问题也将随之出现，从而不利于出口贸易转型升级。由于一般贸易出口相比加工贸易需要预付更高的固定成本，资产流动性（*liquidity*）越强的企业越有能力通过弥补这一成本而提高一般贸易出口比重（Manova and Yu，2016）。一般而言，加工贸易企业的生产经营更加依赖廉价的劳动力，一般贸易企业则对资本和技术的依赖度更高，资本密集度（*cap*）不仅体现了企业资本要素的相对充裕程度，还反映了全要素生产率未能捕捉到的生产技术信息（樊海潮和郭光远，2015），因此资本密集度越高的企业具有更高的一般贸易出口比重。受优惠的加工贸

易政策所吸引，外资企业（foreign）通过国际产业转移在过去很长一段时间里主导着中国加工贸易的发展（裴长洪，2009），因此具有更低的一般贸易出口比重。国有企业（state）的系数未通过10%水平的显著性检验，表明国有企业和民营企业的一般贸易出口比重区别不明显。

表4-2　银企距离影响出口贸易转型升级的基准回归结果

变量	（1）	（2）	（3）	（4）
ln*distance*	−0.0080***	−0.0102***	−0.0105***	−0.0195***
	（0.0026）	（0.0025）	（0.0025）	（0.0024）
tfp		0.2918***	0.2804***	0.2405***
		（0.0061）	（0.0061）	（0.0059）
size		−0.2794***	−0.2692***	−0.2389***
		（0.0044）	（0.0044）	（0.0044）
age			−0.0342***	−0.0577***
			（0.0046）	（0.0044）
liquidity			0.0678***	0.1142***
			（0.0130）	（0.0126）
cap				0.0145***
				（0.0027）
foreign				−0.5512***
				（0.0065）
state				−0.0043
				（0.0202）
constant	1.9521***	2.9700***	2.9943***	2.7799***
	（0.3968）	（0.3982）	（0.3986）	（0.3962）
城市固定效应	是	是	是	是
行业固定效应	是	是	是	是
年份固定效应	是	是	是	是
观测值	372754	372754	372754	372754
Pseudo R^2	0.2370	0.2544	0.2547	0.2851

注：括号内为在企业层面聚类的标准误，***、**、*分别表示在1%、5%、10%水平下显著。如无特别说明，本章下表同。

二、稳健性检验结果与分析

(一) 考虑内生性问题

由于银行和企业存在协同选址的可能,本章可能存在由反向因果导致的内生性问题。具体表现在以下两个方面:①银行内生选址问题,出口经济较发达的地区往往也是金融市场较为活跃的地区,银行在这类地区设立分支机构开展业务的可能性更大;②出口企业内生选址问题,出口企业为了获得更便捷有利的融资条件,也可能主动在金融市场较为发达的地区选址。

对于银行内生选址的问题,此处采用1984年的县域银行密度(银行分支机构数量与县域地理面积之比)与年份的乘积作为银企距离的工具变量进行估计。1984年,商业性业务正式从中国人民银行中剥离出来,该年新成立的中国工商银行和之前设立的中国农业银行、中国银行、中国建设银行一起构成了国有专业银行体系,标志着现代金融体系雏形的形成(李扬,2008)。基于以上考虑,我们可以认为现代商业银行分支机构的分布特征在一定程度上起源于1984年国有专业银行体系的形成,因此1984年的县域银行密度满足工具变量相关性假设条件。此外,由于1984年我国仍处于计划经济阶段,当时国有专业银行(商业银行的前身)的突出功能仍是承担政策性任务,主要依靠贷款指令性计划对经济建设所需资金进行分配,无法满足股份制企业和乡镇企业的资金需求。在这种经济环境下,银行是否在某一地区设立分支机构的决定受企业出口融资需求影响的可能性微乎其微[①],因此我们有理由相信历史年份的县域银行密度与单个企业出口贸易结构不相关,工具变量满足外生性假设条件。

对于出口企业的内生选址问题,借鉴 Fan et al.(2020)的思路,首先在回归方程中加入企业在1999年(样本前一年)的出口强度(出口额占总销

[①] 尽管中国在20世纪80年代初已开始从事加工贸易,但当时的加工贸易方式绝大多数为来料加工,这种加工出口模式由于只收取产品价值链中间环节的加工费,出口的固定成本和可变成本基本可忽略不计,因而其对国内信贷资金的需求极低。

售额之比）与年份虚拟变量的交互项（$export1999_f \times \varphi_t$）；其次，采用位于农村地区的乡镇企业子样本进行回归，因为乡镇企业所在地的金融发展水平远低于城市地区，相比其他企业，乡镇企业主动在金融市场较为发达的地区选址的可能性甚小。同时考虑了银行和出口企业的内生选址问题后，此处采用 IV-Tobit 两步法进行估计。表 4-3 第（1）列为控制 $export1999_f \times \varphi_t$ 后的回归结果，第（2）列为采用乡镇企业子样本的结果。从中可以看出，ln*distance* 的影响系数均在 1% 水平下显著为负，Wald 检验的 p 值均小于 1%，意味着无法拒绝银企距离是内生变量的可能。另外，在第一阶段回归中工具变量（1984 年县域银行密度与年份的乘积）的影响系数均在 1% 水平下显著为负，表明银行密度的增加显著缩短了银企距离，验证了工具变量的相关性，而 F 统计量的值远大于 10，意味着工具变量不存在弱相关的问题。

表 4-3　银企距离影响出口贸易转型升级的稳健性检验结果（Ⅰ）

变量	（1）	（2）	（3）	（4）	（5）	（6）
ln*distance*	−0.8791***	−0.1971***			−0.0329***	−0.0188***
	（0.1578）	（0.0604）			（0.0039）	（0.0024）
ln*avgdist*			−0.0149***			
			（0.0031）			
ln*maxdist*				−0.0088**		
				（0.0041）		
HHI_branch						−0.0716***
						（0.0249）
tfp	0.2398***	0.2874***	0.2402***	0.2402***	0.3289***	0.2406***
	（0.0057）	（0.0128）	（0.0059）	（0.0059）	（0.0092）	（0.0059）
size	−0.2351***	−0.2839***	−0.2385***	−0.2387***	−0.3032***	−0.2388***
	（0.0040）	（0.0088）	（0.0044）	（0.0044）	（0.0072）	（0.0044）
age	−0.0588***	−0.0577***	−0.0578***	−0.0571***	−0.0733***	−0.0579***
	（0.0072）	（0.0082）	（0.0044）	（0.0044）	（0.0069）	（0.0044）
liquidity	0.0257	0.0862***	0.1130***	0.1158***	0.1817***	0.1134***
	（0.0217）	（0.0282）	（0.0126）	（0.0126）	（0.0200）	（0.0126）

续表

变量	（1）	（2）	（3）	（4）	（5）	（6）
cap	−0.0075* （0.0043）	0.0374*** （0.0052）	0.0145*** （0.0027）	0.0148*** （0.0027）	0.0124*** （0.0042）	0.0144*** （0.0027）
foreign	−0.6269*** （0.0186）	−0.6110*** （0.0120）	−0.5503*** （0.0065）	−0.5493*** （0.0065）	−0.7533*** （0.0098）	−0.5513*** （0.0065）
state	−0.1949*** （0.0372）	−0.0287 （0.0740）	−0.0041 （0.0202）	−0.0011 （0.0202）	0.0143 （0.0316）	−0.0051 （0.0202）
constant	7.0029*** （0.8279）	3.1058*** （0.2563）	2.7549*** （0.3962）	2.7227*** （0.3966）	2.4114*** （0.5478）	2.8200*** （0.3966）
Wald test	62.56***	7.47***				
第一阶段 IV	−0.0002*** （0.0000）	−0.0035*** （0.0002）				
第一阶段 F 统计量	193.14	23.27				
$export1999_f \times \varphi_t$	是	否	否	否	否	否
城市、行业、年份固定效应	是	是	是	是	是	是
观测值	372754	55038	372754	372754	371187	372754
Pseudo R^2	—	—	0.2849	0.2848	0.3564	0.2851

（二）替换主要变量衡量指标

首先，采用平均银企距离和最远银企距离作为银企距离的代理变量。为了排除变量测量偏误对估计结果的影响，参考 Knyazeva and Knyazeva（2012）、Milani（2014）的思路，本章进一步测算了平均银企距离（ln$avgdist$）和最远银企距离（ln$maxdist$）。平均银企距离为企业与县域内所有银行分支机构距离的平均值，反映了特定地区内单一企业与所有银行地理距离的平均水平；最远银企距离则是企业与县域内最远的银行分支机构的地理距离，反映了企业的最远信贷可达性。表4-3第（3）—（4）列给出了相应的回归结果，平均银企距离（ln$avgdist$）和最远银企距离（ln$maxdist$）的影响系数至少在5%水平下显著为负。其次，改变出口贸易转型升级的衡量方式。考虑到样本中存在较多仅采用一种特定的贸易方式进行出口的企业，借鉴 Manova and Yu（2016）的做法，我们构建了一个企业是否采用一般贸易方式出口的虚拟变量作为新的被解释变量，若企业一般贸易出口比重大于 0.5，该变量取值为 1，否则为 0。表 4-3 第（5）列汇报了采用 Probit 模型估计企业选择一般贸易出口方式的概率的结果，ln*distance* 的影响系数仍在 1%水平下显著为负。上述结果表明本章的研究结论在主要变量的测算方法上是稳健的。

（三）排除银行竞争的影响

为了排除地区银行竞争对前文结论的影响，借鉴 Chong et al.（2013）的思路，采用下式测算了银行竞争指数：

$$HHI\_branch_{dt} = \sum_{k=1}^{6} \left(bankbranch_{kdt} / \sum_{k=1}^{6} bankbranch_{kdt} \right)^2 \quad (4-2)$$

其中，$bankbranch_{kdt}$ 表示 k 类型的银行第 t 年在 d 县域的分支机构数量，$k=1, 2, 3, 4, 5, 6$，分别代表国有五大商业银行（中、农、工、建、交）、中国邮政储蓄银行、股份制商业银行、城市商业银行、农村商业银行和外资银行这六大类银行结构。HHI_branch 的数值越小，表明银行同业竞争越激烈。表 4-3 第（6）列给出了控制银行竞争后的回归结果，可以看出，银企距离的影响系数仍然在 1%水平下显著为负，意味着银企距离通过影响银行竞争进而影响出口贸易转型升级的可能性不大。

（四）控制同时期的其他冲击

2000—2010 年是中国出口贸易快速发展的重要阶段，同时也是多种对外开放政策发挥作用的主要时期，为了降低本章基本估计结果受这些政策影响的可能性，此处对其进行了控制。一是出口加工区政策。设立出口加工区的初衷便是通过对加工贸易的集中规范管理实现出口导向型经济的政策目标，这一政策显然会对以企业一般贸易出口比重衡量的出口转型升级造成影响。借鉴孙浦阳和张甍（2019）的思路，此处构建了企业当年通过出口加工区进行出口的比重（EPZ_share）来衡量这一政策冲击[①]。二是贸易自由化政策。自中国于2001年正式加入WTO后，关税减免构成了贸易自由化政策的主要内容。一方面，中间品进口关税下降显著削弱了加工贸易相对一般贸易出口的成本优势，企业更有可能因此选择一般贸易方式进行出口（Brandt and Morrow，2017）；另一方面，最终品进口关税下降加剧了国内市场竞争（Yu，2015），为了应对进口竞争，企业更有动力通过转变出口贸易方式实现价值链向两端攀升。为了控制这一政策效应，我们遵循 Brandt et al.（2017）的做法，在基本计量模型中加入了CIC4位码行业层面的最终品进口关税（output_tariff）和中间品进口关税（input_tariff）。三是外资自由化政策。中国在2002年、2004年和2007年对《外商投资产业指导目录》（以下简称《指导目录》）进行了不同程度的修改，在减少大量限制（含禁止）行业数目的同时增加了鼓励行业数目，由此带来的外资准入管制放松在一定程度上强化了外资在我国加工贸易中的主导地位，同时也可能对一般贸易出口产生技术溢出。为了对这一政策冲击进行控制，我们借鉴 Sheng and Yang（2016）的做法，在基本计量模型中加入了《指导目录》规定的是否为鼓励行业（encourage）和是否为限制（含禁止）行业（restrict）的虚拟变量，为相应类型则赋值为1，否则为0。最后，为了控制由2008年国际金融危机导致的外部需求冲击对出口贸易转型升级的影响，此处借鉴戴觅和茅锐（2015）的做法，在基本计量模型中加入危机前企业的平均出口强度（界定企业遭受金融危机冲击的程度）与金融危机发生年份（2008年）虚拟变量的交互项（$avgexport_f \times crisis_t$）。

表4-4第（1）—（4）列为分别控制出口加工区、贸易自由化、外资自由化和金融危机后的估计结果，第（5）列为同时控制四种外部冲击后的结果，可以发现 ln*distance* 的系数均在1%水平下显著为负，表明缩短银企距

[①] 首先根据中国海关进出口数据库所统计的企业所在地名称是否含有"出口加工区"字样，来识别企业出口的产品是否经由出口加工区进行出口，其次将由出口加工区出口的产品金额进行加总并计算得到企业当年出口加工区出口金额占比（EPZ_share）。

离对企业出口贸易转型升级的促进作用并未受到同时期其他政策和外需冲击的显著影响,再一次印证了前文的结论。

表 4-4 银企距离影响出口贸易转型升级的稳健性检验结果（Ⅱ）

变量	（1）OTshare	（2）OTshare	（3）OTshare	（4）OTshare	（5）OTshare
lndistance	-0.0176*** （0.0024）	-0.0175*** （0.0024）	-0.0176*** （0.0024）	-0.0177*** （0.0024）	-0.0178*** （0.0024）
tfp	0.2405*** （0.0060）	0.2409*** （0.0060）	0.2412*** （0.0060）	0.2296*** （0.0059）	0.2299*** （0.0059）
size	-0.2386*** （0.0045）	-0.2390*** （0.0045）	-0.2394*** （0.0045）	-0.2309*** （0.0045）	-0.2309*** （0.0045）
age	-0.0583*** （0.0044）	-0.0570*** （0.0044）	-0.0569*** （0.0044）	-0.0448*** （0.0044）	-0.0460*** （0.0044）
liquidity	0.1182*** （0.0127）	0.1175*** （0.0127）	0.1181*** （0.0127）	0.1225*** （0.0127）	0.1241*** （0.0126）
cap	0.0151*** （0.0027）	0.0147*** （0.0027）	0.0148*** （0.0027）	0.0129*** （0.0027）	0.0135*** （0.0027）
foreign	-0.5443*** （0.0065）	-0.5461*** （0.0065）	-0.5459*** （0.0065）	-0.5272*** （0.0065）	-0.5253*** （0.0065）
state	-0.0008 （0.0206）	-0.0031 （0.0207）	-0.0049 （0.0207）	0.0048 （0.0206）	0.0027 （0.0206）
EPZ_share	-0.3019*** （0.0167）				-0.2993*** （0.0166）
output_tariff		-0.0040** （0.0017）			-0.0039** （0.0017）
input_tariff		-0.0008 （0.0033）			-0.0032 （0.0033）
encourage			0.0029 （0.0088）		0.0135 （0.0088）

续表

变量	（1） *OTshare*	（2） *OTshare*	（3） *OTshare*	（4） *OTshare*	（5） *OTshare*
restrict			0.0996*** （0.0155）		0.1181*** （0.0155）
avgexport_f × *crisis_t*				−0.2814*** （0.0099）	−0.2829*** （0.0100）
constant	2.7454*** （0.3945）	2.8078*** （0.3955）	2.7475*** （0.3943）	2.6958*** （0.3928）	2.7454*** （0.3943）
城市、行业、年份固定效应	是	是	是	是	是
观测值	361251	361251	361251	361251	361251
Pseudo R²	0.2847	0.2839	0.2840	0.2861	0.2870

（五）克服样本选择偏差

由于基准回归中的样本均为出口企业，未包括非出口企业，由此产生的样本自选择问题可能导致基于该非随机样本对总体进行的推断存在偏误。对于这一问题，此处采用 Heckman 两步法进行解决，第一步的样本选择方程设定如下：

$$probit(exdum_{ft}=1)=\beta_0+\beta_1 exdum_{ft-1}+\beta_2 \ln distance_{ft}+\gamma X+\phi_c+\theta_i+\varphi_t+v_{ft} \quad (4-3)$$

其中，$exdum_{ft}$ 表示 f 企业在第 t 年是否出口的虚拟变量，出口取值为 1，否则为 0。Heckman 两步法估计有效的前提是第一阶段的选择方程必须包括额外的控制变量，该变量需要与企业出口决策相关但与出口贸易转型升级无关。第一步，参考 Li et al.（2015）的做法，此处采用企业上一期是否出口的虚拟变量（$exdum_{ft-1}$）作为这一排他性变量，理由是企业进入国外市场需要支付一定数量的固定成本和沉没成本，前期所支付的出口成本会使得企业当期更有可能继续出口。其余变量的定义方式与本章基本计量模型一致，v_{ft} 为随机误差项。表 4-5 第（1）列给出了该样本选择方程的回归结果。第二步，将第一步样本选择方程获得的逆米尔斯比率（IMR）加入一般贸易出口比重决定方程式（4-1）进行回归。表4-5第（2）列报告了第二步纠正样本选择偏差后的回归结果，IMR在1%水平下显著为正，表明采用Heckman两步法进行回归是有必要的，银企距离的影响系数仍在1%水平下显著为负，说明本章的结论在考虑样本选择偏差后仍然成立。

（六）改变估计方法

虽然Tobit模型能够有效解决被解释变量取值双边设限的问题，但由于无法控制更高维度的固定效应容易产生遗漏变量偏误。针对这一问题，此处改用OLS估计方法进行估计，OLS模型的优点在于能够控制更细层面的企业固定效应。另外，考虑到企业一般贸易出口比重存在较多零值，此处进一步采用PPML进行估计。表4-5第（3）列汇报了OLS回归结果，第（4）列则为PPML估计结果，ln$distance$的影响系数均在1%水平下显著为负，意味着本章的结论在估计方法上具有稳健性。

表4-5 银企距离影响出口贸易转型升级的稳健性检验结果（Ⅲ）

变量	（1）$expdum_t$	（2）OTshare	（3）OTshare	（4）OTshare
ln$distance$	−0.0584***	−0.0262***	−0.0027***	−0.0032***
	（0.0017）	（0.0008）	（0.0008）	（0.0011）
tfp	−0.2408***	0.2279***	0.0069***	0.0069***
	（0.0047）	（0.0004）	（0.0015）	（0.0023）
$size$	0.2673***	−0.2296***	−0.0190***	−0.0296***
	（0.0036）	（0.0003）	（0.0016）	（0.0024）
age	−0.0136***	−0.0629***	−0.0020	−0.0033
	（0.0033）	（0.0012）	（0.0015）	（0.0020）
$liquidity$	0.1073***	0.1092***	0.0079***	0.0210***
	（0.0103）	（0.0038）	（0.0026）	（0.0039）
cap	−0.0130***	0.0182***	−0.0008	−0.0032***
	（0.0020）	（0.0006）	（0.0007）	（0.0010）

续表

变量	（1） expdum$_t$	（2） OTshare	（3） OTshare	（4） OTshare
foreign	0.3664*** （0.0062）	-0.5085*** （0.0022）	-0.0074*** （0.0014）	-0.0170*** （0.0022）
state	0.0240* （0.0141）	-0.0101*** （0.0025）	0.0061 （0.0047）	0.0127** （0.0061）
expdum$_{t-1}$	2.6014*** （0.0056）			
IMR		0.0945*** （0.0015）		
constant	-2.6659*** （0.3169）	6.2754*** （0.0028）	0.8919*** （0.0121）	0.1840*** （0.0183）
企业固定效应	否	否	是	是
城市、行业、年份固定效应	是	是	是	是
观测值	1262370	246176	329722	305419
（Pseudo）R^2	0.5534	0.2704	0.9071	0.1165

三、影响机制检验结果与分析

根据本章前文的理论机制分析，融资成本和风险控制是银企距离影响出口贸易转型升级的两条渠道。本章首先分别估计银企距离对企业融资成本和违约风险的影响，其次分别考察企业融资成本和违约风险对出口贸易转型升级的影响，以此探究银企距离如何通过影响企业融资成本和违约风险进而影响出口贸易转型升级。

对于企业融资成本（financecost），采用企业利息支出与总负债的比值进行衡量。由于中国工业企业数据库未统计企业违约信息，对于违约风险指标（EDF），本章基于 CSMAR 的上市公司数据，采用 Bharath and Shumway（2008）提出的简化违约概率模型进行估计[①]，企业违约距离（Distance to Default，DD）为：

$$DD_{ft}=\frac{\ln[(E_{ft}+D_{ft})/D_{ft}]+(r_{ft-1}-0.5\times\sigma_{Vft}^{2})T}{\sigma_{Vft}\sqrt{T}} \quad (4-4)$$

其中，f、t 分别表示企业和年份；E_{ft} 表示企业的总市值；D_{ft} 为企业债务的账面价值，等于短期负债与 0.5 倍的长期负债之和；r_{ft-1} 是企业上一年的股票回报率；T 表示期权到期时间，通常被设置为 1 年。σ_{Vft} 表示企业价值的总波动率，其计算公式为：

$$\sigma_{Vft}=\frac{E_{ft}}{E_{ft}+D_{ft}}\times\sigma_{Eft}+\frac{D_{ft}}{E_{ft}+D_{ft}}\times(0.05+0.25\times\sigma_{Eft}) \quad (4-5)$$

式（4-5）中，σ_{Eft} 为股票收益率的波动率，采用企业上一年的月度股票收益率的标准差近似代替。在式（4-4）和式（4-5）的基础上，利用累积标准正态分布函数可以求出企业预期违约概率（Expected Default Frequency，EDF），即 $EDF_{ft}=Normal(-DD_{ft})$。

表 4-6 给出了上述影响机制检验的结果。前两列是银企距离通过融资成本渠道影响出口贸易转型升级的检验结果，其中第（1）列估计了银企距离对融资成本的影响，ln*distance* 的系数在 1% 水平下显著为正，意味着缩短银企距离能够显著降低企业的融资成本[②]；第（2）列则在控制银企距离的情况下估计了融资成本对出口贸易转型升级的影响，*financecost* 的系数在 1% 水平下显著为负，意味着降低企业融资成本的确促进了企业出口转型升级。类似的，第（3）—（5）列是银企距离通过风险控制渠道影响出口贸易转型升

[①] Bharath and Shumway（2008）基于 Merton（1974）的期权定价理论，提出了一种利用简化的违约概率模型预测美国上市公司违约概率的方法，并通过与其他方法进行对比分析发现，简化违约概率模型的表现更好。在验证风险控制渠道时，本章将样本与 CSMAR 数据库按照上市公司曾用名称进行了匹配。

[②] 这一结果或许也意味着商业银行的空间价格歧视定价策略在中国尚未形成普遍现象。

级的检验结果，其中第（3）列为基于上市公司新样本的基准回归结果，显示缩短银企距离仍然能够显著促进出口贸易转型升级；第（4）列估计了银企距离对企业违约风险的影响，ln*distance* 的系数在 1% 水平下显著为正，意味着缩短银企距离能够显著降低企业的违约风险；第（5）列在控制银企距离的情况下估计了违约风险对出口贸易转型升级的影响，*EDF* 的系数在 1% 水平下显著为负，意味着降低违约风险的确促进了企业出口转型升级。上述结果在一定程度上验证了本章的影响机制，即缩短银企距离通过"降成本"和"控风险"两条渠道促进了出口贸易转型升级。

表 4-6　银企距离对出口贸易转型升级的影响机制检验结果

变量	融资成本渠道		风险控制渠道		
	（1）	（2）	（3）	（4）	（5）
	financecost	*OTshare*	*OTshare*	*EDF*	*OTshare*
ln*distance*	0.1146***	−0.0131***	−0.0489***	0.0376***	−0.0395***
	（0.0028）	（0.0025）	（0.0042）	（0.0036）	（0.0043）
financecost		−0.0285***			
		（0.0038）			
EDF					−0.2452***
					（0.0274）
tfp	0.0069*	0.2391***	0.0260***	−0.0256***	0.0190***
	（0.0041）	（0.0059）	（0.0015）	（0.0093）	（0.0015）
size	−0.0263***	−0.2381***	−0.0721***	0.0209***	−0.0666***
	（0.0040）	（0.0044）	（0.0009）	（0.0071）	（0.0009）
age	−0.0053	−0.0581***	−0.0101**	−0.0078	−0.0118***
	（0.0045）	（0.0044）	（0.0045）	（0.0066）	（0.0045）
liquidity	0.0984***	0.1162***	0.1092***	−0.1389***	0.0792***
	（0.0082）	（0.0126）	（0.0205）	（0.0200）	（0.0206）
cap	0.0009	0.0143***	0.0368***	−0.0020	0.0381***
	（0.0020）	（0.0027）	（0.0024）	（0.0046）	（0.0024）

续表

变量	融资成本渠道		风险控制渠道		
	(1)	(2)	(3)	(4)	(5)
	financecost	*OTshare*	*OTshare*	*EDF*	*OTshare*
foreign	0.0063 (0.0039)	−0.5507*** (0.0065)	−0.1486*** (0.0138)	0.0091 (0.0108)	−0.1487*** (0.0138)
state	−0.0011 (0.0101)	−0.0053 (0.0202)	0.0266* (0.0136)	−0.0027 (0.0123)	0.0265* (0.0137)
constant	4.1877*** (0.0309)	2.8674*** (0.3963)	1.6096*** (0.0125)	−0.1325 (0.0816)	1.5710*** (0.0126)
企业固定效应	是	否	否	否	否
城市、行业、年份固定效应	是	是	是	是	是
观测值	329722	372754	1965	1965	1965
(Pseudo) R²	0.9038	0.2853	0.5335	−3.6272	0.5352

注：由于 *financecost* 并不是归并数据，第（1）列的结果采用的是 OLS 估计方法，其余各列结果均采用 Tobit 估计方法。

由于数据的限制，本章在表4-6中对于风险控制渠道的检验是基于上市公司样本的，由此产生的样本选择偏差问题可能会影响结论的可靠性。为此，本部分基于全样本构建了银企距离与企业偿债能力、企业盈利能力的交互项，并将其加入基本计量模型进行回归分析，进一步验证风险控制渠道的存在。已有研究表明，借款者的偿债能力和盈利能力是债权人关注的主要因素，也是债权人识别债务人违约风险的重要会计信息，企业偿债能力和盈利能力越强，违约风险就越低（孙铮等，2006）。因此，如果缩短银企距离的确通过降低违约风险而促进了出口贸易转型升级，则可以推测对于违约风险更高（偿债能力和盈利能力更差）的企业，缩短银企距离对出口贸易转型升级的影响会更大。其中，企业偿债能力分别用资产负债率（*AL*）、流动比率

（*current*）和速动比率（*quick*）衡量，盈利能力分别用总资产收益率（*ROA*）和净资产收益率（*ROE*）衡量。

表 4-7 的结果显示，ln*distance* × *AL* 的系数在 1% 水平下显著为负，ln*distance* × *current* 和 ln*distance* × *quick* 的系数在 1% 水平下显著为正，表明缩短银企距离对资产负债率越高、流动比率和速动比率越低的企业（偿债能力越差的企业）出口转型升级的促进作用越大；ln*distance* × *ROA* 和 ln*distance* × *ROE* 的系数也至少在 10% 水平下显著为正，表明缩短银企距离对总资产收益率和净资产收益率越低的企业（盈利能力越差的企业）出口转型升级的促进作用越大。总之，以上结果支持了本章的猜想，风险控制是缩短银企距离促进出口贸易转型升级的重要渠道。

表 4-7 基于全样本的风险控制渠道检验结果

变量	（1） M=AL	（2） M=current	（3） M=quick	（4） M=ROA	（5） M=ROE
ln*distance*	0.0040 （0.0040）	-0.0250*** （0.0026）	-0.0245*** （0.0025）	-0.0222*** （0.0025）	-0.0195*** （0.0024）
ln*distance* × *M*	-0.0400*** （0.0052）	0.0029*** （0.0006）	0.0039*** （0.0008）	0.0368*** （0.0132）	0.0002* （0.0001）
M	0.0863*** （0.0121）	-0.0139*** （0.0013）	-0.0158*** （0.0017）	0.1991*** （0.0235）	-0.0002 （0.0002）
tfp	0.2388*** （0.0059）	0.2403*** （0.0059）	0.2398*** （0.0059）	0.2238*** （0.0060）	0.2405*** （0.0059）
size	-0.2382*** （0.0044）	-0.2410*** （0.0044）	-0.2401*** （0.0044）	-0.2364*** （0.0044）	-0.2389*** （0.0044）
age	-0.0567*** （0.0044）	-0.0562*** （0.0044）	-0.0568*** （0.0044）	-0.0549*** （0.0044）	-0.0577*** （0.0044）
liquidity	0.1169*** （0.0126）	0.1317*** （0.0127）	0.1301*** （0.0128）	0.1190*** （0.0126）	0.1141*** （0.0126）
cap	0.0159*** （0.0027）	0.0160*** （0.0027）	0.0159*** （0.0027）	0.0164*** （0.0027）	0.0145*** （0.0027）

续表

变量	（1） M=AL	（2） M=current	（3） M=quick	（4） M=ROA	（5） M=ROE
foreign	−0.5492*** （0.0065）	−0.5458*** （0.0065）	−0.5478*** （0.0065）	−0.5496*** （0.0065）	−0.5512*** （0.0065）
state	−0.0076 （0.0202）	−0.0069 （0.0202）	−0.0062 （0.0202）	0.0094 （0.0202）	−0.0043 （0.0202）
constant	2.7295*** （0.3974）	2.8124*** （0.3965）	2.8053*** （0.3966）	2.8228*** （0.3945）	2.7790*** （0.3961）
城市、行业、年份固定效应	是	是	是	是	是
观测值	372754	372754	372754	372754	372754
Pseudo R^2	0.2853	0.2855	0.2854	0.2859	0.2851

四、银企距离对出口贸易转型升级的异质性影响

（一）银行规模异质性

最优金融结构理论认为，在以劳动密集型产业为主体的发展中国家，区域性中小银行应该成为金融体系的主要组成部分，提升中小银行市场份额有利于促进经济增长（林毅夫和孙希芳，2008）。进入 21 世纪以来，我国国有大型商业银行的市场份额大幅下降，其他中小银行的市场份额则逐年上升[①]。由于不同规模的商业银行具有截然不同的融资特性，缩短企业与不同规模的银行之间的地理距离对出口贸易转型升级的影响也将有所不同。具体而言，大银行在贷款决策中注重诸如财务报表、抵押品价值等企业"硬"信息，中

---

① 据 CSMAR 数据库统计，以资产规模计算，2003—2016 年国有大型商业银行（中国工商银行、中国农业银行、中国银行、中国建设银行、交通银行和中国邮政储蓄银行）的市场份额由 61.28% 下降至 41.38%，其他商业银行的资产份额则从 17.63% 上升至 40.86%。本章在实证策略上将国有大型商业银行视为大银行，将其他商业银行视为中小银行。

小银行则更多关注企业家才能、个人品质等"软"信息（Berger et al.，2005；Berger and Black，2011）。企业"硬"信息可以通过更加先进的技术手段（如通信技术、人工智能等）和更加完善的披露制度获取，但由于"软"信息具有不可传递的特点，对于"软"信息的获取更依赖于银企双方的直接接触；缩短银企距离对于大银行获取企业"硬"信息的帮助可能有限，却能够从根本上提高中小银行搜集企业"软"信息的效率。据此我们推测，缩短企业与中小银行的地理距离对出口贸易转型升级的促进作用更强。

为了验证上述推断，本章分别测算了企业距大银行和中小银行的地理距离，表4-8第（1）—（2）列报告了区分银行规模后银企距离影响出口贸易转型升级的估计结果。可以看出，企业与大银行、中小银行距离的影响系数均在1%水平下显著为负，但企业与中小银行距离系数的绝对值明显更大，意味着缩短企业与中小银行的距离对出口贸易转型升级的确能够产生更大的促进作用。

表4-8 银企距离对出口贸易转型升级的异质性影响检验结果（I）

变量	（1）大银行	（2）中小银行	（3）制度环境完善	（4）制度环境不完善
ln$distance$	−0.0155***	−0.0531***	−0.0066***	−0.0260***
	（0.0022）	（0.0007）	（0.0010）	（0.0025）
tfp	0.2407***	0.2391***	0.3334***	0.1929***
	（0.0059）	（0.0004）	（0.0005）	（0.0064）
$size$	−0.2390***	−0.2343***	−0.2960***	−0.2039***
	（0.0044）	（0.0002）	（0.0003）	（0.0049）
age	−0.0577***	−0.0636***	−0.1130***	−0.0162***
	（0.0044）	（0.0011）	（0.0014）	（0.0048）
$liquidity$	0.1144***	0.1188***	−0.0538***	0.1839***
	（0.0126）	（0.0034）	（0.0045）	（0.0149）
cap	0.0146***	0.0153***	−0.0028***	0.0257***
	（0.0027）	（0.0006）	（0.0008）	（0.0030）

续表

变量	（1） 大银行	（2） 中小银行	（3） 制度环境完善	（4） 制度环境不完善
foreign	−0.5511*** （0.0065）	−0.5486*** （0.0020）	−0.6239*** （0.0027）	−0.4778*** （0.0074）
state	−0.0035 （0.0202）	0.0080*** （0.0023）	−0.1514*** （0.0034）	0.0077 （0.0195）
constant	2.7609*** （0.3965）	7.2405*** （0.0026）	8.0724*** （0.0034）	2.5659*** （0.3696）
城市、行业、年份固定效应	是	是	是	是
观测值	372705	309631	185098	187656
Pseudo R^2	0.2850	0.2895	0.2993	0.2797

（二）地区异质性

中国幅员辽阔，由于发展政策、地理位置及要素禀赋等方面的不同，各地区的经济发展在多个领域表现出强烈的区域差异。为了更为全面地考察银企距离对不同地区出口贸易转型升级的异质性影响，本部分将从以下三个方面进行分析。

第一，制度环境的差异。制度环境是影响契约执行效率与风险的重要因素（Aggarwal and Goodell，2009）。一方面，制度的完善程度与信息搜集成本负相关，在制度越完善的地区，企业的信息披露质量越高，信息传递渠道越顺畅，银行的信息搜集成本就越低；相反，在制度越不完善的地区，银企之间信息不对称越严重，在这种环境下银行获取信息可能更加依赖于银企距离的缩短。另一方面，制度的完善程度与地区产权和司法保护程度正相关，相比制度环境较好的地区，借款企业在制度环境较差的地区由于具有更低的违约成本，因而更容易发生违约行为，在这种环境下缩短银企距离对银行风控能力的提升作用理应更强。由此我们推测，缩短银企距离对出口贸易转型升级的促进效应在制度环境较差的地区应该更大。

第二，金融发展水平的差异。相比金融发展水平较高的地区，金融发展水平落后的地区尚未建立起完备的信用体系，企业信息披露的丰富性和准确性相对较差，金融机构的专业能力和服务经验也相对不足，这些都可能导致银行开展信息搜集工作的难度加大，在这种环境下缩短银企距离对银行信息获取能力的提升作用理应更强。因此我们推测，缩短银企距离对出口贸易转型升级的促进效应在金融发展落后的地区应该更大。

第三，交通基础设施的差异。交通基础设施的便利程度直接决定了银企双方的沟通效率。相比交通基础设施发达的地区，银行在交通落后的地区将面临更大的通勤成本和监督成本，银企之间现场沟通的频率和效率下降，远距离的借款企业因此更容易发生违约行为，此时银行对企业的事前甄别和事后监督可能更加依赖于银企距离的缩短。因此我们推测，缩短银企距离对出口贸易转型升级的促进效应在交通基础设施落后的地区应该更大。

为了验证上述推断，此处采用樊纲等（2011）编制的市场化指数衡量地区制度环境[①]，采用城市金融机构人民币贷款与地区生产总值之比衡量地区金融发展水平，用城市道路里程与地理面积之比衡量地区的交通基础设施便利程度，并分别根据中位值将全部样本分为制度环境完善地区和不完善地区，高金融发展水平地区和低金融发展水平地区，以及交通基础设施发达地区和欠发达地区。表4-8第（3）—（4）列给出了区分制度环境后的回归结果，两组样本中银企距离的影响系数均在1%水平下显著为负，但制度环境不完善地区银企距离系数的绝对值明显大于制度环境完善地区。表4-9第（1）—（2）列给出了区分金融发展水平后的回归结果，可以看出，低金融发展水平地区银企距离系数的显著性水平和绝对值均高于高金融发展水平地区；第（3）—（4）列则为区分交通基础设施后的结果，可以看出，基础设施欠发达地区银企距离系数的绝对值明显大于基础设施发达地区。这些结果

[①] 樊纲等（2011）提供的市场化指数仅统计至2009年，2010年的数据采用移动平均法计算而得。

与我们的预期一致,即在制度环境越不完善、金融发展水平越低和交通基础设施越差的地区,缩短银企距离对出口贸易转型升级的促进作用越大。

表 4-9　银企距离对出口贸易转型升级的异质性影响检验结果(Ⅱ)

变量	(1) 金融发展水平高	(2) 金融发展水平低	(3) 基础设施发达	(4) 基础设施欠发达
ln$distance$	−0.0024**	−0.0299***	−0.0142***	−0.0219***
	(0.0011)	(0.0028)	(0.0034)	(0.0028)
tfp	0.2470***	0.2412***	0.2817***	0.2138***
	(0.0005)	(0.0080)	(0.0084)	(0.0074)
$size$	−0.2530***	−0.2285***	−0.2818***	−0.2064***
	(0.0003)	(0.0060)	(0.0062)	(0.0055)
age	−0.0669***	−0.0494***	−0.0553***	−0.0598***
	(0.0014)	(0.0056)	(0.0063)	(0.0053)
$liquidity$	0.1224***	0.0789***	0.0832***	0.1255***
	(0.0045)	(0.0170)	(0.0172)	(0.0169)
cap	0.0168***	0.0113***	0.0186***	0.0119***
	(0.0007)	(0.0036)	(0.0036)	(0.0034)
$foreign$	−0.5457***	−0.5452***	−0.5121***	−0.5736***
	(0.0027)	(0.0087)	(0.0084)	(0.0082)
$state$	−0.0003	−0.0218	−0.0222	−0.0235
	(0.0030)	(0.0265)	(0.0394)	(0.0215)
$constant$	6.9276***	2.7697***	3.9095***	2.4357***
	(0.0033)	(0.3585)	(0.5565)	(0.3982)
城市、行业、年份固定效应	是	是	是	是
观测值	186211	186543	188653	184101
Pseudo R^2	0.2827	0.2961	0.2708	0.2991

五、出口贸易转型升级的其他表现

在转型经济背景下，我国对外贸易转型升级的表现通常是多方面的。从更广的范围讲，出口贸易转型升级不仅体现在贸易结构的优化上，还包括国际竞争优势强化、市场布局优化、价值链地位攀升以及贸易发展可持续等多层含义。因此，我们不可能在一章内容中穷尽所有因素探讨银企距离的出口升级效应。考虑到本章第二节主要将出口贸易转型升级的内涵聚焦在贸易结构优化上，此处我们进一步探讨银企距离对出口贸易质量提升和效益增进的影响。结合2019年11月印发的《中共中央、国务院关于推进贸易高质量发展的指导意见》（以下简称《指导意见》），本部分选取了企业出口产品质量、出口技术复杂度、全球价值链地位和创新能力四个指标构建出口贸易转型升级的多维绩效评价体系[1]。

（一）出口产品质量和出口技术复杂度

实现出口贸易转型升级的一种可行方式是通过出口更多高质量和高技术含量的产品来强化企业国际竞争力[2]。那么，缩短银企距离是否能够促进企业出口产品质量或者出口技术复杂度的提升呢？为了回答这一问题，此处根据 Khandelwal et al.（2013）的需求函数回归推断法，测算了样本期内企业—产

---

[1] 《指导意见》是基于当前我国外贸在产业基础、创新能力和市场主体等方面还存在较大差距的背景而出台的，其目标是实现贸易结构更加优化、贸易效益显著提升以及贸易实力进一步增强，其内容与发展方向基本涵盖了本章出口贸易转型升级的多层内涵。在货物贸易方面，《指导意见》明确指出："增强贸易创新能力……提高产品质量……大力发展高质量、高技术、高附加值产品贸易……发展和保护全球产业链……做强一般贸易，增强议价能力，提高效益和规模"。

[2] 党的十七大报告强调要加快转变外贸增长方式，立足以质取胜，促进加工贸易转型升级。2015年印发的《国务院关于加快培育外贸竞争新优势的若干意见》（国发〔2015〕9号）更是明确提出，要通过加快提升出口产品技术含量和出口产品质量强化我国对外贸易的国际竞争力，推动我国外贸由规模速度型向质量效益型转变。

品—目的国—年份层面的出口产品质量[①]；并借鉴 Hausmann et al.（2007）的思路，测算了企业层面的出口技术复杂度[②]；在此基础上，分别检验了银企距离对出口产品质量和出口技术复杂度的影响。表 4-10 第（1）—（2）列给出了相应回归结果，其中 ln$distance$ 的系数均在 5% 水平下显著为负，意味着缩短银企距离能够促进企业出口产品质量以及出口技术复杂度的提升，有利于出口贸易转型升级。

表 4-10 出口贸易转型升级的其他表现

变量	（1）出口产品质量	（2）出口技术复杂度	（3）出口上游度	（4）专利申请数量	（5）发明专利	（6）实用新型专利	（7）外观设计专利
ln$distance$	−0.0238** (0.0109)	−0.0695** (0.0336)	−0.0020** (0.0010)	−0.0317*** (0.0095)	−0.0274** (0.0134)	−0.0552*** (0.0143)	−0.0472*** (0.0063)
tfp	0.0673** (0.0276)	0.0193 (0.0287)	0.0110*** (0.0020)	0.2974*** (0.0212)	0.4490*** (0.0311)	0.3810*** (0.0336)	0.4344*** (0.0064)
$size$	0.1953*** (0.0269)	0.0955*** (0.0283)	−0.0173*** (0.0019)	0.6651*** (0.0103)	0.7751*** (0.0151)	0.7572*** (0.0155)	0.9394*** (0.0018)

[①] 根据 Khandelwal et al.（2013）的研究，设定产品需求函数为：$x_{fidt}=q_{fidt}^{\sigma-1}p_{fidt}^{-\sigma}\dfrac{Y_{dt}}{P_{dt}^{1-\sigma}}$。其中，$x_{fidt}$、$q_{fidt}$ 和 p_{fidt} 分别表示 f 企业在第 t 年出口 i 产品（HS6 位码）至 d 目的国的产品数量、质量和价格，σ 表示产品间的替代弹性，P_{dt} 为出口目的国市场当年产品的总体价格指数，Y_{dt} 为出口目的国市场当年的总支出。对需求函数两边取对数，则可以通过 OLS 估计的残差项来估计每一个企业—产品—目的国—年份层面的出口产品质量：$\log x_{fidt}+\sigma\log p_{fidt}=\phi_i+\phi_{dt}+\varepsilon_{fidt}$。其中，$\phi_i$ 为产品固定效应；ϕ_{dt} 为目的国—年份固定效应，用于控制出口目的国的总体价格水平（P_{dt}）和收入水平（Y_{dt}）；ε_{fidt} 为残差项，被估计的出口产品质量为 $q_{fidt}=\varepsilon_{fidt}/(\sigma-1)$，$\sigma$ 的取值来自 Broda and Weinstein（2006）。

[②] 根据 Hausmann et al.（2007）的研究，产品层面的技术复杂度为 $PRODY_i=\sum_d\dfrac{x_{di}/X_d}{\sum_d(x_{di}/X_d)}pgdp_d$。其中，$x_{di}$ 表示 d 国 i 产品（HS6 位码）的出口额，X_d 表示 d 国的总出口额，$pgdp_d$ 为 d 国的人均 GDP。在此基础上，结合中国海关进出口数据库统计的企业出口产品信息构建企业层面的出口技术复杂度：$ES_f=\sum_i\left(\dfrac{x_{fi}}{X_f}\right)PRODY_i$。其中，$x_{fi}$ 表示 f 企业 i 产品（HS6 位码）的出口额，X_f 表示 f 企业的总出口额。

续表

变量	(1) 出口产品质量	(2) 出口技术复杂度	(3) 出口上游度	(4) 专利申请数量	(5) 发明专利	(6) 实用新型专利	(7) 外观设计专利
age	−0.0302 (0.0235)	−0.0830** (0.0334)	0.0092*** (0.0022)	0.2157*** (0.0158)	0.1837*** (0.0223)	0.3280*** (0.0235)	0.2799*** (0.0083)
$liquidity$	0.1920*** (0.0447)	0.0518 (0.0533)	−0.0010 (0.0023)	−0.0794 (0.0525)	−0.3522*** (0.0704)	0.1476 (0.0905)	−0.3534*** (0.0282)
cap	0.0061 (0.0110)	0.0083 (0.0128)	0.0010 (0.0009)	0.0484*** (0.0102)	0.0933*** (0.0139)	0.0512*** (0.0169)	−0.0535*** (0.0044)
$foreign$	−0.0583*** (0.0226)	−0.0427 (0.0290)	0.0083*** (0.0018)	−0.7358*** (0.0267)	−1.0615*** (0.0400)	−0.7022*** (0.0389)	−0.7658*** (0.0167)
$state$	0.0011 (0.0703)	−0.3078*** (0.0978)	0.0037 (0.0050)	0.0465 (0.0555)	0.1217 (0.0766)	0.1306 (0.0800)	−0.1656*** (0.0171)
$constant$	−1.5042*** (0.1953)	10.5109*** (0.2469)	4.4836*** (0.0136)	−12.5473*** (1.3010)	−15.7557*** (1.4773)	−14.8388*** (1.5047)	−52.3566*** (0.0208)
企业固定	是	是	是	否	否	否	否
产品—目的国固定	是	否	否	否	否	否	否
城市、行业固定	否	否	否	是	是	是	是
年份固定	是	是	是	是	是	是	是
观测值	5142062	329728	260343	372754	372754	372754	372754
(Pseudo) R^2	0.3498	0.7856	0.9093	0.1583	0.1930	0.1927	0.1613

注：囿于数据的可得性，第（3）列的样本期间为2000—2009年；第（1）—（3）列为采用OLS估计方法回归后的结果，其余各列结果的估计方法均为Tobit。

（二）企业全球价值链地位

在国际生产过程日益碎片化和分散化的背景下，实现企业在全球价值链中的地位攀升是中国对外贸易转型升级的必然选择。为了检验银企距离对企业价值链地位的影响，借鉴Chor et al.（2014）、倪红福和王海成（2022）的研究，采用企业层面的出口上游度指标刻画企业在全球价值链中的位置[①]。企业出口上游度越大，说明企业出口更多离最终需求较远的中间投入产品，意味着企业在全球价值链中越处于上游水平。表4-10第（3）列报告了银企距离对企业出口上游度的影响，从中可以看出，银企距离的系数在5%水平下显著为负，表明缩短银企距离显著促进了企业出口上游度的提升，意味着缩短银企距离有利于企业向全球价值链高端跃升。

（三）出口企业创新能力

在转型经济背景下，增长动力由要素驱动向创新驱动转变是实现出口贸易可持续发展的现实要求，强化企业创新能力亦是出口贸易转型升级的一种重要表现（邢斐等，2016）。为此，我们进一步基于企业创新能力的视角检验了银企距离与出口贸易转型升级的关系。具体的，采用企业专利申请数量衡量出口企业的创新能力，考虑到不同类型的专利（发明、实用新型和外观设计专利）对应着企业不同程度的创新能力，此处还分别检验了银企距离对不同类型专利申请的影响[②]。表4-10第（4）列报告了银企距离影响企业总体专利申请数量的回归结果，ln*distance*的系数在1%水平下显著为负，表明缩短银企距离显著促进了出口企业总体创新能力的提升。表4-10第（5）—（7）列则分别给出了区分专利类型后的回归结果，从中可以看出，缩短银企距离对三类专利的申请均产生了显著的促进作用。总之，上述分析表明缩短银企距离确实能够增强出口企业的创新能力。

[①] 根据Chor et al.（2014）、倪红福和王海成（2022）的研究，企业出口上游度的测算公式为：$EXUP_f = \sum_{i=1}^{N} \frac{EX_{ift}}{EX_{ft}} vapl_{i \to Y}$。其中，$EX_{ft}$表示$f$企业在第$t$年的出口总额，$EX_{ift}$为$f$企业在第$t$年出口$i$产品（HS6位码）的金额，$vapl_{i \to Y}$为在全球投入产出模型中企业所在国家的$i$产品部门的上游度，即Wang et al.（2017）所定义的前向生产长度。

[②] 企业的专利申请数据来自《中国专利数据库文摘1985—2012（光碟版）》，笔者根据企业名称将专利申请数据与本章样本进行了匹配。由于部分企业并未申请专利，对专利申请数量指标进行加1后取自然对数处理。

第六节 主要结论与政策启示

在传统要素成本优势逐渐削弱、新的竞争优势尚未形成的背景下,出口转型升级已然成为中国对外贸易高质量发展的迫切需要。无疑,出口贸易的转型升级离不开金融系统的有效支持,但鲜有文献基于金融地理学的视角,探究金融供给的地理因素如何影响企业出口转型升级。为此,本章系统探究了银企距离是否以及如何影响出口贸易转型升级。研究发现:2000—2010年中国银企距离总体呈下降趋势;缩短银企距离显著促进了以企业一般贸易出口比重提升为表征的出口贸易转型升级,这一结论在考虑内生性问题、替换主要变量、控制同时期政策和外需冲击、克服样本选择偏差以及改变估计方法后依然稳健;影响机制检验表明,降低融资成本和强化风险控制是缩短银企距离促进出口贸易转型升级的两条传导渠道;银企距离对出口贸易转型升级的影响在多个方面存在异质性,缩短中小企业与银行之间的距离,以及缩短制度环境不完善、金融发展落后和交通基础设施欠发达地区的银企距离对出口贸易转型升级的促进作用更强;缩短银企距离不仅促进了企业一般贸易出口比重的提升,还显著提高了企业出口产品质量、出口技术复杂度、企业在全球价值链的地位与创新能力。

本章的政策启示主要在于以下四个方面:

第一,鉴于缩短银企距离对出口贸易转型升级的促进效应,笔者认为在防范风险的前提下放松银行分支机构的市场准入条件是缩短银企距离的一种可行方式,要加快构建普惠金融体系,在空间布局上提高金融机构的覆盖率和渗透率,鼓励和支持城市金融机构到县域设立分支机构、营业网点,加大对县域信贷投放;增加和完善中小城市以及偏远地区的信贷供给,显著提高企业获取金融服务的便利性。

第二,鉴于缩短银企距离的积极效应更多体现在中小银行上,"十四五"时期,要鼓励发展中小银行,加快构建多层次、有差异的银行业竞争体系。

2019年2月，习近平总书记在中共中央政治局第十三次集体学习时强调"要构建多层次、广覆盖、有差异的银行体系"，因此在完善现代银行治理机制以及强化风险管控能力的前提下加快完善中小银行的市场布局，应该成为未来金融供给侧结构性改革的突破方向之一。同时，要积极引导大银行与中小银行开展业务合作，充分发挥大银行的资金成本、风险管理优势和中小银行的客群、地缘优势，形成良性竞争格局。

第三，金融政策的制定要考虑地域差异性和针对性，鉴于缩短银企距离的出口升级效应在制度环境不完善、金融发展和基础设施落后的地区更加明显，这些区域的金融政策需要充分发挥好金融机构物理网点的积极作用。

第四，加强商业银行信息化建设，降低沟通成本和强化风险管理能力。"降成本"和"控风险"是地理邻近促进出口贸易转型升级的重要渠道，若缩短地理距离条件受限，借助先进的信息技术能够实现银行业务的网络化、电子化和数据化，在降低银企沟通成本的同时也强化了商业银行的风险管控能力。在数字金融时代，商业银行信息化建设的工作重点可考虑聚焦于加快银行网点的智能化升级、推进大数据服务体系建设、构建数据驱动的全面风险监测平台等领域。

第五章　银行地理密度与企业创新[①]

第一节　引　　言

　　进入21世纪以来，全球范围内新一轮的科技革命和产业变革正蓬勃兴起并加速演进，以绿色、智能、泛在为特征的群体性技术革命引发了国际产业分工大调整，创新驱动日益成为各国重塑国家竞争力的重要焦点。随着中国经济步入新常态阶段，经济增长模式正面临由要素驱动、投资驱动向创新驱动转变的重要机遇期，创新正成为推动中国经济可持续发展的决定性因素。企业作为创新活动的重要主体[②]，其自主创新能力不仅是提升企业核心竞争力和品牌塑造能力的关键，更是一国经济长期繁荣的重要保证。

　　事实上，增强企业自主创新能力一直是党和政府建设创新型国家的重要目标。2005年12月31日发布的《国家中长期科学和技术发展规划纲要（2006—2020年）》（国发〔2005〕44号）指出，要不断创造条件、深化改革，进一步增强企业自主创新的内在动力和活力；通过金融和财政政策，引导企业增加创新投入；营造良好的政策环境，积极扶持中小企业的自主创新活动。《中共中央、国务院关于深化科技体制改革加快国家创新体系建设的意见》（中发〔2012〕6号）进一步强化了企业的创新主体地位，激励企

[①] 本章由笔者与张琴韵、许和连合作，主要内容发表于《金融论坛》2020年第2期。
[②] 《2017中国科技统计年鉴》的数据显示，企业研发支出占全社会研发支出的比例由2000年的59.95%增长至2016年的77.47%。

业加大研发投入,大力支持民营企业和中小企业的创新活动。《国务院办公厅关于强化企业技术创新主体地位全面提升企业创新能力的意见》(国办发〔2013〕8号)对增强企业自主创新能力提出了更加具体的任务安排,强调各级政府要鼓励和引导企业增加创新投入,大力培育具有持续创新能力和核心竞争力的创新型企业,鼓励商业银行开发支持企业技术创新的金融产品和贷款模式,加大对企业创新的融资支持。《中共中央、国务院关于印发〈国家创新驱动发展战略纲要〉的通知》(中发〔2016〕4号)则明确提出,要培育一批核心技术能力突出、集成创新能力强、引领关键产业发展的世界一流创新型企业。

在这一背景下,如何持续激发企业活力,有效强化企业的创新主体地位,提高作为经济细胞的企业的自主创新能力已成为学术界和政策制定者重点关注的问题之一。企业创新活动的高投入、长周期及高风险特征决定了其对金融发展提供资金支持、降低融资和交易成本的重要依赖(贾俊生等,2017)。作为现代经济的核心,金融的首要功能是融资支持。在中国当前的金融体系下,由于资本市场发展相对滞后,银行业在金融市场中仍占据主导地位,信贷融资一直是企业融资的主要来源。中国人民银行的统计数据显示,2017年,中国社会融资规模增量为19.4万亿元,其中,对实体经济发放的人民币贷款增量为13.84万亿元,同比多增1.41万亿元,人民币贷款占同期社会融资规模的71.34%[①]。

改革开放以来,中国银行业经历了一场波澜壮阔的深刻变革:从单一的银行体系到多种类型银行并存,从无序竞争到科学有序发展,从高风险运行到风险可控,从长期封闭发展到不断扩大对外开放水平,开辟了一条改革创新、自主发展的道路。银行分支机构的空间布局是银行发展的一个重要方面,其设置合理与否在一定程度上决定了银行效率的高低和竞争力的大小。经过40多年的改革与发展,中国银行业已初步形成了覆盖城

---

① 引自中国人民银行发布的《2017年中国金融市场发展报告》。

乡、服务多元、方便快捷的网点布局体系。中国银行业协会的统计数据显示，2017年，全国银行业金融机构网点数量从2006年的19.75万个增加为22.87万个，年均新增网点2837个；其中，设立社区网点7890个，小微网点2550个。另据原银监会的统计数据，全国银行业金融机构从业人员数量从2006年的273.24万人增长至2016年的409.02万人，年均新增13.58万人；全国银行业金融机构总资产从2006年的166.18万亿元增长至2017年的981.17万亿元，年均增幅达17.52%。无疑，日益完善的银行布局体系为金融资源的有效供给做出了巨大贡献，地区银行发展已经成为提高信贷资金可得性、推动区域经济增长的重要力量（Nguyen，2019；吕勇斌等，2017）。

此外，我国早在"十一五"期间就强调了关于发展县域经济的战略规划的重要性，明确要求加大对县域经济的支持力度。党的十六大和党的十七大明确提出要"壮大县域经济"，党的十七届三中全会进一步强调"要扩大县域经济发展自主权，增强县域经济实力和活力"。从2002年起，浙江、广东、河北等省先后开始了"强县扩权"的改革试点，把地级市的经济管理权限直接下放给一些重点县，在经济管理方面形成了近似于"省管县"的格局。这种体制创新进一步优化了县市的发展环境，减少了管理层次，并由此形成了一大批经济活力强、发展速度快的县市。随着行政、财政等体制改革的逐步推进，县域经济得到进一步发展，但已有的县域金融机构支持县域经济发展的内生动力不足，县域资金供给渠道仍未拓宽，县域金融服务仍存在较大差距。

由此看来，在中国转型经济背景下，银行业发展和企业创新都是关乎国民经济繁荣发展的重大议题，以银行为主导的中国金融体系能否有效支撑国家创新驱动发展战略进而全面提升企业技术创新能力，已然成为学者和政策制定者关注的焦点。然而，在中国经济发展的历史进程中，一个较为突出的"悖论"是：中国经济的高速发展和金融体系的低效运行以及普遍实施的金融抑制政策同时并存（林毅夫等，2009）。大量的实证研究也发现，中国当前推行的银行业改革并未在很大程度上促进中国经济结构的转型升级（王勋和 Johansson，2013），也未能有效促进中国经济的可持续增长（Guariglia and Poncet，2008；张健华等，2016）。因此，从中国经济可持续发展角度而言，深入研究银行分支机构的地理密度对以制造业为核心的实体经济部门的创新活动的影响，对于厘清金融发展与经济增长之间的关系具有重要的理论与现实意义。

第二节 银行发展与企业创新的相关研究回顾

长期以来，金融发展与经济增长之间的关系在学术界已被广泛探讨，而与本章研究主题密切相关的文献有两支。第一支文献主要考察了金融发展对企业创新的影响。在宏观产业层面，Hsu et al.（2014）基于32个发达国家和发展中国家的跨国数据，研究了金融发展对产业技术创新的影响，发现资本市场的发展显著促进了高外部融资依赖产业和高技术产业的创新，而信贷市场产生的则是抑制作用。在微观企业层面，贾俊生等（2017）基于中国上市公司专利视角，实证分析了各省金融发展水平与企业创新、经济增长的关系，得出与 Hsu et al.（2014）截然相反的结论：信贷市场显著促进了中国企业创新，资本市场融资功能的不完善则限制了其作用的发挥。Benfratello et al.（2008）则采用意大利各省份的银行密度衡量地区银行发展水平，实证分析了银行发展对企业过程创新和产品创新的影响，发现银行发展显著增加了企业过程创新的可能性，但对企业产品创新的影响则更加微弱且缺乏稳健性。其中，贾俊生等（2017）和 Hsu et al.（2014）所定义的金融发展指标均为综合性指标，其对企业行为的影响可能具有多个方面的叠加性；与之不同的是，本章主要考虑在中国金融体系中占据主导地位的银行业的发展对企业创新的影响，并且将衡量银行发展的银行密度指标定义为某一县域内商业银行分支机构数量与该县域地理面积之比，该做法与 Benfratello et al.（2008）的衡量方式相比更具合理性。

第二支文献则是基于20世纪80~90年代美国各州盛行的银行分支机构准入管制放松这一特殊的时代背景,实证研究了放松银行管制对企业创新的影响。基于专利数据库和上市公司数据库的匹配数据,Amore et al.(2013)运用双重差分模型分析了州际银行管制放松对企业创新的影响,发现放松银行管制显著且稳健地促进企业的创新数量和质量提高,这一促进效应在高度依赖外部资金和距离新进入银行较近的企业中更加明显。Chava et al.(2013)则是以美国小型私营企业为研究对象,发现放松州内银行管制增加了地方银行的市场力量,从而抑制了企业创新;相反,对州际银行管制的放松则削弱了地方银行的市场力量,最终促进了企业创新水平。类似的,Cornaggia et al.(2015)根据美国1994年颁布的针对银行业跨州经营的《里格尔尼尔州际银行业务和分支机构效率法案》(IBBEA),将各州银行管制力度分为不同程度的四类,研究发现银行管制力度越低,公营企业的创新水平也越低,但具有高度外部融资依赖性的私营企业的创新产出则越高。不难发现,该支文献研究的主要问题是对美国银行业改革政策效果的评估,而对于银行准入管制放松的政策已经广泛实施后,地区银行分支机构数量的增加对企业创新的影响则未做探讨,因此本章实质上也是对该支文献的进一步深化。

第三节　银行密度影响企业创新的理论分析

一、相关理论基础

(一)优序融资理论

优序融资理论亦称"啄食顺序理论",由Myers and Majluf(1984)根据信号传递理论提出。优序融资理论认为,企业为新项目融资时,将优先使用内部盈余,其次采用外部债权融资,最后才考虑使用股权融资。

优序融资理论放宽了Modigliani and Miller(1958)对"完全信息"的假

定,以信息不对称及信号传递理论为基础,同时考虑交易成本,认为外部股权融资会传递企业经营的负面信息,而且外部融资要支付其他额外成本,因此企业融资一般会遵循内源融资、债权融资、股权融资的先后顺序。Myers and Majluf（1984）的研究表明,当股票价格被高估时,企业管理者会利用其内部信息发行新股。投资者会意识到信息不对称问题的存在,并会在企业发行新股时调低对现有股票和新发股票的估值,导致该企业股价下跌、企业市场价值降低。而企业内源融资主要来源于企业内部现金流,为净利润加上折旧减去股利。由于内源融资无需与投资者签订契约,也无需支付额外费用,受限较少,因此是企业融资的首选方式。如果需要外部融资,公司将首先发行最安全的证券,先债务后权益:从安全的债务到有风险的债务,如从有抵押的高级债务到可转换债券或优先股,股权融资将是最后的选择。如果公司内部产生的现金流超过其投资需求,多余现金将用于偿还债务而不是回购股票。

（二）不完全信息银行信贷理论

Brealey et al.（1977）首先将资本结构研究的范围拓展至信息不对称层面,并以此解释信息不对称现象在企业融资活动中的重要影响。

1. 银行信贷的逆向选择

在信息不对称的情况下,银行发行信贷通常伴随"信贷配给"措施。"信贷配给"是指银行在利率相对固定或不愿提高利率的情况下,面对资金的超额需求而采取的非利率贷款条件,以此使部分资金需求者退出银行借贷市场而达到平衡的状态。Stiglits and Weiss（1981）全面系统地从信息结构角度对"信贷配给"现象进行了分析,对不完全信息情况下逆向选择导致的且能作为长期均衡存在的"信贷配给"做了经典性证明。

Stiglits and Weiss（1981）认为:在信贷市场上存在着信息不对称,这种不对称表现在信贷市场上借款者拥有自己用贷风险程度和能否按期还贷的私人信息,借款者如果不对银行如实报告其贷款投资的情况,银行在面对众多借款者时,难以仅根据借款者过去的违约情况、资产状况和贷款用途的资料，在事先就确定借款者的违约风险；贷款事后，银行无法完全控制借款者的用贷和还贷行为，借款者有可能采取风险行动，银行面临着借款者违约的风险。

因此，银行的预期利润率不仅取决于贷款利率，而且取决于贷款风险的大小。如果贷款风险独立于利率，在贷款需求大于贷款供给时，银行提高利率可以增加利润，"信贷配给"就不会出现。但是当银行不能观察到借款者的投资行为时，提高利率反而会使低风险者退出信贷市场（逆向选择行为）；或者诱使借款者选择风险更高的项目进行投资（道德风险行为），从而使银行贷款的平均风险上升，预期收益降低。究其原因，愿意支付较高利息的借款者正是那些预期还款可能性低的借款者，导致贷款利率的升高可能不会增加银行的预期收益，因此银行会在较高的利率水平上设置非利率的条件来拒绝一部分贷款者。

通常情况下，非利率的贷款条件主要有三类：①借款者的特性，如企业规模、财务结构、信用记录等；②银行对借款活动的特别要求，如担保或抵押条件、贷款期限长短、回存要求等；③其他因素，如企业与银行和内部职员的私人关系、身份地位、有无回扣等。在"信贷配给"设定的标准中，部分标准有利于银行降低信贷风险，如企业的规模、资产结构、贷款期限等；但也有许多因素有悖于最优资源配置原则，并且会助长垄断银行的不正之风，例如索要回扣、尊崇身份等。因此不完全信息情况下银行逆向选择产生的结果，一方面变相提高了银行的贷款利率，降低了资源配置效率；另一方面则为银行相关人员的寻租、腐败行为创造了条件。

2. 银行信贷的道德风险

Bester and Hellwing（1987）在前人分析的基础上，对借款者事后的道德风险做了补充分析。银行在对企业融资后可能面临两种道德风险：第一种是企业违背初始保证，改变投资方向，将信贷资金投资于高风险项目中；第二种是企业拒绝偿还银行贷款。这两种道德风险在不完全信息情况下又将导致银行对企业（尤其是高新技术企业或企业创新项目）实施"信贷配给"，使得创新项目融资困难。

面对此类现象，除"信贷配给"外，完善银行间信息共通机制也将会增加拒不还款企业的压力，增加其无法再融资的可能性。此外，要求企业提供抵押并增加抵押品的折旧系数、加强对拒不偿债企业的惩罚力度等措施也能适当降低贷款的事后道德风险，提高银行贷款效率和安全性，从而也为道德企业的创新融资创造良好的信贷环境。

二、影响机制分析

按照资金来源的不同，企业开展创新活动的资金可分为内部资金和外部资金。根据优序融资理论，企业通常使用内部资金开启创新项目以确保自身对项目的控制权，随后在内部资金不足时首先寻求银行信贷，其次寻求证券市场融资（Aghion et al., 2004；Hall and Lerner, 2010）。对固定资产和有形资产较少的创新型企业而言，外部资金的可获得性尤其重要（Brown et al., 2009）。由此可见，银行本身对企业的支持作用主要通过缓解企业创新项目的融资约束，增加企业创新投入和固定投资来实现（Maskus et al., 2012）。然而，以分支机构数量增长为主要特征的银行业发展对企业创新的作用方向却难以确定。本章通过梳理和总结相关文献，发现银行地理密度主要通过银企距离、银行业竞争以及关系融资三条途径影响企业创新。

第一，银行地理密度通过银企距离影响企业融资成本，进而影响企业创新。一方面，随着银行分支机构地理密度的增加，银行与企业之间的距离缩短，这将有助于银行获取企业信息，从而降低银行的筛选、交易和监管成本，这些成本的下降最终促进了企业融资成本的降低（Benfratello et al., 2008），进而促进企业创新；Amore et al.（2013）针对美国银行业放松管制的研究也表明，距离新进入的州外银行越近的企业，放松银行管制所带来的创新效应越大。另一方面，银行在贷款利率的制定上普遍存在"空间价格歧视"的现象，即由于银行事先能够获得企业地理位置信息，距离银行分支机构越近的借款企业，银行倾向于对其制定更高的贷款利率（Degryse and

Ongena，2005）[1]，从而可能增加企业融资成本，最终抑制企业创新。随着我国利率市场化改革的推进，商业银行在贷款定价上拥有越来越大的主动权，贷款"空间价格歧视"的现象逐渐增加。因此，融资成本的不确定性导致银行密度通过银企距离对企业创新的作用方向难以确定。

第二，银行密度通过同业竞争效应影响企业创新，而银行的同业竞争效应在学术界形成了两种截然不同的假说："市场力量假说"和"信息假说"。"市场力量假说"认为，银行密度的增加通过同业竞争能够增加市场信贷供给，进而促进企业创新。首先，随着银行分支机构地理密度的增加，地区内银行间竞争加剧，一方面使得地区内贷款供给增加而贷款利率下降，有利于降低企业融资成本（Love and Perí a，2014；方芳和蔡卫星，2016）；另一方面，激烈的同业竞争也迫使银行降低信贷审批要求（Leon，2015），增加了企业信贷资源的可获得性，从而促进创新项目的完成。其次，随着银行分支机构地理密度的增加，中小企业的创新融资需求能够得到更多满足。由于企业创新活动的高风险性和信息不对称性，银行很难判断企业知识产权的价值和其成长潜力，因此大型商业银行为规避企业道德风险，通常采取"信贷配给"措施并倾向于与大型企业建立信贷关系，而拒绝中小型创新企业的信贷请求（Berger et al.，2005）。而新进入的商业银行由于资历尚浅，亟待发展市场，因此更倾向于与中小企业建立信贷关系，从而极大地缓解了大型银行垄断下的逆向选择问题和中小企业创新融资难问题（Jayaratne and Wolken，1999；Stein，2002）。

"信息假说"却认为，银行密度的增加产生的同业竞争不利于银行与企业建立长期合作关系，直接影响银行对企业的信贷供给，进而可能抑制企业创新。由于银行与企业之间长期存在信息不对称和委托—代理问题，为降低

---

[1] 当然，由于"空间价格歧视"的存在，企业可以以较低的利率向较远的银行分支机构借款，但此时企业将承担一部分较高的运输成本。因此，较近的银行在制定贷款利率时已经将企业的这一运输成本考虑在内，企业将在较高的贷款利率和额外的运输成本之间进行权衡。

企业的道德风险，具有较高市场集中度的银行更容易与企业建立长期合作关系，使得企业的融资需求能够得到持续满足（Abubakr and Esposito，2012），而新银行的不断进入则会阻碍这种长期合作关系的形成最终导致信贷供给不足（Hauswald and Marquez，2006）。此外，Leroy（2019）的研究也发现，激烈的银行竞争显著抑制了当地小企业信贷资金的可获得性。已有研究表明，信贷供给的增加能够显著促进企业创新数量和质量的提升（Amore et al.，2013）。因此，在垄断竞争的银行体系背景下，银行发展将通过同业竞争影响企业创新，但其作用方向是不确定的。

第三，银行密度的增加促进了关系融资的形成，而关系融资能够为借款人提供长期稳定的信贷资金，从而保障了企业创新活动的持续性。随着地区内银行分支机构数量的增加，更多的关系型借贷关系可能被建立起来，关系融资能够有效缓解银行与借款人之间的信息不对称问题，降低银行监督成本与企业的道德风险，从而有利于银行为企业提供长期稳定的信贷资金。然而，关系融资也可能对企业创新产生不利影响。当企业与特定银行形成"套牢"关系后，随着银行对企业及其项目信息的了解增多，银行话语权提高，由此引致的贷款利率的提高和银行对创新项目收益的瓜分可能损害企业的创新和成长。此时企业若打破该种融资关系的限制，并与其他竞争银行建立融资关系，将导致其从各银行获取的信贷数量减少（Bolton and Thadden，1998），即无形之中增加了企业的退出成本。

综上所述，可以判断银行密度的增加将通过缩短银企距离、促进同业竞争以及引致关系融资等多条渠道影响企业融资，进而影响企业创新，但该影响机制的作用方向以及对不同企业的影响力度未能确定，需经过后续严格的实证检验才能得出结论。

第四节 计量模型、数据与变量选取

一、计量模型

为检验银行密度对企业创新的影响，本章建立如下基础计量模型：

$$\ln patent_{hfdt}=\beta_0+\beta_1\ln density_{dt}+\gamma X+\lambda_h+\phi_d+\varphi_t+\varepsilon_{hfdt} \tag{5-1}$$

式（5-1）中，$\ln patent_{hfdt}$ 表示位于 h 行业（特指国民经济行业分类中的 2 位码行业，本章下同）、位于 d 县域的 f 企业在 t 年份的新增专利申请数量的自然对数，代表 f 企业的创新水平。$\ln density_{dt}$ 表示 d 县域在 t 年份的银行密度的自然对数。X 为反映企业和行业特征的控制变量集；λ_h 为行业固定效应，用以控制由行业不同技术特征和发展空间所导致的创新产出的差异；ϕ_d 为县级层面的地区固定效应，用以控制不同县域地理环境、政策扶持力度、技术禀赋水平等因素对企业创新产出的影响；φ_t 表示年份固定效应，用以控制经济周期和不同年份宏观经济冲击的变化对企业创新产出的影响，ε_{hfdt} 则表示随机干扰项。本章所有回归结果的标准误差在县级层面聚类以缓解可能存在的组内相关问题。

二、数据来源与处理

本章使用的数据主要有三个来源：①手工查找的中国商业银行县域分支机构数据。原银监会公布了自 1949 年开始的全国 20 多万家不同性质的商业银行分支机构的金融许可证信息，但该数据库并未包含银行分支机构完整的地理位置信息；为此，我们手工查找了这些银行的具体地理位置并将其对应至全国各个县级行政区划，统计出 2001—2009 年商业银行县域分支机构数量。② 2001—2009 年国家统计局规模以上中国工业企业数据库。为保证数据的合理性和研究的准确性，我们参考 Brandt et al.（2012）的做法，对该数据库的行政区划、行业代码以及极端值等问题进行了相应的调整与处理。

③ 2001—2009 年中国国家知识产权局的专利数据库。该数据库提供了国家知识产权局受理的所有类型的专利的相关信息，具体包括专利申请号、专利名称、申请人和申请日等字段。根据申请人名称和申请日，我们计算了相应年份申请人的新增专利申请数量。

对于上述获得的数据，我们进行了如下匹配：首先，将 2001—2009 年的商业银行县域分支机构数量数据根据企业所在省、市、县关键识别信息，与相应年份的中国工业企业数据库进行匹配，得到样本期内每个工业企业所在县域的银行分支机构数量。其次，借鉴 He et al.（2016）的方法，根据企业主干名称，将带有商业银行分支机构数量信息的工业企业数据库与企业专利数据库进行匹配，最终得到涵盖 2643 个县级行政区划的综合数据库[①]。

三、变量选取

被解释变量：企业创新（lnpatent）。既有文献主要从创新投入和创新产出两个角度刻画企业创新行为，衡量创新投入的常用指标是研发投入，创新产出则通常采用新产品产值、专利申请或授权数量进行衡量。本章选取企业专利申请数量作为衡量企业创新的指标，该做法主要基于以下几点考虑：①研发投入仅代表企业在创新方面的初始投入力度，而研发活动是一项充满不确定性的活动，高投入未必能够转化为高技术产出，因此采用研发投入衡量企业创新水平并不准确。②新产品产值数据获取难度较大，该指标在 2001—2009 年中国工业企业数据库内统计不完整[②]。③企业自主创新的过程也是专利形成和培育的过程，代表创新产出的专利数据更能体现企业的创新

---

① 中国工业企业数据库与专利数据库匹配的具体过程如下：首先，从专利数据库中剔除个人专利申请者；其次，对工业企业数据库的企业名称和专利数据库的申请人名称进行预处理，包括删除所有不是字母、字符和数字的标点符号，把中文数字转为阿拉伯数字，把企业名称中诸如股份有限公司、有限责任公司、集团等称谓删除，仅保留企业主干名称；最后，根据企业主干名称将工业企业数据库与专利数据库匹配。通过上述步骤，我们最终匹配了 47839 家企业，对于未能匹配的企业，其专利申请数视为 0。

② 新产品产值数据在 2004 年中国工业企业数据库中未被统计，2008 年则全部为零。

能力（周煊等，2012）；由于从提交专利申请至授权成功仍有一个较长的期限，专利技术很可能在该期限内就已经对企业产出产生了影响（黎文靖和郑曼妮，2016），因此相比专利授权数量，专利申请数量更能反映企业当年创新的实际水平（Cornaggia et al.，2015）。由于部分企业在某些年份并没有申请专利，导致企业当年新增专利申请数量存在大量零值，因此为尽可能保留有效观测值，我们对新增专利申请数量指标加1取自然对数。

核心解释变量：银行密度水平（ln$density$）。借鉴 Benfratello et al.（2008）的思路，本章将银行密度定义为某一县域内商业银行分支机构数量与该县域地理面积（平方千米）之比加1后的自然对数。该做法与 Benfratello et al.（2008）的区别在于，本章银行密度的分母为地区的地理面积而非地区人口数量，笔者认为这一做法更具合理性。首先，县域地理面积反映了县域内银行和企业距离的信息，一般而言，县域面积越大，在同等银行分支机构数量的条件下，银行和企业的距离相对越远；而银企距离是银行发展影响企业创新的重要渠道之一，因此该做法更能体现本章的研究目的。其次，县域地理面积相比县域人口数量不随时间发生变化，与可能影响企业创新的但不可观测的随机干扰项的相关性较小，因而相对更具外生性。

控制变量包括：①全要素生产率（tfp），借鉴 Head and Ries（2003）的做法，全要素生产率的估计方程为 $tfp=\ln(y/l)-s*\ln(k/l)$，其中 y 为工业增加值，囿于数据限制，以工业总产值近似代替，l 为年均就业人数，k 为固定资产规模，s 为资本贡献度，取值为1/3。②企业存续年限（age），采用当年年份与企业成立年份之差的自然对数进行衡量，加1取自然对数。③资本密集度（cap），以人均固定资产的自然对数表示。④商业信用（$business$），用应收账款与营业收入比例作为商业信用的代理变量，该值越大，表明企业依赖商业信用回收资金的能力越低。⑤企业规模（$size$），采用企业年平均就业人数的自然对数进行衡量。⑥行业竞争程度（hhi），用行业的赫芬达尔指数（某一行业内所有企业营业收入占比的平方和）表示，该指数越大，表明市场集中程度越高，竞争程度越低；反之，市场竞争程度越高。⑦出口状态虚拟变量（ex），如果企业当年有出口行为则记为1，否则为0。⑧企业所有制类型，按照企业登记注册类型，将企业划分为国有企业（state）、集体企业（collective）、外资企业（含港、澳、台资企业）（foreign）和私营企业（private）。表5-1报告了以上各变量的描述性统计结果。

表5-1 主要变量描述性统计

变量	变量含义	均值	标准差	最小值	最大值
ln*patent*	企业创新	0.0350	0.2415	0	3.5835
ln*density*	银行密度	0.1556	0.2737	0.0001	2.6090
tfp	全要素生产率	3.3718	0.6902	0.2949	9.4866
age	存续年限	1.9631	0.8232	0	4.2627
cap	资本密集度	3.9001	1.3072	0.0024	12.5526
business	商业信用	0.1765	0.1788	0	1.9581
size	企业规模	4.6389	1.0856	2.0794	11.8255
hhi	竞争程度	0.0030	0.0067	0.0003	0.7886
ex	出口状态	0.2071	0.4052	0	1
state	国有企业	0.0610	0.2392	0	1
collective	集体企业	0.0912	0.2880	0	1
foreign	外资企业	0.1718	0.3772	0	1
private	私营企业	0.6760	0.4680	0	1

第五节 银行密度影响企业创新的实证分析

一、银行密度与企业创新水平

（一）总体样本实证结果与分析

表5-2给出了银行密度影响企业创新的基准回归结果。第（1）列未加入任何控制变量和固定效应，第（2）列则加入了控制变量，银行密度

（ln*density*）的影响系数在1%水平下显著为正。第（3）—（4）列则在第（1）—（2）列的基础上进一步控制了行业、地区和年份固定效应，ln*density*的影响系数仍在1%水平下显著为正，表明在其他因素不变的情况下，某一县域商业银行分支机构密度越大，处于该地区的企业专利申请数量也越多，即银行密度增加显著促进了企业创新。这也意味着因银行密度增加而引致的银企距离缩短、同业竞争加剧以及关系融资强化对企业创新的促进作用显著大于抑制作用。

表 5-2　银行密度影响企业创新的基准回归结果

变量	（1）	（2）	（3）	（4）
ln*density*	0.1064***	0.0579***	0.0386***	0.0419***
	（0.0015）	（0.0017）	（0.0043）	（0.0041）
tfp		0.0010***		0.0251***
		（0.0003）		（0.0005）
age		−0.0001		0.0032***
		（0.0003）		（0.0003）
cap		−0.0013***		0.0111***
		（0.0002）		（0.0002）
business		−0.0303***		−0.0090***
		（0.0014）		（0.0014）
size		0.0077***		0.0342***
		（0.0002）		（0.0005）
hhi		−0.2593***		−0.1329***
		（0.0606）		（0.0455）
ex		0.0394***		0.0319***
		（0.0010）		（0.0010）
state		−0.0115***		−0.0145***
		（0.0014）		（0.0016）
collective		−0.0287***		−0.0161***
		（0.0006）		（0.0007）

续表

变量	(1)	(2)	(3)	(4)
foreign		−0.0108*** (0.0011)		−0.0265*** (0.0011)
行业固定效应	否	否	是	是
地区固定效应	否	否	是	是
年份固定效应	否	否	是	是
观测值	1755261	1755261	1755261	1755261
R^2	0.0191	0.0392	0.0305	0.0640

注：括号内为在县级层面聚类的标准误，***、**、*分别表示在1%、5%、10%水平下显著；如无特别说明，本章下表同。

为了确保基准回归结果稳健可靠，本章将从以下四个方面进行稳健性检验。

1. 克服内生性问题

本章可能的内生性问题主要源于两个方面：一是反向因果关系，尽管单个企业的创新行为难以影响整个地区的银行发展水平，但整个地区内所有企业创新行为的加总却仍然可能对该地区的银行密度产生影响，因为企业创新活动越活跃的地区往往也是经济发展程度和市场化程度较高的地区，商业银行在该地区设立分支机构的可能性也会更大；二是遗漏变量，尽管计量模型中的地区固定效应可以控制不随时间变化的县域因素，但无法控制随时间变化的县域特征。

对于反向因果问题，我们采用1984年的银行密度作为工具变量进行两阶段最小二乘法估计。1984年，商业性业务正式从中国人民银行中剥离出来，该年新成立的中国工商银行和先前设立的中国农业银行、中国银行、中国建设银行一起构成了国有专业银行体系，标志着现代金融体系雏形的形成（李扬，2008）。然而，当时国有专业银行（商业银行的前身）的突出功能仍是承担政策性任务，主要依靠贷款指令性计划对经济建设所需资金进行分配，无法满足乡镇企业和股份制企业的资金需求。基于以上考虑，我们可以认为现代商业银行的发展起源于1984年国有专业银行体系的形成，因此1984年的银行密度这一工具变量满足相关性假设条件[①]。由于1984年的中国仍处于高度集中的计划经济阶段，在这种经济环境下，银行是否在某一地区设立分支机构的决定受企业经济活动影响的可能性微乎其微，因此可以认为工具变量也满足外生性假设条件。为了进一步保证该工具变量的有效性，我们采用不可识别检验（Kleibergen-Paap rk LM 统计量）和弱工具变量检验（Kleibergen-Paap rk Wald F 统计量）对工具变量进行检验。表5-3第（1）列汇报了2SLS第二阶段的结果，可以看出 ln$density$ 的影响系数在1%水平下显著为正，且通过了不可识别检验和弱工具变量检验，表明我们采用的工具变量是有效的。

对于遗漏变量问题，我们在模型中引入地区和年份的联合固定效应，以控制随时间变化的县域特征对企业创新可能的影响。表5-3第（2）列给出了相应结果，可以发现 ln$density$ 的影响系数仍然显著为正。综上所述，本章的结论在考虑内生性问题后仍然稳健。

表5-3　银行密度影响企业创新的稳健性检验结果（I）

变量	（1）	（2）	（3）	（4）	（5）
ln$density$	0.5244***	0.0205***	0.3991***	0.6579***	0.0750***
	（0.1582）	（0.0050）	（0.0462）	（0.0229）	（0.0261）
tfp	0.0237***	0.0255***	0.6961***	0.7304***	0.0144***
	（0.0006）	（0.0005）	（0.0294）	（0.0102）	（0.0039）

---

① 1984年是四家国有大型商业银行扩张的初始年份。长期以来，国有大型商业银行的分支机构基本是按照行政区划设立的（贾春新等，2008），在这种模式下，国有商业银行现有分支机构的布局特点与早期的布局特点仍然具有较高的相关性。当然，诸如股份制银行等其他商业银行的地理布局可能会更多考虑分支机构的经济效应，但由于金融集聚功能的存在，国有商业银行的集聚也可能会吸引其他商业银行分支机构的入驻，因而我们也无法排除其他商业银行分支机构的地理布局与早期国有商业银行的地理布局具有一定相关性的可能。极端而言，即使假设现有的其他商业银行分支机构的地理布局与早期国有商业银行的地理布局不相关，我们仍然无法拒绝1984年的银行密度与现有银行密度具有相关性的可能，因为直至目前，国有大型商业银行的分支机构数量仍然占据银行机构数量的绝大比重。

续表

变量	（1）	（2）	（3）	（4）	（5）
age	0.0020***	0.0031***	0.1006***	0.1857***	-0.0272***
	（0.0005）	（0.0003）	（0.0226）	（0.0097）	（0.0041）
cap	0.0117***	0.0115***	0.2206***	0.2843***	0.0026
	（0.0003）	（0.0002）	（0.0162）	（0.0057）	（0.0023）
business	-0.0094***	-0.0105***	-0.4898***	-0.1612***	-0.1590***
	（0.0010）	（0.0014）	（0.1047）	（0.0430）	（0.0132）
size	0.0349***	0.0352***	0.8102***	0.7474***	0.3167***
	（0.0004）	（0.0005）	（0.0186）	（0.0075）	（0.0025）
hhi	-0.0961**	-0.1005**	-6.2071	-11.5921***	-4.4109***
	（0.0446）	（0.0471）	（4.6220）	（3.2606）	（1.1163）
ex	0.0318***	0.0325***	0.4241***	0.4743***	0.0174**
	（0.0007）	（0.0010）	（0.0431）	（0.0182）	（0.0081）
state	-0.0185***	-0.0154***	-0.6697***	-0.6510***	-0.1607***
	（0.0017）	（0.0016）	（0.0707）	（0.0382）	（0.0136）
collective	-0.0179***	-0.0171***	-0.7918***	-0.7410***	-0.0217**
	（0.0008）	（0.0007）	（0.0819）	（0.0343）	（0.0107）
foreign	-0.0281***	-0.0277***	-0.2961***	-0.4497***	-0.0018
	（0.0009）	（0.0012）	（0.0637）	（0.0224）	（0.0093）
K-P LM 统计量	23.6870***				
K-P Wald F 统计量	23.2820***				
行业、地区、年份固定效应	是	是	是	是	是
地区×年份固定效应	否	是	否	否	否
观测值	1755261	1754809	1755261	1755261	76591
（Pseudo）R²	0.0121	0.0717	0.3126	0.1721	0.5554

2. 改变估计方法与样本

由于本章的被解释变量（企业新增专利申请数量）均为非负整数，在这种情况下使用计数模型进行回归可能更为可靠。但本章的回归模型包含了大量的固定效应，使用计数模型极易造成回归不收敛，因此本章借鉴 Cornaggia et al.（2015）的做法，仍然主要采用普通最小二乘法进行回归。但为了保证结论的稳健性，此处我们将县级层面的地区固定效应降维至省级层面，并分别采用 Poisson 回归模型和 Tobit 回归模型进行稳健性检验，表 5-3 第（3）—（4）列分别汇报了相应的回归结果。从中可以看出，无论是采用何种回归模型，ln*density* 的影响系数均在 1% 水平下显著为正，表明本章的估计结果在估计方法上具有稳健性。另外，我们从总样本中仅保留有专利申请的企业重新进行回归，表 5-3 第（5）列的结果显示 ln*density* 的影响系数仍在 1% 水平下显著为正，表明本章节的估计结果在样本选择上具有稳健性。

3. 改变关键变量衡量指标

首先，采用市级银行密度作为核心解释变量。尽管本章研究的焦点是县域银行分支机构密度的扩大对辖区企业创新能力的影响，但无法避免的一个问题是中国商业银行（尤其是早期的国有大型商业银行）分支机构设立所导致的"机构重叠"现象（贾春新等，2008），即由于部分商业银行的分支机构是按照行政区划设立的，导致同一城市可能同时存在市级和县级银行分支机构，因此辖区内的企业既可以从县级银行分支机构获得贷款，也可以直接从市级银行分支机构获得贷款。为了在将企业的这两种融资行为考虑在内的同时满足实证研究的可操作性，本部分首先将县级银行分支机构数量加总至市级层面，计算市级银行密度指标，考察市级层面的银行密度对企业创新能力的影响，表 5-4 第（1）列汇报了相应的回归结果[①]。从中可以看出，市级银行密度的影响系数仍在 1% 水平下显著为正，表明市级层面的银行密度增加显著促进了企业创新能力的提升，这再次验证了本章的结论。

其次，分别采用发明专利、研发投入强度和新产品产值比例衡量企业

---

① 我们还从总样本中剔除市辖区样本后重新进行了回归，发现银行密度的影响系数仍然显著为正，回归结果留存备索。

创新。按照动机的不同，企业创新可以分为实质性创新和策略性创新，唯有实质性创新代表了企业真实的技术进步。借鉴黎文靖和郑曼妮（2016）的做法，我们采用企业发明专利申请量衡量企业实质性创新水平进行稳健性检验。此外，考虑到研发投入和新产品产值也是目前实证研究中用来衡量企业创新的常用指标，我们采用企业研发投入强度（企业研发投入与企业当年销售额的比值）衡量创新投入，采用新产品产出密集度（企业新产品产值与企业当年总产值的比值）作为企业创新产出的另一代理变量。表5-4第（2）—（4）列给出了相应回归结果，可以看出ln$density$的影响系数仍至少在5%水平下显著为正，意味着银行密度增加对企业创新的促进作用在指标衡量方法上具有稳健性。

表 5-4 银行密度影响企业创新的稳健性检验结果（Ⅱ）

变量	（1）	（2）	（3）	（4）
ln$density$	0.1262***	0.0331***	0.0034**	0.0174***
	（0.0137）	（0.0030）	（0.0015）	（0.0035）
tfp	0.0252***	0.0148***	0.0013***	0.0145***
	（0.0005）	（0.0004）	（0.0004）	（0.0004）
age	0.0032***	0.0011***	0.0001	−0.0047***
	（0.0003）	（0.0002）	（0.0001）	（0.0004）
cap	0.0111***	0.0071***	0.0005***	0.0065***
	（0.0002）	（0.0002）	（0.0001）	（0.0002）
$business$	−0.0091***	−0.0022**	−0.0017**	−0.0049***
	（0.0014）	（0.0009）	（0.0007）	（0.0012）
$size$	0.0342***	0.0193***	0.0007***	0.0111***
	（0.0005）	（0.0004）	（0.0001）	（0.0004）
hhi	−0.1395***	−0.0376	−0.0072	0.0300
	（0.0457）	（0.0375）	（0.0090）	（0.0963）
ex	0.0319***	0.0174***	0.0004	0.0345***
	（0.0010）	（0.0007）	（0.0003）	（0.0008）

续表

变量	（1）	（2）	（3）	（4）
state	−0.0145***	−0.0036***	0.0038	0.0002
	（0.0016）	（0.0012）	（0.0033）	（0.0013）
collective	−0.0160***	−0.0064***	−0.0007***	−0.0075***
	（0.0007）	（0.0004）	（0.0001）	（0.0007）
foreign	−0.0264***	−0.0178***	−0.0012***	−0.0147***
	（0.0011）	（0.0008）	（0.0002）	（0.0008）
行业、地区、年份固定效应	是	是	是	是
观测值	1755261	1755261	763452	763452
R^2	0.0639	0.0417	0.0037	0.1459

注：由于中国工业企业数据库所统计的研发投入和新产品产值数据在样本期内并不完整，第（3）—（4）列仅为2005—2007年样本的回归结果。

（二）异质性检验结果与分析

为了考察银行密度对不同类型企业创新的影响的异质性，我们分别从"企业所有制""企业规模""企业技术水平"三个方面对样本进行分组回归。

表5-5第（1）—（2）列报告了银行密度对国有企业和非国有企业创新的影响。可以看出，无论是国有企业还是非国有企业，银行密度的影响系数都至少在5%水平下显著为正，但非国有企业组明显大于国有企业组，表明银行密度增加对非国有企业的促进作用相对较强。对于这一结论，可能的解释是：相比国有企业，非国有企业具有更强的融资约束，银行密度增加对非国有企业融资约束的边际作用更强。中国银行业在信贷配给过程中普遍存在严重的所有制歧视，国有企业凭借政治身份更容易以较低的融资成本获得银行的资金支持（Song et al.，2011），而非国有企业却一直存在着融资难、融资贵的问题；再加上非国有企业在融资渠道、市场准入等方面受到多种限制，导致其面临严重的外部资金约束。因而随着银行密度的增大，融资约束较小的国有企业受其影响较小，而融资约束较大的非国有企业则能够获得企业创新所需的更大的信贷资金支持。

表 5-5　银行密度对企业创新的异质性影响检验结果

变量	（1）国有	（2）非国有	（3）大规模	（4）中小规模	（5）高技术	（6）低技术
ln$density$	0.0271**	0.0396***	0.0753	0.0405***	0.0938***	0.0310***
	(0.0109)	(0.0043)	(0.0608)	(0.0037)	(0.0213)	(0.0038)
tfp	0.0234***	0.0244***	0.2014***	0.0218***	0.0642***	0.0224***
	(0.0020)	(0.0005)	(0.0178)	(0.0005)	(0.0035)	(0.0005)
age	0.0015	0.0023***	0.0402***	0.0031***	0.0055**	0.0027***
	(0.0015)	(0.0003)	(0.0098)	(0.0003)	(0.0026)	(0.0003)
cap	0.0076***	0.0109***	0.0418***	0.0096***	0.0265***	0.0100***
	(0.0008)	(0.0002)	(0.0081)	(0.0002)	(0.0016)	(0.0002)
$business$	0.0225***	−0.0103***	−0.1593**	−0.0088***	−0.0413***	−0.0078***
	(0.0079)	(0.0014)	(0.0764)	(0.0013)	(0.0105)	(0.0013)
$size$	0.0247***	0.0346***	0.1635***	0.0289***	0.0823***	0.0312***
	(0.0015)	(0.0005)	(0.0186)	(0.0004)	(0.0032)	(0.0005)
hhi	−0.3088**	−0.1029**	−1.4076	−0.0952***	−4.7473***	−0.0761*
	(0.1480)	(0.0495)	(1.0067)	(0.0298)	(1.2432)	(0.0440)
ex	0.0961***	0.0231***	0.1474***	0.0269***	0.0287***	0.0312***
	(0.0074)	(0.0009)	(0.0193)	(0.0009)	(0.0055)	(0.0010)
$state$			−0.1043***	−0.0154***	−0.0778***	−0.0100***
			(0.0242)	(0.0013)	(0.0099)	(0.0015)
$collective$			−0.0578**	−0.0156***	−0.0413***	−0.0146***
			(0.0288)	(0.0006)	(0.0057)	(0.0007)
$foreign$			−0.0333	−0.0227***	−0.0861***	−0.0211***
			(0.0340)	(0.0011)	(0.0063)	(0.0011)
行业、地区、年份固定效应	是	是	是	是	是	是
观测值	107022	1648216	19004	1736123	95842	1659343
R²	0.1219	0.0618	0.3028	0.0549	0.1200	0.0569
ln$density$ 系数差异	−0.0125*** (0.0025)		0.0348 (0.0432)		0.0628*** (0.0183)	

注：对 ln$density$ 的系数差异性检验采用了 Lu et al.（2019）的方法。

表5-5第（3）—（4）列给出了对不同规模企业样本的回归结果[①]。从中可以看出，大规模子样本中银行密度的影响系数未通过10%水平的显著性检验，中小规模子样本中银行密度的影响系数则在1%水平下显著为正，但ln$density$的组间系数差异并未通过10%水平的显著性检验。这一结果意味着，银行密度增加对大型企业和中小型企业的创新能力均产生了一定的促进作用，但这一促进效应的大小对两者而言并无显著差异，可能的原因在于县域内不同规模的银行服务对象不同。在一个县域内，一般同时存在大银行（如中国工商银行、中国农业银行、中国银行、中国建设银行、交通银行、中国邮政储蓄银行等国有大型商业银行）和中小银行（如股份制商业银行、城市商业银行、农村商业银行、村镇银行等），大银行由于更加依赖严格的抵押和清算制度来确定贷款对象，因此大银行倾向于服务大型企业；相反，中小银行由于在甄别企业家经营能力等"软"信息上具有比较优势，因而中小银行更倾向于服务中小企业（张一林等，2019）。总体而言，增加银行密度对大型企业和中小型企业均能产生一定的促进作用，但这一促进效应无显著差异可能是由于未区分银行规模而造成的。

表5-5第（5）—（6）列报告了银行密度对不同技术企业创新的影响[②]。结果表明，无论是在高技术企业组还是在低技术企业组，银行密度的影响系数都在1%水平下显著为正，但高技术组明显大于低技术组，说明银行密度对高技术企业的促进作用相对较强。对此可能的解释有：一方面，相比低技术企业，高技术企业通常从事的是更富有创新性和风险性的活动，在形成

---

① 企业规模的划分标准来自国家统计局印发的《统计上大中小型企业划分办法（暂行）》（国统字〔2003〕17号）。我们选择2003年版本的企业规模划分标准的理由是，该版本最接近本章节的样本期间，即2003—2009年的企业规模都是按照该版本进行统计的。当然为确保结果的稳健性，我们按照2011年版本（2017年版本）的企业规模划分标准重新进行了异质性检验，发现不同版本的企业规模划分标准并不改变分组回归的结果，结果备索。

② 对于企业技术水平的划分，我们根据国家统计局印发的《高技术产业（制造业）分类（2013）》，将企业按所处行业类型划分为高技术企业和低技术企业。

最终产品前往往需要更大的外部资金投入，银行密度的增加所产生的信贷供给在很大程度上满足了企业这一资金需求；另一方面，新进入市场的商业银行由于自身的清算能力较低，更倾向于支持高风险、高回报的创新项目（Ferraris and Minetti，2007），这些项目则大多数来自高技术企业。

（三）影响机制检验结果与分析

本章前文的影响机制分析认为，银行密度增加主要通过缩短银企距离、强化同业竞争和形成关系融资三条渠道影响企业创新，但每条渠道的作用方向不确定。为了识别其中的作用机制，此处选取银企距离（*distance*）、银行结构性竞争指数（*HHI_branch*）和银企关系（*relation*）作为中介变量，利用 Baron and Kenny（1986）提出的"三步法"对影响机制进行检验：①检验核心解释变量对被解释变量的影响，即前文基础计量模型式（5-1）；②检验核心解释变量对中介变量的影响；③检验核心解释变量和中介变量对被解释变量的共同影响。

对于银企距离（*distance*），此处参考 Lu et al.（2019）的思路，采用如下步骤进行直接测算：①根据中国工业企业数据库中的省地县码及乡镇、村街门牌号等信息，合成 2001—2009 年所有工业企业的详细地址变量；②基于高德地图开放平台，利用 Xgeocoding 软件将所有工业企业的详细地址转换为企业经纬度，同时将所有商业银行的详细地址转换为银行经纬度；③将企业经纬度和银行经纬度两套数据进行匹配，计算每个工业企业与县域内所有商业银行的地理距离，从中筛选出县域内每个企业距银行的最近距离，回归中进行了取自然对数处理。

对于银行结构性竞争指数（*HHI_branch*），我们采用式（5-2）进行测算：

$$HHI\_branch_{dt} = \sum_{k=1}^{6}\left(bankbranch_{kdt} / \sum_{k=1}^{6}bankbranch_{kdt}\right)^2 \quad (5-2)$$

其中，$bankbranch_{kdt}$ 表示 k 类型的银行第 t 年在 d 县域的分支机构数量，$k=1,2,3,4,5,6$，分别代表国有五大商业银行（中国工商银行、中国农业银行、中国银行、中国建设银行、交通银行）、中国邮政储蓄银行、股份制商业银行、城市商业银行、农村商业银行和外资银行这六大类银行。银行结构性竞争指数的值越小，表明银行同业竞争越激烈。

在实证研究中，衡量银企关系最常用的指标是往来银行期间和往来银行数量，但由于数据限制，我们无法获得所有工业企业的往来银行期间和往来银行家数等信息。因此，此处借鉴了 Houston and James（2001）的做法，采用企业的长期银行借款占总负债的比例衡量银企关系（relation）[①]，企业向银行的长期借款反映了银企双方的长期合作情况。

表 5-6 报告了影响机制的检验结果。第（1）列为本章节基准回归表 5-2 第（4）列的结果。第（2）—（4）列为中介效应第二步的回归结果，其中第（2）—（3）列 ln*density* 的系数在 1% 水平下显著为负，第（4）列 ln*density* 的系数在 1% 水平下显著为正，表明银行密度增加显著缩短了银企距离、促进了同业竞争以及强化了银企关系。第（5）—（7）列为中介效应第三步的回归结果，银企距离（*distance*）和银行结构性竞争指数（*HHI_branch*）的影响系数在 1% 水平下显著为负，银企关系（*relation*）的影响系数在 1% 水平下显著为正。这一结果表明银企距离、银行结构性竞争指数和银企关系是银行密度影响企业创新的中介变量，意味着银行密度增加主要通过缩短银企距离、促进同业竞争和强化关系融资而促进企业创新。

表 5-6　银行密度对企业创新的影响机制检验结果

变量	（1） ln*patent*	（2） distance	（3） HHI_branch	（4） relation	（5） ln*patent*	（6） ln*patent*	（7） ln*patent*
ln*density*	0.0419*** （0.0041）	-0.6413*** （0.0199）	-0.1008*** （0.0022）	0.0198*** （0.0025）	0.0398*** （0.0041）	0.0382*** （0.0042）	0.0416*** （0.0041）
distance					-0.0033*** （0.0006）		

---

① 囿于数据可得性，此处采用中国工业企业数据库中的长期负债近似代替企业的长期银行借款。

续表

变量	(1) lnpatent	(2) distance	(3) HHI_branch	(4) relation	(5) lnpatent	(6) lnpatent	(7) lnpatent
HHI_branch						−0.0362***	
						(0.0041)	
relation							0.0146***
							(0.0011)
tfp	0.0251***	−0.0182***	0.0003***	0.0026***	0.0250***	0.0251***	0.0251***
	(0.0005)	(0.0008)	(0.0001)	(0.0003)	(0.0005)	(0.0005)	(0.0005)
age	0.0032***	−0.0032***	−0.0005***	0.0022***	0.0032***	0.0032***	0.0032***
	(0.0003)	(0.0007)	(0.0001)	(0.0003)	(0.0003)	(0.0003)	(0.0003)
cap	0.0111***	−0.0056***	0.0002***	−0.0133***	0.0111***	0.0111***	0.0113***
	(0.0002)	(0.0005)	(0.0000)	(0.0002)	(0.0002)	(0.0002)	(0.0002)
business	−0.0090***	−0.0110***	−0.0001	0.0519***	−0.0090***	−0.0090***	−0.0098***
	(0.0014)	(0.0030)	(0.0003)	(0.0009)	(0.0014)	(0.0014)	(0.0014)
size	0.0342***	−0.0074***	0.0004***	−0.0047***	0.0342***	0.0343***	0.0343***
	(0.0005)	(0.0006)	(0.0000)	(0.0002)	(0.0005)	(0.0005)	(0.0005)
hhi	−0.1329***	−0.0530	0.1946***	0.0571	−0.1330***	−0.1258***	−0.1337***
	(0.0455)	(0.1388)	(0.0236)	(0.0490)	(0.0455)	(0.0454)	(0.0455)
ex	0.0319***	−0.0065***	−0.0005***	0.0084***	0.0319***	0.0319***	0.0318***
	(0.0010)	(0.0014)	(0.0001)	(0.0004)	(0.0010)	(0.0010)	(0.0010)
state	−0.0145***	−0.0022	−0.0012***	−0.0099***	−0.0145***	−0.0146***	−0.0144***
	(0.0016)	(0.0034)	(0.0003)	(0.0012)	(0.0016)	(0.0016)	(0.0016)
collective	−0.0161***	0.0115***	−0.0011***	−0.0082***	−0.0161***	−0.0161***	−0.0160***
	(0.0007)	(0.0021)	(0.0002)	(0.0007)	(0.0007)	(0.0007)	(0.0007)
foreign	−0.0265***	−0.0154***	−0.0002	0.0116***	−0.0266***	−0.0265***	−0.0267***
	(0.0011)	(0.0018)	(0.0001)	(0.0005)	(0.0011)	(0.0011)	(0.0011)
行业、地区、年份固定效应	是	是	是	是	是	是	是
观测值	1755261	1755261	1755261	1755261	1755261	1755261	1755261
R^2	0.0640	0.8675	0.7772	0.1560	0.0640	0.0640	0.0641

二、银行密度与企业创新持续时间

在上文的分析中,我们考察了银行密度对企业创新产出水平的影响,发现银行密度增加显著促进了企业创新水平的提高,但是这些分析均未涉及企业创新持续时间的问题,而延长创新持续时间显然是提高企业创新能力的重要途径之一。那么,这就引出了一个重要的问题,银行密度增加是否能够延长企业创新持续时间?对该问题的分析有助于更为全面地考察银行密度对企业创新的动态影响效应,为此,我们采用生存分析模型考察银行密度对企业创新持续时间的影响。

此处定义企业创新持续时间为某一企业从有创新活动到终止创新活动(中间没有间断)所经历的时间长度(通常用年表示),采用企业当年是否申请专利(lnpatent 是否为 0)来衡量企业有无创新活动,企业终止创新活动的事件被称为"风险事件"。企业终止创新活动主要发生于如下两种情况:①企业停止申请专利但仍在经营;②企业停止申请专利并已退出市场。为避免企业进入和退出市场对所得结论的干扰,本部分主要考虑的是第一种情况,为此我们只选取了那些在 2001—2009 年内持续经营的企业作为分析样本。若直接使用上述数据进行生存分析将面临数据左删失和右删失的问题,按照通行做法,此处进一步只保留了 2001 年没有创新活动但在 2002—2009 年内有创新活动的样本,以解决数据左删失的问题,数据右删失问题则可以通过生存分析方法得到合理解决(陈勇兵等,2012)。经过整理,我们最终得到 2931 个观测值,统计发现样本企业创新持续时间普遍较短,40.29% 的企业创新持续时间为 1 年,61.04% 的企业创新持续时间为 2 年及以下,创新持续时间在 6 年及以上的企业不及 10%。

(一)企业创新生存函数估计

在生存分析法中,通常首先采用生存函数或风险函数刻画生存时间的分布特征。若某一企业有创新活动,其状态则为存活,反之则为风险事件,用 T_i 表示企业在存活状态中的创新持续时间,其一个特定取值为 t($t=1$,2,

3…），其中 i 表示某一特定持续时间段。企业存活期（创新持续时间）超过 t 的概率（生存函数）可以表示为：

$$S_i(t) = Pr(T_i > t) = \prod_{j=1}^{t}(1 - h_{ij}) \tag{5-3}$$

式（5-3）中，$T_i=\min(T_i^*, C_i^*)$，T_i^* 表示完整持续时间段时间长度的潜变量，C_i^* 表示右删失时间段时间长度的潜变量[①]；h_{ij} 为风险函数，表示企业在 t-1 期创新的条件下，在 t 期终止创新的概率，可以表示为：

$$h_i(t) = Pr(t-1 < T_i \le t \mid T_i > t-1) = \frac{Pr(t-1 < T_i \le t)}{Pr(T_i > t-1)} \tag{5-4}$$

生存函数的 Kaplan-Meier 非参数估计量为：

$$\hat{S}(t) = \prod_{j=1}^{t} \left(\frac{n_j - m_j}{n_j}\right) \tag{5-5}$$

式（5-5）中，n_j 为在 j 期处于风险状态中的企业创新持续时间段的个数，m_j 为同期观测到的终止创新的企业个数。风险函数的估计量则可以表示为：

$$\hat{h}_i(t) = \frac{m_j}{n_j} \tag{5-6}$$

根据式（5-5）和式（5-6），我们对样本企业的创新生存函数进行了估计。具体的，我们采用银行密度的中位数值对样本进行分组，将银行密度高于中位数值的县域纳入高银行密度组，银行密度低于中位数值的县域纳入低银行密度组。图 5-1 给出了在不同银行密度下估计的企业创新生存函数和风险函数。左图显示，在样本期内，位于高银行密度地区的企业的创新生存率始终高于位于低银行密度地区的企业，两者创新生存率的差距随持续时间的延长而扩大，表明银行密度的增加可能有助于延长企业创新持续时间。右图

[①] 完整持续时间段是指考察期内有风险事件发生（企业终止创新活动）的持续时间段，右删失时间段是指考察期内均无风险事件发生（在考察期结束时企业仍有创新活动）的持续时间段。

显示，位于高银行密度地区的企业的创新风险率始终低于低银行密度地区的企业，这意味着银行密度的增加可能有助于降低企业创新的风险率；此外，右图还表明无论是在高银行密度组还是在低银行密度组，企业的创新活动在前两年都面临较高的风险率，但随后则急剧下降，这表明企业创新活动在初期失败的概率最高，随后则渐趋稳定，创新持续时间的风险率曲线表现出明显的负时间依存性。

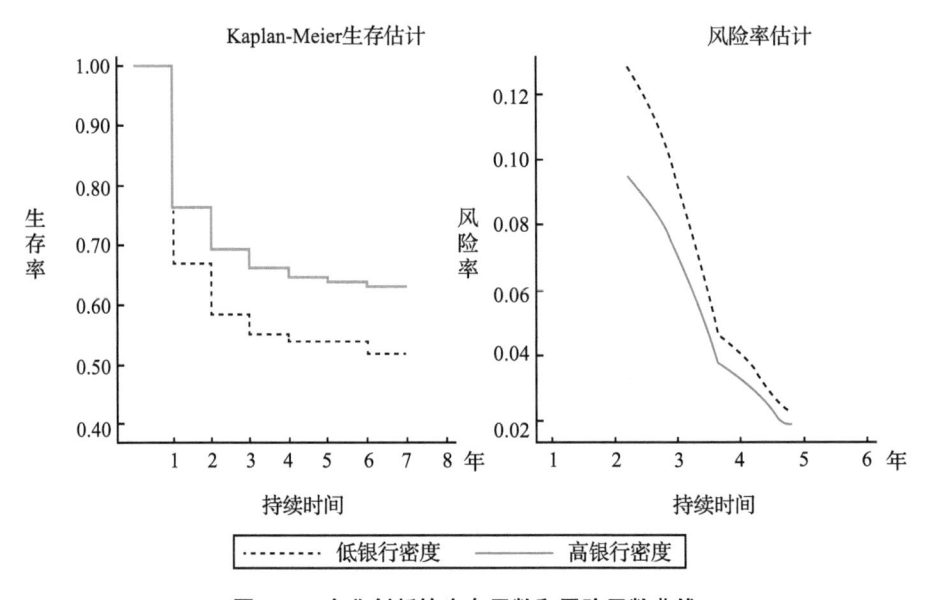

图 5-1 企业创新的生存函数和风险函数曲线

（二）离散时间 Cloglog 生存模型

图 5-1 对银行密度与企业创新持续时间的可能关系提供了一个初步的描述性分析，接下来本章借鉴陈勇兵等（2012）的做法，采用离散时间 Cloglog 生存模型进行计量分析，以准确揭示银行密度对企业创新持续时间的影响。模型设定如下：

$$\text{Cloglog}(1-h_{it}) = \alpha_0 + \alpha_1 \ln density_{dt} + \rho X + \theta_t + \lambda_h + \phi_d + \varphi_t + \varepsilon_{hfdt} \quad (5-7)$$

式（5-7）中，$h_{it}=Pr(T_i<t+1|T_i \geq t, x_{it})$，为企业创新风险率，$x_{it}$ 为协变量，包括银行密度 $\ln density_{dt}$ 和控制变量集 X；θ_t 是时间的函数，表示基

准风险率；其余变量与基础计量模型式（5-1）类似。

表 5-7 汇报了银行密度对企业创新持续时间的影响的估计结果。第（1）列是对式（5-7）的估计结果，在考虑了众多控制变量和行业、地区、年份固定效应后，银行密度（ln$density$）的影响系数在 5% 水平下显著为负，表明银行密度的增加降低了企业创新的风险率，即银行密度增加有助于延长企业创新持续时间，这与前文的 Kaplan-Meier 生存函数估计的结果一致。对此可能的解释是：由于创新活动的长期性和不确定性，企业创新投资通常首先依赖内部资金；然而，仅依赖内部资金的创新活动可能因内部财务的不稳定性导致资金链断裂而停止。此外，创新活动的不可逆性使得企业创新具有很高的调整成本，一旦创新中断或再延续，会给企业带来巨大损失。以分支机构数量增长为特征的银行发展增加了企业信贷可获得性，降低了企业创新的外部融资成本，更多的关系型借贷关系可能被建立起来，在企业内部资金不足的情况下能够满足企业创新活动的高投入需求，从而保障了企业创新活动的可持续性。在控制变量方面，全要素生产率（tfp）、资本密集度（cap）、企业规模（$size$）和企业出口状态（ex）的估计系数均至少在 10% 水平下显著为负，表明企业全要素生产率越大、资本密集度越高、企业规模越大、企业越倾向于出口，其创新持续时间越长。此外，为保证第（1）列结果的稳健性，本章从"改变估计方法"和"改变估计样本"两个方面分别进行了下述稳健性检验。

第一，改变估计方法。Cloglog 模型假定企业创新风险率 h_{it} 的函数形式服从极值分布（陈勇兵等，2012），为保证结论的可靠性，我们将风险率 h_{it} 的函数形式先后设定为服从正态分布和 Logistic 分布，分别采用 Probit 模型和 Logit 模型重新进行回归，表 5-7 第（2）—（3）列给出了相应结果，从中可以看出银行密度（ln$density$）的影响系数仍在 5% 水平下显著为负，表明在考虑企业创新风险率的多种函数形式后，银行密度的增加仍有助于延长企业创新持续时间。其余变量结果与第（1）列类似。

第二，改变估计样本。第（1）—（3）列均是针对全样本进行估计的结果，为了增加结论的稳健性，第（4）—（5）列分别对首个持续时间段和唯一持续时间段[①]两组分样本进行了估计[②]，对首个持续时间段的回归结果显示银行密度的影响系数在1%水平下显著为负，对唯一持续时间段的回归结果显示银行密度影响系数的显著性有所下降，但仍在5%水平下显著为负，且其估计系数的绝对值大于第（1）列结果，意味着银行密度的增加有助于降低企业创新风险率，延长企业创新持续时间。这表明我们的估计结果总体上是稳健的。

表 5-7 银行密度对企业创新持续时间的影响的估计结果

变量	（1）Cloglog	（2）Probit	（3）Logit	（4）首个持续时间段	（5）唯一持续时间段
$lndensity$	−0.2507**	−0.2054**	−0.3494**	−0.3265***	−0.3210**
	(0.1063)	(0.0874)	(0.1439)	(0.1176)	(0.1556)
tfp	−0.1699**	−0.1524**	−0.2569***	−0.1825**	−0.1930**
	(0.0672)	(0.0592)	(0.0982)	(0.0721)	(0.0883)
age	0.0007	−0.0104	−0.0207	−0.0057	−0.0739
	(0.0582)	(0.0507)	(0.0840)	(0.0614)	(0.0861)
cap	−0.0921**	−0.0722**	−0.1160**	−0.0820**	−0.1059**
	(0.0387)	(0.0351)	(0.0582)	(0.0417)	(0.0517)
$business$	0.3328	0.3003	0.5085	0.3098	0.3601
	(0.2771)	(0.2511)	(0.4154)	(0.3019)	(0.3701)
$size$	−0.2733***	−0.2459***	−0.4058***	−0.2534***	−0.3616***
	(0.0381)	(0.0329)	(0.0554)	(0.0413)	(0.0565)

[①] 举例来说明，如果某一企业在2003—2005年进行了创新活动，在2006年和2007年终止了创新活动，但在2008年又开始了创新活动，并在2009年终止了创新活动，那么2003—2005年则为首个持续时间段。如果某一企业仅在2003—2005年进行了创新活动，在样本其余时期均终止了创新活动，那么2003—2005年则为唯一持续时间段。

[②] 限于篇幅，对于首个持续时间段和唯一持续时间段的回归此处仅报告了Cloglog模型的结果，Probit和Logit模型的回归结果与Cloglog模型类似，结果备索。

续表

变量	（1）Cloglog	（2）Probit	（3）Logit	（4）首个持续时间段	（5）唯一持续时间段
hhi	−24.9929 （19.6651）	−22.1481 （17.2826）	−37.1649 （28.4009）	−24.9565 （21.3690）	−2.7903 （28.3294）
ex	−0.1376* （0.0792）	−0.1176* （0.0693）	−0.1902* （0.1142）	−0.0959 （0.0875）	−0.1140 （0.1163）
$state$	0.3377** （0.1399）	0.3012** （0.1219）	0.5108** （0.2038）	0.3114** （0.1530）	0.5308** （0.2152）
$collective$	0.3269** （0.1391）	0.2680** （0.1362）	0.4275* （0.2219）	0.3245** （0.1496）	0.4680** （0.1829）
$foreign$	0.1714* （0.0932）	0.1315 （0.0834）	0.2097 （0.1374）	0.1825* （0.1022）	0.2789** （0.1293）
行业、地区、年份固定效应	是	是	是	是	是
观测值	2262	2262	2262	1890	1407
Pseudo R^2	—	0.1132	0.1133	—	—

注：囿于 Cloglog、Probit 和 Logit 命令控制固定效应的数量有限，地区固定效应控制在省级层面。

第六节　主要结论与政策启示

在中国转型经济背景下，创新是经济持续增长的核心驱动力，而企业是创新的重要主体。作为企业外部融资的主要来源，银行在满足企业创新的融资需求方面发挥了至关重要的作用。那么，银行地理密度的增加是否能够增加企业创新产出？这是审视银行业服务实体经济能力的一个重要方面。基于手工查找的中国商业银行县域分支机构数据、中国工业企业数据库和国家专利数据库的合并数据，本章深入而系统地考察了地区银行密度对企业创新的影响效应。

主要研究结论如下：

第一，整体而言，以分支机构数量增长为特征的银行密度对企业创新产生了显著的促进效应。在其他因素不变的情况下，某一县域商业银行分支机构密度越大，处于该地区的企业专利申请数量也越多，即银行地理密度的增加显著促进了企业创新。同时在将县级层面的地区固定效应降维至省级层面，并分别采用 Poisson 回归模型和 Tobit 回归模型进行稳健性检验后，这一结论仍然成立。

第二，为考察银行密度对不同类型企业创新的影响的异质性，本章分别从企业所有制、企业规模和企业技术水平三个方面对样本进行分组回归。结果表明，银行密度增加对非国有企业和高技术企业创新的促进作用更强。

第三，采用生存分析模型考察银行密度对企业创新持续时间的影响，结果表明银行密度的增加显著降低了企业创新的风险率，从而保障了企业创新活动的持续性。其中，生存函数分析表明，在样本期内，位于高银行密度地区的企业的创新生存率始终高于位于低银行密度地区的企业，两者创新生存率的差距随着创新持续时间的延长而扩大，银行密度的增加有助于延长企业创新持续时间；位于高银行密度地区的企业的创新风险率始终低于位于低银行密度地区的企业，银行密度的提高有助于降低企业创新的风险率。最后，采用离散时间 Cloglog 生存模型进行计量分析，并获得与生存函数估计相一致的结果。

本章的研究结论具有如下政策启示：

第一，要坚持放松商业银行分支机构市场准入条件，增强服务辐射功能。本章的研究结果表明，银行密度的提高能够有效促进企业创新能力的提升，地区银行密度的提高有赖于商业银行分支机构市场准入条件的放松，这意味着放松商业银行分支机构市场准入条件是促进银行更好地服务地方经济和企业发展的重要制度安排。

第二，要增加对中小型企业、非国有企业和高技术企业的信贷扶持，以缓解其融资难、融资贵的问题。大量事实表明，非国有经济（尤其是民营经济）和高新技术产业已成为中国技术创新的主力军，中小企业在促进经济增长、保障就业以及推动技术创新等多个方面发挥着举足轻重的作用，然而其融资难、融资贵的现象却一直存在。在以银行业为主导的中国金融体系中，政府应该抓紧通过金融体制的改革来增强信贷资源分配的市场化导向，同时加快发展中小银行以构建充分竞争的多层次银行体系，增强银行业对中小型民营企业和高技术企业的融资服务能力，这将有利于提升企业技术创新水平，最终促进中国经济又好又快地持续增长。

第六章　外资银行进入与生产率进步[①]

第一节　引　　言

金融全球化与金融自由化是全球金融发展的趋势，金融发展的水平与长期经济增长率、物质资本积累和经济效率提高之间存在显著的正向关系（King and Levine，1993）。随着各国对金融的干预的减少，以及对外开放程度的不断加深，要素资源、资本和金融服务在不同的经济体间大量流动。金融自由化促进了更多跨国公司投资的全球化，同时也带动了外资银行等金融机构业务向海外扩张（Ivashina et al.，2015）。

随着2006年年末中国加入WTO五年过渡期的结束，中国银行业正式开启了由过渡向全面开放、由被动向主动开放的全新篇章。其中最为瞩目的变化是，中国境内外资银行的机构数量开始大幅增加（如本章后文图6-1所示）。理论与实践表明，外资银行的进入能够有效发挥"鲇鱼效应"，从而显著改善发展中国家银行业的经营效率（Clarke et al.，2003；Xu，2011）。2018年4月，习近平总书记在博鳌亚洲论坛上进一步做出了"在服务业特别是金融业方面……加大开放力度……放宽外资金融机构设立限制，扩大外资金融

---

① 本章由笔者与曹世健、许和连合作，主要内容发表于《世界经济研究》2022年第4期。

机构在华业务范围"的战略部署,全面加速了中国银行业的对外开放。

回顾近现代世界金融发展史可以发现,金融开放对于一国实体经济发展具有深远意义。例如20世纪80年代的英国和美国为走出经济衰退的泥潭,先后选择扩大金融开放力度,提升金融服务实体经济的质量,吸引了大量的国际资本进入本国金融市场,为之后几十年的繁荣奠定了基础。再如日本在20世纪90年代房地产泡沫破灭后,借机推动金融改革,促进金融自由化,为资本"走出去"和"引进来"提供了政策支持,并因此获得了高额的投资回报。立足中国实践,中国政府自改革开放以来便积极推动金融开放,采取取消信贷计划、逐步放开利率管制和引进外资金融机构等措施,金融开放取得了实质性进展;但我们也要清楚地看到,与制造业相比,我国金融业开放时间较晚、开放程度较低、市场竞争不充分,尚无法满足实体经济的金融需求。因此,促进实体经济的高质量发展仍然是当前我国推进金融业开放的重要目标。2019年11月出台的《国务院关于进一步做好利用外资工作的意见》(国发〔2019〕23号),明确提出"推动高质量发展、推进现代化建设必须始终高度重视利用外资",并在未来对外开放的领域重点强调了金融业开放,包括全面取消或减少对在华外资银行等金融机构的业务范围限制、准入条件以及总资产要求。

毋庸置疑,全要素生产率是推动实体经济高质量发展的动力源泉(King and Levine,1993;Brandt et al.,2012)。党的十九大报告也进一步明确了"必须坚持质量第一、效益优先,以供给侧结构性改革为主线,推动经济发展质量变革、效率变革、动力变革,提高全要素生产率"的新发展理念。那么金融开放,尤其是对外资银行机构的开放,是否能够促进企业生产效率的提升?这种影响是否因企业特征不同而具有不同的表现?其背后的作用机制又是什么?回答上述问题,对于当前审视与评估金融服务实体经济的能力具有重要意义。

在这些背景之下,本章以外资银行在中国设立分支机构作为准自然实验,基于2006—2015年手工整理的各城市外资银行进入时间与沪深A股制造业上市公司的匹配数据,运用双重差分法实证分析了外资银行进入对企业全要素生产率的影响。

第二节 外资银行进入与企业生产率的相关研究回顾

一、外资银行进入的经济效应

(1)经济增长效应。Levine(1996)的研究表明外资银行进入能通过技术溢出提升东道国银行业服务质量,降低运营成本,增加创新研发,同时也会督促政府加快立法,出台相应政策来更好地推动金融市场的发展和稳定,从而使得各金融部门降低管理风险、高效聚集和分配资金并激励民众储蓄投资,对整个经济增长起到推动作用。陈刚和王燕飞(2012)利用省级面板数据,分解了外资银行进入的经济增长效应,发现外资银行进入主要通过影响全要素生产率的增长,进而对经济增长产生了明显的促进作用,并间接推动了经济调整转型,促进了经济的可持续增长。

(2)竞争效应。银行业是中国金融开放及金融自由化最早开始的行业之一,自改革开放以来,外商直接投资、企业跨国并购及出口贸易的增加带动了外资金融机构的进入。很多研究表明,外资银行的进入能够促进银行业的竞争,显著提高东道国银行业的效率,进而提升服务实体经济的能力(Unite and Sullivan,2003;Fries and Taci,2005)。在过去的40余年里,中国银行业主要从以下两方面进行了银行改革:①银行重组,以解决不良贷款和资本注入不足的问题;②推动金融市场自由化,包括取消信贷计划、逐步放开利率管制和有序对外开放等竞争性措施,以解决国内银行低效率问题(Xu,2011)。中国政府在加入WTO后承诺逐步开放人民币业务,试点地区引进的外资银行显著促进了国内银行业的市场竞争(毛捷等,2009)。外资银行在服务质量及管理水平等方面的优势促进了中资银行机构改革及服务创新(陈卫东等,2007),并且外资银行越多的地区,银行业的竞争也越激烈,商业银行整体效率的提升也就越明显（张大永和张志伟，2019）。此外，外资银行进入方式的不同也会产生不同的竞争效应。齐绍洲（2007）基于信息不对称框架的研究发现，以并购方式进入东道国的外资银行竞争力显著高于以独资模式进入的外资银行，主要原因是并购能够获得被并购银行原有的客户及已收集的征信信息等，在很大程度上能降低信息不对称性，减少经营风险，增加营业利润。

（3）溢出效应。白俊等（2018）使用2001—2014年的上市公司数据研究发现，在外资银行进入后，由于面临激烈竞争，本土银行只能不断升级技术，提高资金配置效率和服务水平，这使得当地企业的创新活动显著增加，且随着时间的推移这种溢出效应愈加明显。李俊青和谢芳（2020）基于28个国家的制造业数据，检验了外资银行进入是否对上市公司创新产生影响，结果表明，金融发展水平较低国家的企业在外资银行进入后研发投入显著增加，企业创新活跃度显著提升。外资银行进入的溢出效应体现在以下两个方面：①外资银行在经营管理、内部控制和盈利能力等方面相较本土银行更有优势，因而会激励国内银行不断向外资银行学习，从而降低国内银行业的不良贷款率并提升其业务能力，这会对整个国内银行效率产生正向的溢出；②外资银行的进入会吸引母国企业选择投资中国，因为外资银行可以为其母国企业提供更加高效和娴熟的服务。王晞（2005）的研究也表明，外资银行的进入间接带动了母国企业对东道国的直接投资及双边贸易。外商投资企业在技术、管理、研发等方面具有优势，这些优势显然会溢出到国内企业，从而产生技术溢出效应（Kinoshita，2001；邱斌等，2008；邢斐和张建华，2009）。

那么，外资银行进入是否一定会产生积极影响呢？很多文献表明，大规模企业在外资银行进入后受益更多（Beck and Demirgüç-Kunt，2006；陈刚和翁卫国，2013；姚耀军等，2015）。相较于大型企业，中小企业能够从外资银行中获得的资金甚少，这意味着外资银行的借贷资金更多流向了大型企业，"撇脂效应"明显。与本土银行相比，新进入的外资银行对客户企业的信息收集得较少，因而更愿意凭借自身优势向资质好的企业提供贷款，不愿向资质差的客户提供贷款,这将促使竞争力较弱的本土银行更多地向风险较高的领域发放贷款,对国内银行效率的提升及健康发展可能产生不利影响,催生出"摘樱桃效应"(Detragiache et al., 2008)。利用上海和江苏的数据,田素华和徐明东(2011)发现外资银行信贷配给和服务对象偏向于 FDI 集中的行业,以及政府、国有企业等低风险的部门,虽然对社会总产出产生了积极影响,但对行业发展的促进作用存在显著差异。从以上研究来看,外资银行进入的负向效应主要由其服务对象的选择性而引起的,这在一定程度上加剧了金融资源配置的不平等,使多者愈多、寡者愈寡,即所谓的"马太效应"。

二、金融发展对企业生产率的影响

影响企业全要素生产率的因素有很多,但近年来,人们越来越关注金融发展对微观实体企业的作用。学术界普遍认为金融开放、金融市场完善能降低企业融资成本,减少企业所面临的融资约束,从而提高企业的生产率;相反,金融抑制则会扭曲资本配置,妨碍全要素生产率的提高。Benhabib and Spiegel(2000)利用 1965—1985 年各个国家的平衡面板数据进行研究,发现金融发展能够显著促进一国全要素生产率的增长。Hsieh and Klenow(2009)使用中国、印度、美国三个国家制造企业的微观数据进行量化分析,探究了中印两国相对美国的要素资源错配程度对中印两国全要素生产率的影响,研究发现如果中国的资本和劳动力分配效率得到提高,则中国企业的全要素生产率收益可增加 30%~50%。Brandt et al.(2012)利用中国制造业企业的微观数据进行研究,发现 2001 年中国加入 WTO 加速了中国对外资金融机构开放的进程,中国制造业的全要素生产率由于外来资本投资的增多而增长较快。以上文献都表明金融发展、金融开放确实能够为实体经济的发展带来新的活力,提升企业乃至行业和国家整体的全要素生产率。

当然,对于金融发展指标的衡量,各个学者选取的角度不尽相同,但大多从银行业规模、银行业竞争、证券市场和民间金融发展等视角进行研究。在银行业规模方面,Zhang et al.(2012)基于中国 286 个城市的面板数据,通过实证研究发现银行总体信贷规模的扩大对全要素生产率增长具有正向影响，从而对城市经济增长产生了积极的作用。在银行业竞争方面，Sturm and Williams（2004）使用广义矩估计方法，发现澳大利亚放松金融管制后有助于提高其国内银行的效率，增强银行间的竞争，增加信贷供给，进而对企业生产率产生积极影响。蔡卫星（2019）基于中国商业银行分支机构数据，构建市场结构竞争性指标进行分析后也得到类似的结论，即银行业竞争能够显著提升当地企业的全要素生产率。当然也有学者从其他视角研究金融发展对生产率的影响。如 Hasan et al.（2009）发现以股票和债券发行额与地区生产总值之比衡量的资本市场深度加大，对省份层面的生产率具有显著的促进作用；李健和卫平（2015）基于省级面板数据，运用包络分析方法研究发现民间金融发展有利于中国全要素生产率的增长，发挥作用的渠道为技术效率增长效应。

综上可知，对于外资银行进入的经济效应，以往学者主要从两方面进行了研究：一是正向效应，包括经济增长效应、竞争效应、溢出效应等；二是负向效应，包括"撇脂效应""摘樱桃效应""马太效应"等。以上文献从多个方面探究了外资银行进入的经济影响，但鲜有文献基于企业全要素生产率的视角进行研究。而与本章最密切相关的是 Lai et al.（2016）的研究，其考察了外资银行进入与中国制造业行业层面生产率之间的关系，发现外资银行进入对行业总体生产率没有影响，却能显著促进具有较高外部融资依赖度的行业的生产率提升。但由于其所使用的样本是行业层面的数据，无法将因企业内部技术进步与行业分配效率提高而带来的生产率提升区分开来；此外，其采用中国是否取消对外资银行经营人民币业务的地域限制来近似代替外资银行是否进入中国城市的做法也不够准确。与之不同，本章将微观企业作为研究对象，并采用外资银行是否在城市设立分支机构来衡量外资银行是否进入中国城市，这些做法能够更为精确地识别外资银行进入对当地企业全要素生产率的影响。

对于金融发展对企业生产率的影响，以往文献研究表明，金融发展对企业效率的提高具有显著的影响，但这些文献大多从银行业效率、银行业竞争、信贷规模和证券市场发展等视角进行研究；与之不同的是，本章以外资金融机构实际进入作为切入点，研究其对企业效率的影响，是对以往研究的有益补充和进一步深化。同时，以往研究对于金融发展及金融开放的衡量指标不尽相同，但都可能存在互为因果的内生性问题，本章则基于准自然实验和双重差分分析方法进行实证研究，能够较好地克服这些问题。

第三节 外资银行准入的政策梳理及现状分析

一、中国对外资银行开放政策的演变

改革开放以来，中国对外资银行的开放政策秉承"地区开放—业务开放—全方位开放—融入世界金融市场"的逻辑推进，为引入竞争、规范金融市场、增强服务实体经济的能力发挥了积极的作用。

（一）试点起步阶段（1979—2001年）

改革开放后，政府不断推进银行体制机制改革，引入外资金融机构，加速金融领域的市场化进程，外资银行实现了机构设置从代表处到营业性机构试点、经营地域从沿海到内地、业务范围从外汇金融业务到人民币业务试点的有序发展。

（1）从代表处到试点营业性机构。首先，引入外资金融机构代表处。1979年12月，日本输出入银行获批在北京设立代表处，这是改革开放后第一家获批进入中国的外资金融机构，是中国金融业对外开放的"信号灯"。其次，推进营业性机构试点建设。1981年7月，中国人民银行规定外资银行获准可在深圳、珠海、汕头、厦门、海南5个经济特区建立营业性机构试点，允许从事外汇金融业务。1992年，试点范围扩大到大连、天津、青岛、南京、宁波、福州和广州7个沿海城市，试点政策为之后对外资银行的全面开放提供了宝贵的经验。

（2）试点开放政策逐步向好，外资银行在华业务范围得到拓展。1994年

4月,《中华人民共和国外资金融机构管理条例》(国发〔1994〕148号)颁布实施,外资银行经营地域由沿海中心城市扩展到内地。1996年,中国人民银行取消了外资银行机构设置的地域限制,并于同年12月允许外资银行在上海试点开展人民币业务,这是自中华人民共和国成立以来首次允许外资银行开展涉及人民币的业务。1999年7月,外资银行经营人民币业务的地域范围由上海扩展到深圳。1998年3月,中国境内同业拆借市场向外资银行开放,这也意味着外资银行业务的进一步延伸。2001年12月,为适应中国加入WTO的需要,国务院修订并颁发了新的《外资金融机构管理条例》。人民币业务、同业拆借业务对外资银行的开放,以及地域范围限制的放宽为外资银行进入中国打开了大门。

随着改革开放的不断推进,我国社会主义市场经济取得突破性进展,对外贸易与外商投资规模显著增加,对外开放的总体格局基本形成,外资银行的入驻为吸引外汇资金内流以及改善国内投融资环境贡献了重要力量。总体来说,这一阶段对外资银行的开放还处于试点探索时期,但实现了外资金融机构从无到有的突破,这也是试点起步阶段取得的巨大成果。

(二)"入世"过渡阶段(2002—2006年)

2001年12月,中国正式加入WTO,取消了对外资银行办理外汇业务的地域和客户限制,允许外资银行经营中国企业和中国居民的外汇业务,并承诺中国银行业在"入世"5年过渡期内对外资逐渐开放,期限届满后将向外资金融机构全面开放。"入世"后这一阶段对外资银行的开放是有计划、有目标的,旨在逐步完善国内金融业市场,拓宽金融服务对象以及面向国际金融市场。

按照中国加入WTO的协议,中国在5年过渡期内逐步取消对外资银行在地域范围、客户对象、业务领域及其他对分支机构和许可证发放进行限制的非审慎性措施。加入时,首先开放深圳、上海、天津、大连4个城市试点经营人民币业务;加入后5年内,分批次对广州、济南、昆明、汕头等16个城市进行开放(Lai et al., 2016)。在此期间,监管部门不断完善监管法制体系,顺利实现了中国对外资银行从小范围逐步向全方位开放的承诺。

2002—2006年既是国家积极推进对外资银行开放的过渡时期，也是中资银行为迎接全面开放后的挑战而努力提升经营管理水平与市场竞争力的战略调整期。在这一时期，符合社会主义市场经济发展要求的银行业体系已初步形成，为全面开放做好了准备。

（三）全面开放并稳健推进阶段（2007至今）

2006年年底，中国银行业步入全面开放阶段，对外资银行呈现由点至面的开放格局，境外金融机构投资者数量逐渐增多，银行业竞争日益加剧，外资银行进入的经济效应日趋明显。

（1）全面开放。2006年年底，《中华人民共和国外资银行管理条例》颁布并实施。2007年，全面向外资银行开放人民币零售业务和银行卡业务，外资银行实施法人导向政策，享受国民待遇，与中资银行公平竞争。中国银行业自此拉开了全面开放的序幕。

（2）稳步推进，巩固开放成果。2010年，外资银行的地域准入范围进一步扩大，允许符合条件的外资银行在企业密集的县级市设立支行（见银监办发〔2010〕178号）。2014年，《外资银行行政许可事项实施办法》颁布并实施，对外资银行支行的设立条件做了新的调整；同年12月，《中华人民共和国外资银行管理条例》重新修订，进一步放宽了外资银行准入标准和业务经营条件。当然，这一时期逐渐蔓延的金融危机也加大了中国市场的信用风险和流动性风险，国家在积极推进银行业开放进程的同时也出台了一系列措施防控金融风险。

（3）新一轮银行业开放。2017年1月，国务院发布《关于扩大对外开放积极利用外资若干措施的通知》（国发〔2017〕5号），强调进一步加大开放力度，放宽银行类金融机构及相关领域的准入条件，营造良好的外资开放环境。2018年4月，习近平总书记在亚洲博鳌论坛上明确表示中国未来在金融业方面将大幅放宽市场准入条件，加大对外资金融机构的开放力度。此后，一系列扩大开放的政策和措施纷纷出台落地。2019年7月，原国务院金融稳定发展委员会办公室发布了《关于进一步扩大金融业对外开放的有关举措》，为新时期的外资开放、融入世界市场营造了良好的政策环境及监督管理体系。

总体而言，这一阶段对外资银行的全面开放为促进同业竞争、提高市场效率和银行治理水平发挥了举足轻重的作用，是我国为构建完善的现代金融体系而迈出的重要一步。

二、外资银行在中国的发展现状

（一）外资银行分支机构数量在 2007 年后剧增

如图 6-1 所示，在 2006 年及以前，外资银行在中国每年新增分支机构数量都是个位数，外资银行在华发展缓慢，说明在过渡期内实际进入各个城市的外资银行极少。而自 2007 年开始，中国全面向外资银行开放人民币零售业务和银行卡业务，外资银行实施法人导向政策并享受国民待遇，与中资银行公平竞争。对外资银行的全面开放使其扩张的动力倍增，开始大举开设分支机构。从图 6-1 可以清楚地看到，2007—2015 年间，每年新增外资银行分支机构最少时也有 46 家，最多时达到 222 家，增长迅猛。外资银行分支机构新增数量在 2007 年产生了跳跃式的增长，并在后续年份呈现持续高速增长的态势，这也从侧面印证了我国对外资银行开放政策的有效性。

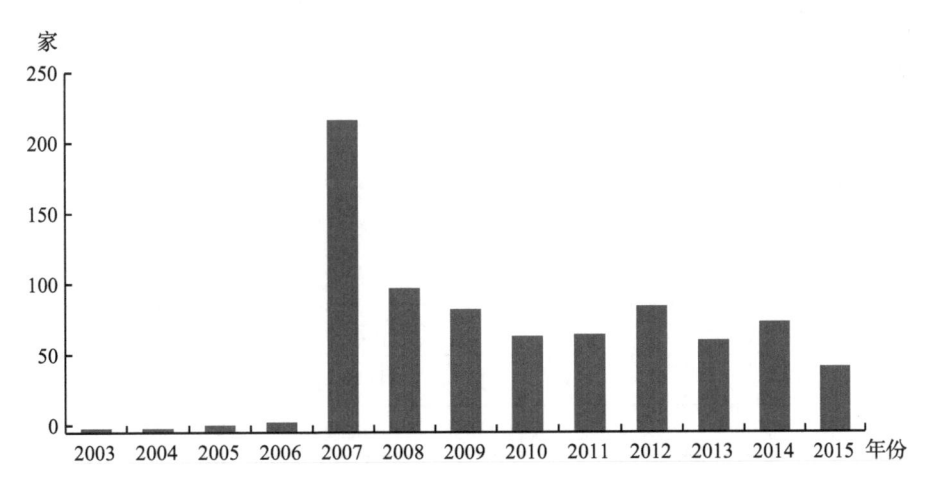

图 6-1　2003—2015 年外资银行在华开设分支机构的数量

数据来源：作者根据原银保监会提供的外资法人银行名单手工查找整理而得。

（二）外资银行主体和来源国（地区）相对集中

在华的各类外资银行发展状况不尽相同，如表6-1所示，排名前三位的分别是汇丰银行、东亚银行和渣打银行，三家银行分支机构数量分别为175家、125家、101家，占总数的比重接近40%，集中度较高。而前十大银行分支机构总数达到683家，占比超过68%，说明实力强劲、知名度高或之前有进入中国经验的外资银行在华拓展业务的能力相比于其他机构更强。从在华前十大外资银行来看，只有一家中外合资银行——厦门国际银行，其余皆为国际知名老牌银行。

而从外资银行的外资来源国（地区）来看，排名前十位的以亚洲地区居多，其中香港一枝独秀，占据半壁江山。正所谓近水楼台先得月，香港毗邻内地，港商到内地投资者众多，频繁的商贸往来也间接带动了外资银行的发展壮大。此外，从表6-1后两列我们可以清楚地看到，在华外资银行的外资来源国（地区）大多是发达国家（地区）或经济水平发展较高的国家（地区），当然中外合资经营模式的外资银行所占比重也在不断上升。

表6-1 截至2015年年底在华分支机构数量前十的外资银行和前十大来源国（地区）

外资银行	分支机构数量/家	外资来源国（地区）	分支机构数量/家
汇丰银行	175	中国香港	436
东亚银行	125	英国	107
渣打银行	101	韩国	93
恒生银行	53	美国	70
花旗银行	52	新加坡	56
厦门国际	45	日本	53
南洋商业	38	中国内地和香港	45
星展银行	36	中国台湾	40
华侨永亨	29	法国	25
韩亚银行	29	德国	11

数据来源：作者根据原银保监会提供的外资法人银行名单手工查找整理而得。

(三）外资银行分支机构主要集中在东部沿海城市

外资银行分支机构主要集中在东部沿海城市，位于中西部地区的分支机构则较少。外资银行进入某一城市是具有选择性的，从图6-2我们可以清楚地看到，地区经济发展水平较高、地区区位优势较好、外商贸易较多的地区能够吸引大量外资银行来开设分支机构，上海、北京、深圳、广州等特大级城市依旧是外资银行集中的地区。从图6-2中我们也可以看出，进入数量排名前十五的城市开设分支机构的占比达到80.6%，而其他经济发展较为落后的中西部地区占比只有19.4%，还不及上海一个城市的体量（20.3%），这也是我国金融和经济区域发展不平衡、不充分的真实体现。但近年来我国不断推进普惠金融的发展，引导金融资源向"三区三州"等贫困地区倾斜，带动了大量的金融机构向金融资本匮乏地区的转移，同时，更多的政策也在引导外资银行等这样优质的国外金融机构向内地拓展。

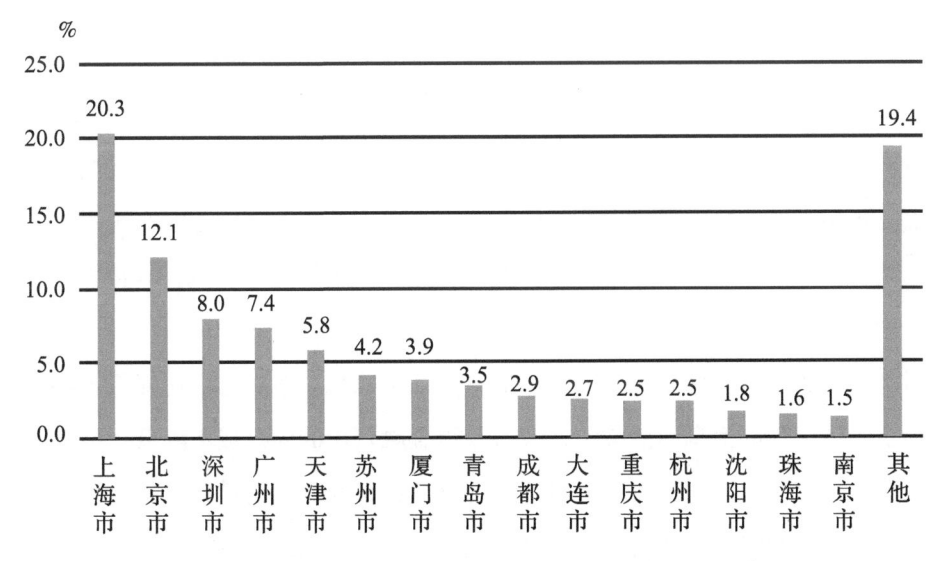

城市	占比(%)
上海市	20.3
北京市	12.1
深圳市	8.0
广州市	7.4
天津市	5.8
苏州市	4.2
厦门市	3.9
青岛市	3.5
成都市	2.9
大连市	2.7
重庆市	2.5
杭州市	2.5
沈阳市	1.8
珠海市	1.6
南京市	1.5
其他	19.4

图6-2 截至2015年年底各城市外资银行分支机构数量所占比重

数据来源：作者根据原银保监会提供的外资法人银行名单手工查找整理得到。

第四节　外资银行进入影响企业生产率的理论分析

一、金融自由化理论基础

（一）金融自由化的内涵及作用

金融自由化理论主要由 McKinnon（1973）和 Shaw（1973）提出，而之后卡普（Kapur）、马西森（Mathiesan）等学者对理论和模型进行了发展和补充，他们认为发展中国家在发展经济的时候，要特别重视金融的力量，着重发挥好金融对实体经济的积极作用，所以在制定政策或管理金融市场时，应主动减少金融抑制，推行金融自由化。金融自由化降低了资本流动障碍，使得资本在银行间以及各个金融机构和实体经济间的转移速度加快、效率提高，从而优化资源配置并激励投融资活动的增加（Ponticelli and Alencar, 2016）。

金融自由化有很多表现，如价格、业务、准入限制、市场及资本流动等方面，金融自由化意味着政府对市场干预的减少，由市场配置金融资源，可以让市场机制充分发挥作用。其作用表现在以下五个方面：①有利于提高市场的竞争性和效率水平，银行等金融机构能够健康发展，实体企业在这个过程中也能吸收很多金融自由化带来的溢出效应，金融服务的可得性和便利性增加，财务风险杠杆减小。②金融信息更加透明化。金融自由化降低了各个经济主体之间的信息不对称性，使得获得金融资源的信息成本降低，信息不对称性的降低可以通过市场及时有效地反映出金融资源的价值，这对于资金的流动以及配置都具有显著的促进作用。③金融机构经营更加灵活。金融机构不再以短期盈利为单一的目标，而是追求长期的稳定增长，使得资本运作及经营更加具有可操作性和灵活性。④推动混业经营的发展。金融自由化的发展将逐步淘汰分业管理模式，银行等金融机构能够综合运用多种经营方式增加风险的可控性，降低经营失败导致的破产等风险，为实体经济发展提供一个稳定的金融环境。⑤推动金融全球化。金融自由化使得资本在世界范围内的流动变得更加迅速，使得资本能够在各国中实现快速循环，世界金融市场的繁荣将增加投资活动，有利于企业获得发展的国际资本。

（二）金融自由化在中西方国家的发展

受到 McKinnon（1973）和 Shaw（1973）提出的金融自由化理论的影响，从 20 世纪 70 年代开始，以美国、日本为代表的西方国家开始进行金融改革，尝试推动金融自由化，放松对金融机构的管制，对一些金融活动进行有序的放开，如利率自由化、资本流动自由化、证券市场国际化、金融业务自由化、金融机构准入自由化等。从其效果来看，金融市场的开放促进了金融同实体经济间的良性循环，利率和汇率管制的放松也使其能正确反映市场的供求关系，给资金更为合理的定价，促进储蓄率的提升，刺激了经济的发展。由此可见，减少对金融市场的干预，适当降低管制的力度，是有利于经济长期良性发展的。当然，在西方国家推进金融自由化的过程中，也曾出现一些激进行为，如 20 世纪 80 年代初，智利、阿根廷等国家未结合实际经济发展状况，盲目推进金融自由化，导致发生债务危机。这也警示我们，推进金融自由化需要循序渐进，否则可能出现"欲速而不达"的窘境。

新加坡、韩国等是亚洲较早推行金融自由化的国家，金融自由化的推进也带来了资本市场的完善和发展，这些都为经济发展提供了强劲的动力。金融自由化是世界金融发展的潮流和趋势，也是经济发展到一定阶段的必然结果。中国自 20 世纪 90 年代确定建立社会主义市场经济体制后，金融业的发展以市场化为导向，先后在利率市场化、金融业务及机构准入、资本账户开放等方面进行了改革。经过 40 多年的改革和发展，我国的金融自由化取得长足进步，在支持中国经济稳定增长、推动市场转型升级、促进企业高质量发展等方面都发挥了至关重要的作用。近年来，放宽对外资金融机构的限制及市场准入自由化是中国推动金融开放的重要方向。优质外资金融机构的进入，既增强了国内金融机构的竞争力，同时也为企业发展创造了良好的金融环境。

(三)金融自由化与生产率进步

Benhabib and Spiegel（2000）、Hsieh and Klenow（2009）等学者的研究已经证明，金融业发展水平与全要素生产率具有正相关关系，即除资本、劳动等传统要素外，金融发展同样是影响技术进步的关键因素，并且是不可替代的。金融抑制会导致资源错配，进而降低企业长期投资的意愿。在一个存在金融抑制的地区，企业不会将大量资金用于研发投入，因为研发不确定性风险较大，收益见效较慢；而一个完善的金融体系，则能帮助企业分散风险，增加企业的跨期研发投入。金融自由化能够盘活市场存量，让金融资源能够分配到有需求的、效益高的企业，从而降低企业的融资成本，为企业成长注入活力。同时，金融自由化能够发挥金融市场的定价功能，引导资金自由合理地流动，提高资本利用效率，促进生产率提升。

银行是金融部门的核心，银行业的开放度在一定程度上代表了地区金融自由化的程度。一方面，银行业开放能够增加一个地区整体的可贷资金，企业的融资约束会因此得到缓解，进而促进企业效率提高；另一方面，银行业开放也能加剧地区内银行间的竞争，使得银行需要不断推陈出新、加强管理、提升服务质量，从而改善实体企业的融资环境和融资条件，这有利于企业生产能力和效率的提升。

二、影响机制分析

根据 McKinnon（1973）和 Shaw（1973）的金融自由化理论，金融自由化能够减少企业与企业、银行与银行间的资金流动障碍，提升企业信贷可得性以及金融可达性，进而使得金融资源配置更加合理，实现配置效率的最优化。外资银行的进入能够提升国内银行业的效率，降低企业融资的成本，使得资金在不同行业及企业间的配置更具效率（陈刚和翁卫国，2013；Lai et al.，2016；姜付秀等，2019），从而对企业的生产经营产生积极影响。由此可见，外资银行进入对企业全要素生产率的影响主要通过缓解企业融资约束得以实现。结合现有相关研究，本章进一步从信贷供给和银行业竞争两个渠道分析外资银行进入对企业生产效率的影响。

（1）外资银行进入通过增加地区的信贷供给而提高企业生产率。外资银行进入使得企业可借贷范围扩大，信贷融资数量增多，为企业的生产经营提供了额外的融资贷款（诸竹君等，2018）。首先，信贷供给的增加有助于企业为更多净现值为正的项目进行融资，如果企业受到融资约束的限制，那就没有足额的资金投入到长期有助于提升生产率的技术引进或研发创新当中，会导致资源配置效率低下，甚至出现扭曲的情况，进而企业全要素生产率也会随之下降（King and Levine，1993）。其次，信贷供给的增加能够降低企业的流动性风险，流动性风险较低的企业倾向于降低资金储备比例，并且将更多的资金投入到回收期限较长但有利于企业全要素生产率提高的项目当中（Lin，2011）。最后，充足的信贷供给能够提升企业资产设备的更新速度和创新投入水平（肖文和薛天航，2019），可有效避免企业陷入因沉没成本巨大而减缓改良进程或停止研发更新，生产效率止步不前甚至下降的泥潭。Clarke et al.（2003）的研究支持了这一观点，认为外资银行进入东道国的市场能有效增加信贷供给量，并且随着外资银行进入数量的增多，东道国企业获取长期贷款的利率将会降低。毛泽盛等（2010）、Lin（2011）基于中国企业数据的研究同样发现外资银行进入显著增加了信贷供给量，进而对生产率产生了正向影响。

（2）外资银行进入通过加剧银行业竞争降低融资成本，进而提高企业生产率。首先，由于外资银行进入而增强的同业竞争降低了融资成本。外资银行的进入会加剧国内商业银行间的竞争，促使银行通过更多的渠道去深入了解企业，获得更多的企业信息，进而降低银企之间的信息不对称性，企业搜寻贷款的成本将因此降低（姜付秀等，2019）。银行市场的竞争力量也能产生"再分配效应"，将贷款重新分配给资金紧缺的公司。同时，外资银行进入能够打破本土银行的市场垄断地位，从而降低企业借款的债务利息以及其他财务费用，提升资金利用效率（Degryse et al.，2009）。其次，融资成本下降有利于提高企业全要素生产率。一方面，融资成本的下降意味着企业支付同等的费用能够获得更多的贷款，企业为提高生产效率而向银行寻求贷款的意愿将更加强烈。另一方面，当融资成本下降时，市场力量增加了新企业进入市场的机会，加剧了行业内企业的竞争，这会刺激现有企业进行技术创新以逃离竞争（Leroy，2019），从而促进企业全要素生产率的提升。

综上所述，银行业开放对生产率的影响本质上是通过缓解企业的融资约束来实现的，无论是增加企业信贷可得性，还是加剧银行业的市场竞争，其潜在结果均是缓解了企业的融资压力，从而促进企业生产效率的提升。

第五节 计量模型、数据与变量选取

一、计量模型

借鉴 Bertrand 等（2004）的做法，本章设立如下双重差分模型实证检验外资银行进入对企业生产率的影响：

$$tfp_{ict}=\alpha_1+\alpha_2 D_{ct}+\gamma X+\eta_i+v_c+\mu_t+\varepsilon_{ict} \qquad (6-1)$$

上述模型中，i、c、t 分别表示企业、城市、年份，被解释变量 tfp_{ict} 表示位于 c 城市的 i 企业在 t 年的全要素生产率；核心解释变量 D_{ct} 为虚拟变量，如果 c 城市当年有外资银行开设分支机构，D_{ct} 在当年及以后年份取值为 1，否则为 0。X 是控制变量集，η_i 为企业固定效应，v_c 为城市固定效应，μ_t 为时间固定效应，ε_{ict} 为随机干扰项。借鉴孙浦阳等（2018）的做法，本章将标准误聚类在城市—年份层面，以缓解可能存在的异方差和自相关问题。

二、数据来源与处理

本章的数据来源主要包括以下三部分。

（1）外资银行开设分支机构（特指分行和支行）的数据，主要根据原银保监会提供的银行业金融机构法人名单，在国家企业信用信息公示系统和百度企业信用网站采用人工查找的方式获得，数据涵盖外资银行分支机构名称、注册地址、开设时间、注册资本、企业类型、法人代表、经营状态、机构代码、经营范围等。在处理数据的过程中，我们删除了经营状态为"迁出""注销"和"开业但经营异常"的样本数据。需要说明的是，2007年以前中国对外资银行的过渡开放主要是为了兑现加入WTO的承诺，而2007年及以后年份才是中国银行业主动全面开放的阶段，2007年外资银行开始大举在中国各城市设立分支机构（如图6-1所示）。本章关注的是中国银行业的全面开放对企业生产效率的影响，故将样本期选择在2006—2015年。保留2006年样本是因为双重差分估计方法至少需要政策冲击开始前一年的样本作为对照，同时为了避免2006年过渡期的银行业开放对政策评估的干扰，我们删除了2006年外资银行在中国设立了分支机构的样本。

（2）上市公司的数据，来源于国泰安（CSMAR）数据库。此处对上市公司数据进行了如下筛选：①剔除所有者权益小于0或成立时间不合理的企业，确保数据的可靠性，排除统计误差的干扰；②删除财务数据缺失严重的样本，保持数据的可比性和完整性；③为了保证样本的代表性，剔除了金融业、批发零售业等其他偏服务型的行业，只保留工业制造业部门的样本。

（3）城市层面的数据，来源于《中国城市统计年鉴》，我们从中获取了研究所需要的关于社会经济发展的各项指标，并根据城市代码及年份将三个数据库进行匹配。

三、变量选取

（1）生产率（tfp）的测算。参考鲁晓东和连玉君（2012）关于TFP的计算方法，本章主要采用固定效应法（FE法）和OP法计算上市公司的生产率（均已取对数）。FE法适用于面板数据，测算过程简易并且在计算过程中引入了企业和年份虚拟变量，获得对生产函数的一致无偏估计。而使用OP法则能有效解决样本的同时性偏差和选择性偏差问题，在OP法计算过程中，需要有企业出口、企业所有制类型及企业是否退出市场的代理变量，其中上市公司的出口数据我们通过与中国海关数据库匹配获得；企业所有制类型则根据实际控制人的性质判定得到；企业是否退出市场则参考王桂军和卢潇潇（2019）的方法，当公司简称和企业经营的行业范围同时发生变化时认定企业退出市场。

（2）控制变量的选取。以往的研究表明，企业的盈利能力、发展能力、股权结构，以及地区经济发展水平和规模等因素都会影响企业的全要素生产率，所以本章参照潘越等（2019）的研究，选取如下控制变量：①企业年龄（age），用当年年份与企业成立年份之差加1后的自然对数衡量；②企业规模（size），用企业总资产的自然对数衡量；③资产收益率（roa），为净利润与资产总额之比，衡量企业的盈利能力；④托宾q值（tobinQ），计算公式为tobinQ=市值/（总资产-无形资产净额-商誉净额），衡量企业成长能力；⑤第一大股东持股比例（top1），衡量股权集中度；⑥企业所有权性质（soe），国有企业取值为1，其他为0；⑦经济发展水平（gdp），用取自然对数的地区生产总值衡量；⑧地区税赋压力（tax），用企业所得税占地方财政一般预算收入的比重来衡量；⑨城市规模（pop），用取自然对数的城市年末总人口数衡量。表6-2报告了各变量指标的描述性统计。

表6-2 各变量描述性统计

变量名	均值	中位数	标准差	最小值	最大值
D	0.3290	0	0.4700	0	1
tfp_op	11.5700	11.5200	0.8110	2.6770	15.8400
tfp_fe	10.8800	10.8300	0.7930	2.0890	15.8200
age	2.6660	2.7080	0.3730	1.0990	3.9120
size	21.6200	21.4800	1.1760	16.1600	26.9600
roa	0.0004	0.0004	0.0029	-0.0474	0.2210
tobinQ	2.6720	1.8380	3.6180	0.0654	68.2400
top1	0.3530	0.3380	0.1470	0.0339	0.8910
soe	0.4080	0	0.4910	0	1
gdp	17.4100	17.4700	1.1070	13.6400	19.3400
tax	0.1160	0.1080	0.0521	0.0147	0.2710
pop	6.2890	6.3720	0.6770	2.9240	8.1240

第六节　外资银行进入影响企业生产率的实证分析

一、总体样本实证结果与分析

表6-3给出了外资银行进入影响企业生产率的基准回归结果。第（1）—（2）列为未加入控制变量时的回归结果，D的系数均在5%水平下显著为正；第（3）—（4）列为加入控制变量后的估计结果，D的系数分别为0.0567和0.0590，并均在1%水平下显著为正。这一结果表明，无论是用FE法还是OP法估计全要素生产率，外资银行的进入的确能够促进当地企业全要素生产率的提升，提升幅度约为6%。

控制变量的回归结果基本符合已有研究的结论。企业年龄（age）对全要素生产率的影响显著为负，意味着企业存续年限的增加并不一定能转化成优势。根据企业生命周期理论，企业在发展初期会投入大量资金用于研发及市场开拓，企业的全要素生产率增长较快，而当企业步入成熟期后，继续研发及扩张的积极性就会下降。企业规模（size）越大，说明实力越强，可用于研发投入的资本及人才储备等资源相比规模较小的企业也就越多，对提高企业全要素生产率的作用也就越显著。资产收益率（roa）越高，则证明企业资产利用效率越高，相应的利润也越大，说明企业在节约成本和提升生产效率等方面具有优势，其对全要素生产率具有正向作用。tobinQ是衡量企业成长性的重要指标，其值越大，代表企业的运营状况越好、发展潜力越大，投资者对上市公司信心越足，企业的融资也就更容易，相应的投资支出也会愈发增多，对企业全要素生产率增长具有促进作用。第一大股东持股比率（top1）对全要素生产率的影响显著为正，因为当股权较为集中时，企业可以实施垂直一体化经营策略，更利于企业做出有利于公司长期发展的决策，如增加研发投入、开拓海外市场等。企业性质的代理变量（soe）的系数为负，表明相对于非国有企业来说，国有企业的效率更低。

表6-3 外资银行进入影响企业生产率的基准回归结果

变量	（1） *tfp_fe*	（2） *tfp_op*	（3） *tfp_fe*	（4） *tfp_op*
D	0.0494** （0.0236）	0.0522** （0.0243）	0.0567*** （0.0217）	0.0590*** （0.0223）
age			−0.4495*** （0.0614）	−0.4114*** （0.0609）
size			0.3234*** （0.0210）	0.3537*** （0.0210）
roa			21.3519*** （8.0936）	19.8212** （8.2107）
tobinQ			0.0178*** （0.0058）	0.0164*** （0.0059）
top1			0.2155** （0.1060）	0.2335** （0.1028）
soe			−0.1681** （0.0795）	−0.1623** （0.0785）
gdp			0.1025* （0.0614）	0.1005 （0.0618）
tax			−0.1527 （0.3010）	−0.1470 （0.2980）
pop			−0.0720 （0.0861）	−0.0637 （0.0850）
constant	10.8625*** （0.0086）	11.5522*** （0.0088）	3.6894*** （1.1706）	3.6010*** （1.1855）
企业固定效应	是	是	是	是
城市固定效应	是	是	是	是
年份固定效应	是	是	是	是
观测值	10769	10769	10769	10769
R^2	0.7951	0.8054	0.8209	0.8327

注：括号内为在城市—年份层面的聚类标准误，***、**、* 分别表示在1%、5%、10%的水平下显著；如无特别说明，本章下表同。

第六章 外资银行进入与生产率进步

双重差分估计方法有效的基本前提是必须满足平行趋势假设，即处理组（有外资银行设立分支机构的城市）如果未受到政策干预，其结果的变化趋势与控制组（无外资银行设立分支机构的城市）应该是平行的。与之对应的另一个问题是外资银行进入对全要素生产率的影响具有多长的持续期。为此，此处参考 Carmignani et al.（2003）的思路，将计量模型设定如下：

$$tfp_{ict} = \beta_1 + \beta_2 D_{ct}^{-5} + \beta_3 D_{ct}^{-4} + \cdots + \beta_{12} D_{ct}^{+5} + \gamma X + \eta_i + \nu_c + \mu_t + \varepsilon_{ict} \quad (6-2)$$

其中，$D_{ct}^{\pm s}$ 为外资银行进入前后的虚拟变量，如果城市处于外资银行进入前 s 年，则 D_{ct}^{-s} 取值为 1；若城市处于外资银行进入后 s 年，D_{ct}^{+s} 同样取值为 1，其他情况均取值为 0。图 6-3 给出了 D 的系数的变化趋势，其中，横轴是距离外资银行进入前后的年份，纵轴是 D 的系数估计值。从中可以看出，无论是以 FE 法还是 OP 法估计全要素生产率，在外资银行进入前 5 期，D 的系数都不显著，意味着外资银行进入前处理组和控制组的企业全要素生产率并没有显著差异，因此不能拒绝平行趋势假设成立的可能；在外资银行进入当年企业全要素生产率就有显著提升，在进入 2 年后政策效果开始下降并在进入第 4 年开始不显著，说明外资银行进入对企业全要素生产率的促进作用不存在时滞并且至少能够持续 3 年。

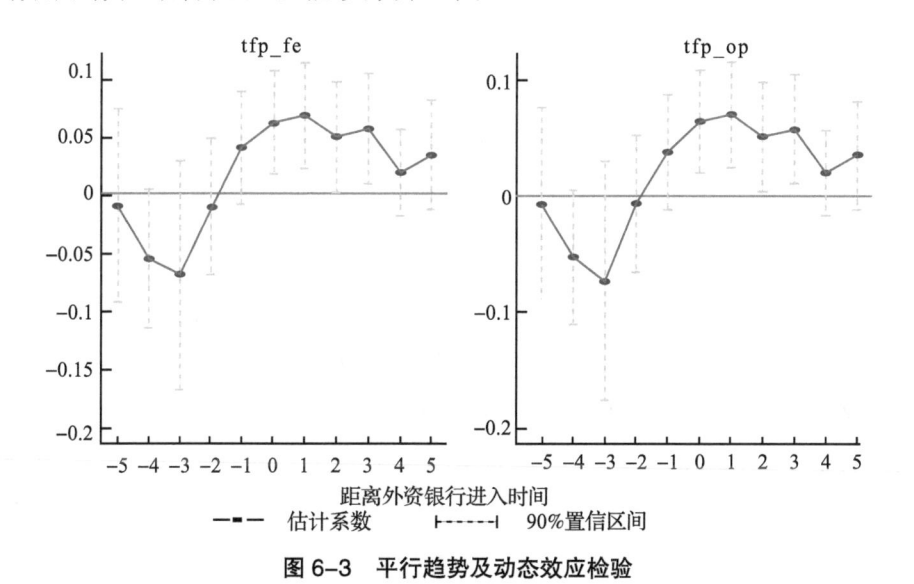

图 6-3 平行趋势及动态效应检验

二、稳健性检验结果与分析

（一）基于倾向性得分匹配法的双重差分（PSM-DID）

外资银行在中国的空间布局与区域经济发展水平密不可分（Xu，2011）。换言之，外资银行进入可能存在自选择性，对于这一问题此处采用PSM-DID方法进行稳健性检验。已有研究表明，贸易规模、城市区位、地区经济发展水平、金融业发展水平是影响外资银行进入的主要因素（王晞，2005；张红军和杨朝军，2007；Claessens and Van Horen，2012）。结合中国引进外资的特点及现实情况，并参考许和连和王海成（2018）及诸竹君等（2018）关于匹配变量的选择，此处选取的匹配变量如下：①贸易开放度（$Ltrade$），用地区贸易总额的自然对数衡量；②地区企业融资需求（$Lgyqynum$），用城市工业企业数量的自然对数衡量；③经济发展水平（$LGDP$），用地区生产总值的自然对数衡量；④金融发展水平（$Lfer$），用金融业从业人员占比衡量；⑤城市的政治和经济区位优势（$coastal$），用沿海城市虚拟变量衡量。参考许和连和王海成（2018）的做法，以上各个变量除区位优势虚拟变量外，其他皆取滞后一期的值，匹配方法为核密度匹配法。

采用PSM方法之前必须进行平衡性检验，以保证匹配质量，减少选择性偏差带来的模型偏误问题。借鉴王桂军和卢潇潇（2019）的检验方法，我们对选取匹配的协变量进行了平衡性检验，结果如图6-4所示。从中可以看出，未匹配时，用于匹配的协变量的标准化偏差都在20%以上，而匹配后用于匹配的协变量的标准化偏差都小于10%且贴近于0，表明所有的特征变量经过匹配后在处理组和控制组之间不存在系统性差异。

在PSM方法的基础上，本章进一步对匹配后的样本进行双重差分估计，结果如表6-4所示。从中可以看出，无论是用FE法还是OP法估计全要素生产率，D的系数都在1%的水平下显著为正，表明本章前文基准回归的结果是稳健的。

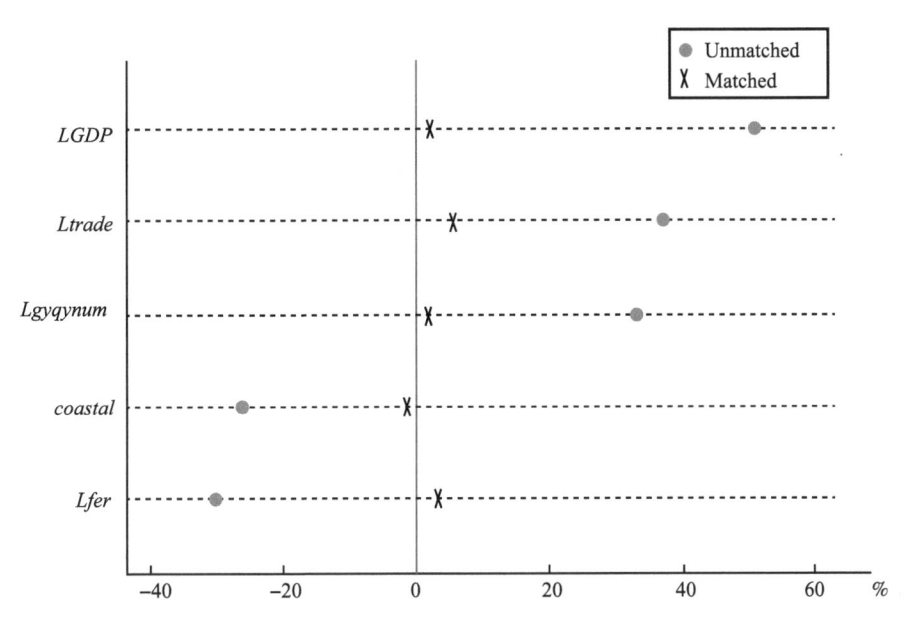

图 6-4　匹配前后协变量标准化偏差

表 6-4　PSM-DID 稳健性检验

变量	（1） tfp_fe	（2） tfp_op
D	0.0586***	0.0609***
	（0.0216）	（0.0222）
age	−0.4539***	−0.4159***
	（0.0616）	（0.0610）
size	0.3262***	0.3565***
	（0.0211）	（0.0212）
roa	21.2979***	19.7677**
	（8.0692）	（8.1870）
tobinQ	0.0180***	0.0165***
	（0.0058）	（0.0059）
top1	0.2290**	0.2468**
	（0.1068）	（0.1037）

续表

变量	(1) *tfp_fe*	(2) *tfp_op*
soe	−0.1788** (0.0797)	−0.1728** (0.0787)
gdp	0.0928 (0.0616)	0.0907 (0.0620)
tax	−0.3864 (0.2964)	−0.3802 (0.2933)
pop	−0.0318 (0.0811)	−0.0235 (0.0799)
constant	3.5809*** (1.1614)	3.4951*** (1.1764)
企业固定效应	是	是
城市固定效应	是	是
年份固定效应	是	是
观测值	10724	10724
R^2	0.8215	0.8333

（二）Heckman 两步法分析

此处借鉴 Heckman（1979）提出的两阶段样本选择模型，首先依据地级市的特征变量构造外资银行进入选择方程，协变量的选择及变量的定义同 PSM 匹配变量一致，计算出样本选择方程的逆米尔斯比率；其次，将第一步中计算出来的逆米尔斯比率加入第二阶段的生产率决定方程中，这样就能较好地解决样本估计的自选择问题及遗漏变量问题。具体的估计模型设定如下：

$$\text{Probit}(D_{ct}=1) = \psi(\rho Z_{ct} + \mu_t + v_c + \varepsilon_{ct}) \tag{6-3}$$

$$tfp_{ict} = b_1 + b_2 D_{ct} + \gamma X + \eta_i + v_c + \mu_t + mills_{ct} + \varepsilon_{ict} \tag{6-4}$$

其中，式（6-3）为基于 Probit 模型的样本选择方程，Z_{ct} 为影响外资银行是否进入的地级市层面的协变量；式（6-4）中的 $mills_{ct}$ 表示逆米尔斯比率，由式（6-3）计算得到；其余变量同基准回归模型一致。表 6-5 汇报了 Heckman 两步法第二阶段式（6-4）的估计结果，可以看到 D 的系数仍至少在 5% 的水平下显著，且 mills 的系数也显著，说明模型较好地处理了样本选择问题，同时也证明基准回归具有较好的稳健性。

表 6-5　Heckman 两步法估计结果

变量	（1）tfp_fe	（2）tfp_op
D	0.0553**	0.0576***
	（0.0215）	（0.0221）
age	−0.4476***	−0.4095***
	（0.0614）	（0.0609）
size	0.3235***	0.3537***
	（0.0209）	（0.0210）
roa	21.3953***	19.8640**
	（8.1126）	（8.2295）
tobinQ	0.0178***	0.0164***
	（0.0058）	（0.0059）
top1	0.2210**	0.2390**
	（0.1060）	（0.1029）
soe	−0.1670**	−0.1613**
	（0.0796）	（0.0785）
gdp	0.0740	0.0723
	（0.0621）	（0.0624）
tax	−0.1091	−0.1039
	（0.2975）	（0.2944）
pop	−0.0782	−0.0698
	（0.0799）	（0.0789）

续表

变量	（1） *tfp_fe*	（2） *tfp_op*
mills	−0.0908*** （0.0336）	−0.0897*** （0.0332）
constant	4.3466*** （1.1753）	4.2502*** （1.1897）
企业固定效应	是	是
城市固定效应	是	是
年份固定效应	是	是
观测值	10769	10769
R^2	0.8210	0.8328

（三）安慰剂检验

为进一步确保双重差分估计结果的可靠性，此处参考 Liu and Mao（2019）随机构造处理组的思想进行安慰剂检验。由于外资银行进入各城市的时间不尽相同以及本章面板数据集的不平衡结构，样本期内真实受到冲击的企业数量会随年份的变化而变化。为了与这一事实保持一致，我们在每一年内随机抽取与真实处理组相同数量的企业作为虚假处理组，构造外资银行进入城市的虚假变量（D^{pseudo}），并重新估计表6-3第（3）—（4）列的基准回归结果。图6-5给出了对500次上述随机抽取过程的估计结果，其中横轴表示处理效应的估计值，纵轴为概率密度。从中可以看出，D^{pseudo} 的估计系数明显集中分布在0附近并且具有极小的标准偏差，同时，表6-3第（3）—（4）列中真实的外资银行进入变量（D）的系数（图6-5中垂直实线对应的横坐标）位于整个模拟估计结果范围之外，这些结果表明随机构建的外资银行进入变量未对企业全要素生产率产生显著影响，意味着外资银行进入对企业全要素生产率的提升作用并不是由未观察到的随机因素导致的。

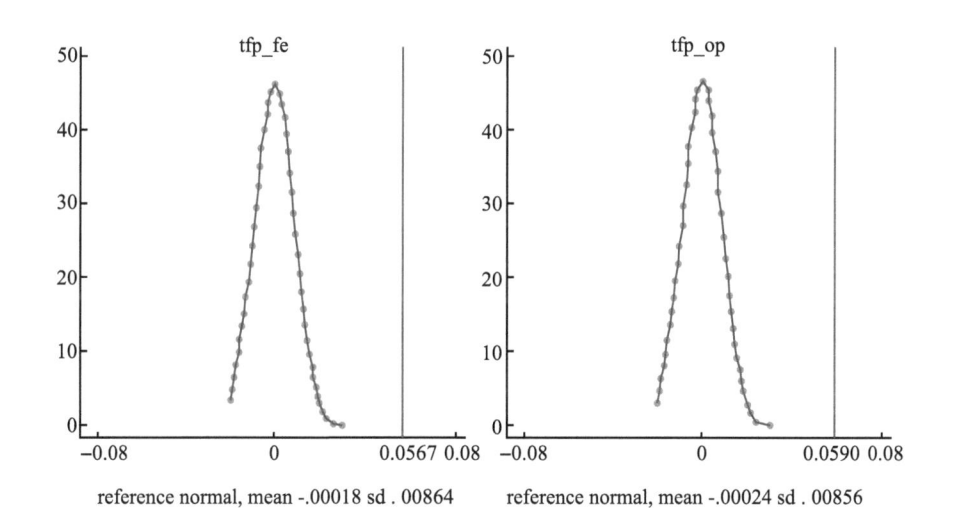

图 6-5　安慰剂检验结果

（四）改变全要素生产率的测量方法

全要素生产率的概念由 Solow（1956）提出，通常指企业对资源的使用效率，是对各个要素的综合开发利用效率，主要来源为技术进步、组织及管理创新等。全要素生产率的测度方法主要有两大类：一是参数方法，包括索洛残差法、生产函数法和随机前沿生产函数法等；二是非参数方法，包括指数法和数据包络分析等。国内学者也结合中国实际对全要素生产率进行了系统研究，其中代表性的研究有鲁晓东和连玉君（2012）、余淼杰等（2018）、胡亚茹和陈丹丹（2019）等，以上学者结合企业特征及其他方面的异质性对生产率测算、生产率分解等方面都进行了深入研究。经济学分析中常用的产出模型为 CD 生产函数，其基本构造如下：

$$Y_{it} = A_{it} K_{it}^{\alpha_k} L_{it}^{\alpha_L} M_{it}^{\alpha_M} \tag{6-5}$$

其中，Y_{it} 为企业总产值，$K_{it}^{\alpha_k}$ 为企业资本投入，$L_{it}^{\alpha_L}$ 为劳动力投入，$M_{it}^{\alpha_M}$ 为中间品投入。通过两边取自然对数，就可以估计出全要素生产率 A_{it} 的值：

$$\ln Y_{it} = \alpha_k \ln K_{it} + \alpha_L \ln L_{it} + \alpha_M \ln M_{it} + \underbrace{\ln A_{it}}_{\ln tfp} \tag{6-6}$$

式（6-6）即为 TFP 分析中最基本的 OLS 估计方法，但利用该式测算企业全要素生产率时，简单的线性估计将会产生同时性偏差和样本选择偏差。学者们在基本线性模型的基础上进一步拓展了 TFP 的估计方法，例如，当企业异质性特征是跨时期不变且样本是面板数据时，则可以使用个体固定效应（FE）估计方法测算企业的 TFP，获得较为可靠的一致无偏估计。此外，Olley and Pakes（1996）提出了一种基于一致半参数估计的方法，鲁晓东和连玉君（2012）在测度中国工业企业 TFP 时将其改进，加入状态变量、代理变量、自由变量和退出变量，使用半参数三步估计方法计算企业的 TFP，从多方面尽可能控制模型中误差项带来的偏误。相较于 OP 法，Levinsohn and Petrin（2003）的方法（以下简称 LP 法）可以更有效地解决样本缺失的问题，同时也使得代理变量的选取更加灵活多样，研究者可根据数据可得性和研究的内容进行有选择的计算。另外，Blundell and Bond（1998）发展了一种运用广义矩估计（GMM）来解决模型内生性问题的 TFP 估计方法，其核心思想是采用滞后一期的数据来充当工具变量。同时也有学者采用近似估计的方法来计算企业的全要素生产率，例如 Hall and Jones（1999）提出的测算公式为：$Atfp_{it} = \ln Q_{it}/L_{it} - \alpha \ln K_{it}/L_{it}$。其中，$Q$ 是产出增加值，可以使用营业收入来衡量；L 为劳动力投入；K 为资本投入，可以使用固定资产净额来代替；α 为资本贡献度，通常设定为 1/3。

为了验证结果的稳健性，本部分进一步改变 TFP 的测度方式，表 6-6 给出了分别用 LP 法、GMM 法及近似估计（Atfp）法重新测算全要素生产率后的估计结果。表中 D 的系数至少在 10% 水平下显著为正，再次证明外资银行进入确实有效促进了企业生产率的增长，改变生产率的度量方式并不影响基本结论的稳健性。

表 6-6　改变 tfp 测算方法的稳健性检验

变量	（1）LP 法	（2）GMM 法	（3）Atfp 法
D	0.0516** （0.0208）	0.0416* （0.0216）	0.0470** （0.0221）

续表

变量	（1）LP 法	（2）GMM 法	（3）Atfp 法
age	−0.4159***	−0.6740***	−0.5274***
	（0.0604）	（0.0660）	（0.0653）
size	0.4606***	0.1655***	0.2093***
	（0.0204）	（0.0210）	（0.0218）
roa	0.0216**	0.0112	0.0201***
	（0.0099）	（0.0095）	（0.0060）
lev	−0.0307***	−0.0554***	−0.0187**
	（0.0113）	（0.0129）	（0.0082）
tobinQ	0.0166***	0.0240***	0.0173***
	（0.0046）	（0.0049）	（0.0038）
top1	0.0022**	0.0014	0.0020*
	（0.0010）	（0.0012）	（0.0011）
soe	−0.1243	−0.1807**	−0.2097**
	（0.0821）	（0.0810）	（0.0841）
gdp	0.0623	0.1154*	0.1482**
	（0.0578）	（0.0651）	（0.0674）
tax	−0.0006	−0.0012	−0.0017
	（0.0031）	（0.0033）	（0.0032）
pop	0.0048	−0.1130	−0.1557*
	（0.0908）	（0.1000）	（0.0868）
constant	1.9513*	3.7454***	4.5856***
	（1.0689）	（1.1740）	（1.2449）
企业固定效应	是	是	是
城市固定效应	是	是	是
年份固定效应	是	是	是
观测值	10769	10769	10767
R^2	0.8696	0.7677	0.7800

三、影响机制检验结果与分析

前文的机制分析表明,缓解融资约束是外资银行进入提高企业全要素生产率的关键渠道。那么,这个渠道是否真实可靠呢?为此,本部分借鉴以往学者的做法,采用中介效应分析方法对这一机制进行检验。参照鞠晓生等(2013)的方法,通过构建企业层面 SA 指数来衡量融资约束: SA 指数 = $|-0.737Size+0.04Size^2-0.04Age|$; SA 指数绝对值越小,说明企业所面临的融资约束越小。根据中介效应分析方法的思想,我们首先用中介变量 SA 指数对 D 进行回归,再将企业全要素生产率对 D 和中介变量 SA 指数进行回归。借鉴 Baron and Kenny(1986)的方法,本部分构建以下中介效应回归模型:

$$tfp_{ict}=a_1+a_2D_{ct}+\gamma X+\eta_i+v_c+\mu_t+\varepsilon_{ict} \quad (6-7)$$

$$M_{it}=c_1+c_2D_{ct}+\gamma X+\eta_i+v_c+\mu_t+\varepsilon_{ict} \quad (6-8)$$

$$tfp_{ict}=d_1+d_2D_{ct}+\delta M_{it}+\gamma X+\eta_i+v_c+\mu_t+\varepsilon_{ict} \quad (6-9)$$

其中,M 为中介变量,其他变量的设定与基准回归模型式(6-1)一致。根据中介效应检验方法,式(6-7)检验关键解释变量 D 对被解释变量 tfp 的总效应,式(6-8)中的系数 c_2 为关键解释变量 D 对中介变量 M 的效应,式(6-9)中的系数 δ 为中介变量 M 对被解释变量 tfp 的效应,系数 d_2 为 D 对被解释变量 tfp 的直接效应。

由于中介效应第一步的结果就是表6-3第(3)—(4)列的基准回归结果,故此处不再赘述。表6-7报告了中介效应第二步和第三步的回归结果,其中第(1)列是中介效应第二步的结果,D 的系数在10%的水平下显著为负,表明外资银行进入确实缓解了企业的融资约束。表6-7第(2)—(3)列为中介效应第三步的结果,检验外资银行进入和融资约束对企业全要素生产率的影响,可以看出,SA 指数的估计系数在5%水平下显著为负,表明降低融资约束能够促进企业的全要素生产率提升,并且在加入 SA 指数后 D 的估计系数的显著性水平和数值大小相比表6-3第(3)—(4)列基准回归的结果均出现明显的下降,证明外资银行的进入的确通过缓解融资约束而提升了企业的全要素生产率。

表 6-7 外资银行进入对企业生产率的影响机制检验结果

变量	(1) SA	(2) tfp_fe	(3) tfp_op
D	−0.1031*	0.0518**	0.0540**
	(0.0589)	(0.0206)	(0.0211)
SA		−0.0475**	−0.0480**
		(0.0240)	(0.0243)
age	−0.5022**	−0.4734***	−0.4355***
	(0.2180)	(0.0665)	(0.0661)
size	17.7567***	1.1674***	1.2052***
	(0.1189)	(0.4351)	(0.4399)
roa	−24.6022	20.1825**	18.6413**
	(37.4897)	(9.2195)	(9.3801)
tobinQ	0.2310***	0.0288***	0.0274***
	(0.0393)	(0.0054)	(0.0054)
top1	0.2066	0.2253**	0.2434**
	(0.2588)	(0.1045)	(0.1014)
soe	0.3404	−0.1519*	−0.1460*
	(0.3364)	(0.0805)	(0.0793)
gdp	0.4499**	0.1239**	0.1221**
	(0.1790)	(0.0602)	(0.0606)
tax	−2.1134**	−0.2531	−0.2483
	(0.8564)	(0.2951)	(0.2916)
pop	0.0399	−0.0701	−0.0618
	(0.1980)	(0.0853)	(0.0840)
constant	−205.9920***	−6.1017	−6.2776
	(3.1176)	(4.9202)	(4.9753)
企业固定效应	是	是	是
城市固定效应	是	是	是

续表

变量	（1）	（2）	（3）
	SA	tfp_fe	tfp_op
年份固定效应	是	是	是
观测值	10769	10769	10769
R^2	0.9982	0.8238	0.8355

四、外资银行进入对企业生产率的异质性影响

（一）区域发展水平的差异

我国区域间经济发展水平及金融发展程度差异较大，区域间的差异对于外资银行进入的影响效应也会有所差别，本章根据企业所处的地理位置将其分为东部地区企业和非东部地区企业进行分组回归，其结果如表6-8所示。从中可以看出，东部地区外资银行进入的系数 D 在1%水平下显著为正，中西部地区 D 的系数则未通过10%水平的显著性检验，且东部地区的系数明显高于中西部地区，表明东部地区的外资银行进入对企业全要素生产率的促进效应大于中西部地区。

造成这一结果最主要的原因在于，东部地区相比中西部地区对于外资银行具有更大的吸引力，能够为当地企业提供更多更优质的金融支持。我国区域金融发展不平衡的一个典型特征是，东部地区金融发展水平优于中西部地区，东部地区具有较为完善的金融基础及配套设施，例如国内的金融中心大多分布在东部沿海地区，与国际金融市场接轨度较高，金融服务对象广泛。因此，外资银行进入会优先选择金融基础设施更为完善的东部地区以便获得更好的发展环境，外资银行的大量入驻也加快了银行业与保险、证券、金融租赁等其他金融行业在东部地区的融合发展，从而能够为企业提升全要素生产率提供更多更优质的金融服务。而中西部地区金融发展相对落后，外资银行的入驻对整个金融市场的影响有限，从而无法对地方企业生产效率产生显著影响。

表 6-8 区域发展水平异质性检验结果

变量	东部地区		中西部地区	
	（1）	（2）	（3）	（4）
	tfp_fe	*tfp_op*	*tfp_fe*	*tfp_op*
D	0.0727***	0.0761***	0.0270	0.0274
	（0.0279）	（0.0292）	（0.0376）	（0.0375）
age	−0.4281***	−0.3887***	−0.5824***	−0.5476***
	（0.0719）	（0.0713）	（0.1300）	（0.1284）
size	0.2940***	0.3220***	0.3579***	0.3915***
	（0.0266）	（0.0268）	（0.0322）	（0.0320）
roa	19.1064**	17.6101**	40.2442***	38.6562***
	（7.8971）	（8.0448）	（13.8386）	（13.6876）
tobinQ	0.0172*	0.0154*	0.0179***	0.0171***
	（0.0091）	（0.0093）	（0.0058）	（0.0058）
top1	0.1503	0.1773	0.3179**	0.3234**
	（0.1418）	（0.1370）	（0.1500）	（0.1469）
soe	−0.1648*	−0.1586*	−0.1833	−0.1768
	（0.0931）	（0.0899）	（0.1230）	（0.1226）
gdp	−0.0570	−0.0613	0.2749***	0.2719***
	（0.1029）	（0.1070）	（0.0944）	（0.0938）
tax	−0.9728**	−0.9839**	0.2143	0.2408
	（0.4047）	（0.4013）	（0.4661）	（0.4612）
pop	0.1917**	0.2016**	−0.3561***	−0.3436***
	（0.0819）	（0.0821）	（0.1059）	（0.1054）
constant	5.5853***	5.5703***	2.0888	1.9334
	（1.7965）	（1.8752）	（1.5715）	（1.5616）
企业固定效应	是	是	是	是
城市固定效应	是	是	是	是
年份固定效应	是	是	是	是
观测值	6960	6960	3803	3803
R^2	0.8156	0.8268	0.8251	0.8392

（二）企业所有制的差异

已有研究表明，企业所有权性质是影响企业信贷可得性的重要因素（Lin，2011）。本章根据实际控制人的性质，将企业划分为国有企业和非国有企业。表6-9给出了分组回归的结果，从中可以看出，无论是国有企业还是非国有企业，D的系数都至少在10%水平下显著为正，但非国有企业组的系数明显大于国有企业组，表明外资银行进入对非国有企业生产率提升的促进作用相对较强。

表6-9 企业所有制异质性检验结果

变量	国有企业 (1) tfp_fe	国有企业 (2) tfp_op	非国有企业 (3) tfp_fe	非国有企业 (4) tfp_op
D	0.0479* (0.0263)	0.0473* (0.0262)	0.0843** (0.0348)	0.0889** (0.0363)
age	−0.4430*** (0.1095)	−0.4095*** (0.1078)	−0.4575*** (0.0811)	−0.4228*** (0.0804)
size	0.2407*** (0.0242)	0.2721*** (0.0241)	0.3526*** (0.0266)	0.3795*** (0.0267)
roa	64.0188** (27.9062)	62.5204** (27.7702)	16.8637** (6.6602)	15.3135** (6.7904)
tobinQ	0.0177*** (0.0048)	0.0163*** (0.0048)	0.0162** (0.0073)	0.0147** (0.0074)
top1	0.1903 (0.1232)	0.2029* (0.1213)	0.1736 (0.1605)	0.1916 (0.1531)
gdp	0.2233*** (0.0719)	0.2256*** (0.0713)	0.0049 (0.1062)	0.0004 (0.1073)
tax	−0.1494 (0.3749)	−0.1207 (0.3695)	−0.4533 (0.4800)	−0.4655 (0.4764)
pop	−0.1101 (0.1000)	−0.1089 (0.0989)	−0.0039 (0.1263)	0.0072 (0.1243)

续表

变量	国有企业		非国有企业	
	（1）	（2）	（3）	（4）
	tfp_fe	*tfp_op*	*tfp_fe*	*tfp_op*
constant	3.6484***	3.5232***	4.3088**	4.3270**
	（1.3642）	（1.3521）	（1.8875）	（1.9273）
企业固定效应	是	是	是	是
城市固定效应	是	是	是	是
年份固定效应	是	是	是	是
观测值	4405	4405	6328	6328
R^2	0.8637	0.8736	0.8003	0.8109

对此可能的解释是：①相比国有企业，非国有企业具有更强的融资约束，外资银行进入对非国有企业融资约束的边际缓解作用更强。一般来说，国内银行偏好向国有企业提供更多的资金，而私营企业在信贷市场上容易受到歧视。同时，多数国有企业具有预算软约束的特征，使得国有企业的信贷可得性远高于非国有企业。因此当外资银行进入时，融资约束较小的国有企业受影响较小，而融资约束较大的非国有企业则能得到提升企业生产效率所需的更多的信贷支持。②相比国有企业，外资银行更偏好与非国有企业建立业务联系。外资银行进入能够促使信贷资金的分配更加市场化，相较于国有企业，非国有企业对于信贷融资的需求更大，因此外资银行为开辟和占领更多的国内市场，可能会加大与资金需求更高的非国有企业合作的力度。

从现实情况来看，国有企业因为由中央和地方政府出资，企业遇到资金流问题时，能够通过政府渠道获得本土银行及其他金融机构的优质贷款，从而保证企业持续运营，所以国有企业在经营过程中所面临的融资压力较小，外资银行进入对其影响较小。而非国有企业，在实际经营中很难获得更多的借贷资金，常常会因为融资约束而做出不利于企业长期生产率提升的决策，在外资银行进入后，其融资压力得到一定释放，因而非国有企业能够在短期内提高生产率。造成以上特征性事实的原因可能有：①非国有企业融资的渠道较窄，很难通过直接融资的手段获得大量的资金支持；②由于"银企"间委托—代理关系中的激励不相容问题普遍存在，使得金融机构都以利润最大化为目标，而轻视了为存在"融资难"问题的实体企业提供支持以及为实体经济服务的本职，导致非国有企业通过间接融资的手段获得外部资金的交易费用和代理费用攀升，进一步恶化了非国有企业的融资环境。

（三）企业规模的差异

实践中，企业规模也是银行选择服务对象的重要参考因素（Chong et al., 2013）。为此，此处借鉴沈国兵和袁征宇（2020）的做法，根据从业人员数量以及营业收入规模，将企业划分为大型企业和中小型企业。表6-10报告了对不同规模企业样本进行回归的结果，从中可以看出，大型企业组中 D 的系数在1%水平下显著为正，中小型企业组中 D 的系数则未通过10%水平的显著性检验，表明外资银行进入对大型企业全要素生产率的促进效应大于中小型企业。

表6-10 企业规模异质性检验结果

变量	大型企业		中小型企业	
	（1）	（2）	（3）	（4）
	tfp_fe	tfp_op	tfp_fe	tfp_op
D	0.0579***	0.0566***	0.0243	0.0447
	（0.0178）	（0.0175）	（0.0928）	（0.0997）
age	−0.1940***	−0.1660***	−0.8761***	−0.8201***
	（0.0568）	（0.0562）	（0.2098）	（0.2082）
size	0.2860***	0.3156***	0.4591***	0.4841***
	（0.0186）	（0.0187）	（0.0661）	（0.0662）
roa	59.9815***	59.3325***	18.9479**	17.4548**
	（14.7146）	（14.5201）	（8.3179）	（8.4094）

续表

变量	大型企业 (1) tfp_fe	大型企业 (2) tfp_op	中小型企业 (3) tfp_fe	中小型企业 (4) tfp_op
$tobinQ$	0.0233*** (0.0041)	0.0223*** (0.0041)	0.0139 (0.0088)	0.0126 (0.0090)
$top1$	0.0997 (0.0999)	0.1043 (0.0986)	0.4449 (0.3835)	0.5150 (0.3678)
soe	0.0366 (0.0690)	0.0396 (0.0689)	−0.3521** (0.1771)	−0.3314* (0.1738)
gdp	−0.0249 (0.0576)	−0.0203 (0.0574)	0.4570** (0.2225)	0.4208* (0.2297)
tax	−0.0778 (0.2739)	−0.0778 (0.2715)	−0.8002 (0.9476)	−0.7916 (0.9409)
pop	0.0825 (0.1068)	0.0912 (0.1054)	0.0495 (0.2486)	0.0322 (0.2438)
$constant$	4.9615*** (1.1028)	4.8092*** (1.0988)	−4.8950 (4.0292)	−4.1982 (4.2191)
企业固定效应	是	是	是	是
城市固定效应	是	是	是	是
年份固定效应	是	是	是	是
观测值	7688	7688	2856	2856
R^2	0.8851	0.8934	0.7714	0.7791

对此可能的解释是：中小型公司由于具有规模小且经营稳定性差等特质，比大公司更容易受到财务流动性的影响（Beck et al., 2008），外资银行基于效益最大化原则，会选择更为优质的大企业作为服务对象，从而忽视中小企业的借贷需求，即存在"撇脂效应"。已有研究也表明外资银行进入事

实上加剧了各个银行为大公司提供金融服务的竞争（Midrigan et al.，2014），大型企业的融资约束在外资银行进入后更容易得到缓解（Beck and Demirgüç-Kunt，2006；陈刚和翁卫国，2013；姚耀军等，2015）。而中小型企业往往面临着比较严峻的融资环境，在实际融资过程中常常得不到银行等金融机构的青睐，因此，中小企业的生存环境易受到大企业挤压，很难获得优质的金融资源进行发展，不利于长期的可持续增长。

造成金融机构难以改善中小企业融资约束的原因可从以下两个方面进行理解：①信息不对称。进入市场时间较短、规模有限的中小微企业，信息披露相较于早已存续多年的大企业会差很多，银行等金融机构很难充分了解其经营业绩和信用状况等相关信息，因此对于中小企业的贷款需求金融机构会慎之又慎，并且贷款数额也会受到限制，随之而来的是企业贷款成本的上升，中小微企业贷款难的问题也会愈发严重，形成恶性循环，造成企业生产经营效率得不到提升或是提升很慢。②金融活动的外部性问题。资本充足、实力雄厚的大型企业，信用状况评级较高，权衡贷款收益和风险后，规模较大的企业往往是银行等金融机构更倾向于服务的客户，即使大规模企业可能会产生资金使用效率低下及产能过剩等造成社会福利损失的后果，但其负外部性是不计入金融机构的损益当中的，同时中小企业因为融资约束而造成社会效益的减少也与金融机构的绩效考核无关，因此，外资银行向中小企业放贷的意愿不强。这种长期形成的"强者愈强，弱者愈弱"的局面，构成了中小企业全要素生产率提升困难的主要障碍。

五、进一步研究：全要素生产率的分解

生产率增长的内在动力是什么？这也是学术界普遍关注的问题。从以往的研究来看，很多学者将技术进步从劳动和资本中剥离出来，这也是对于全要素生产率测算和分解的主要思想。Hsieh and Klenow（2009）的研究首次将资源配置视为影响全要素生产率增长的重要因素，发现如果中国的资本和劳动力分配效率得到优化，则中国企业的全要素生产率收益可增加30%~50%。

当然，也有学者从其他多个方面对生产率增长的内在动力及外在因素进行了研究。本部分参照杨汝岱（2015）的做法，按照行业分类，对行业全要素生产率的增长情况从四个方面进行分解，分解方程设定如下：

$$\Delta \Phi = (\Phi_{S2} - \Phi_{S1}) + s_{E2}(\Phi_{E2} - \Phi_{S2}) + s_{X2}(\Phi_{S1} - \Phi_{X1}) \\ = \Delta \overline{\varphi}_s + \Delta \text{cov}_s + s_{E2}(\Phi_{E2} - \Phi_{S2}) + s_{X2}(\Phi_{S1} - \Phi_{X1})$$
（6-10）

式（6-10）中，$\Delta \overline{\varphi}_s$ 为企业内部效率的提升，Δcov_s 为企业间资源配置效率的改善，$s_{E2}(\Phi_{E2} - \Phi_{S2})$ 为新进入企业对在位企业的冲击及边际生产率贡献，$s_{X2}(\Phi_{s1} - \Phi_{X1})$ 为企业退出对行业生产率提升的影响。

表6-11报告了全要素生产率分解的结果。从总体来看，2006—2015年，中国行业层面的全要素生产率增长了2.0535。具体来看，由企业自身而引致的生产率增长的水平值为1.3350，贡献率达到了65.99%，这说明行业全要素生产率的增长主要来源于企业自身效率的提升或是技术的进步。因此，若要提升行业整体的生产效率，主要还是需要依靠企业研发创新能力的提升。这也说明，国家对创新发展的政策支持，以及企业内部增加研发投入和吸纳研发及科技型人才，是事关我国制造业部门整体全要素生产率提升的重要举措。而资源配置效率对于全要素生产率增长的贡献率为20.58%，水平值为0.4225，这也说明资源错配会制约企业的生产经营，从而影响社会整体全要素生产率的提升。因此，合理配置金融、资本等要素资源也是实现高质量发展的关键。新企业的进入对于全要素生产率增长的贡献率为3.99%，水平值为0.0819。新进入企业对增长率产生积极影响的机制可能是：①新进入企业能够产生溢出效应和示范效应，进而促进整个行业生产率的增长；②新企业进入加大了行业内的竞争水平，在位企业为了维持市场份额并保持竞争力，只能不断提升生产效率，从而使得行业整体生产率显著增加。退出企业对全要素生产率增长的贡献率为9.14%，水平值为0.1877，这说明当企业竞争力较小、生产率足够低而不足以在市场中存活时，选择退出不但对自身有利，同时也有助于行业整体生产率水平的提高。

表 6-11 TFP 增长率分解结果

项目	总增长	企业内	企业间	净进入	进入	退出
水平值	2.0535	1.3550	0.4225	0.2697	0.0819	0.1877
份额	100%	65.99%	20.58%	13.13%	3.99%	9.14%

数据来源：由作者测算得出。

根据以上结果我们认为，企业自身的技术进步非常重要，是一个行业甚至一个国家全要素生产率增长的主要源泉，但如果能优化企业间资源配置，同时清理耗费资源众多而又低效率的"僵尸企业"，对于提升全要素生产率同样具有不可替代的作用。金融资源是企业发展所必需的要素，因此如何优化配置，减少资源错配，降低企业融资成本，让市场真正发挥主导作用，是当前金融改革需要解决的重要问题。银行业的全面开放是这个过程中的突破性尝试，从其效果来看，银行业开放有利于缓解企业的融资约束，促进金融资源向更优质的企业转移分配，确实促进了全要素生产率的提升，这也为我国继续扩大金融开放，减少金融资源在产品、企业、行业、地区及国际间流动的障碍提供了有力证据。

第七节　主要结论与政策启示

近年来，国家不断推进金融开放进程为外资银行在华发展迎来了更多的机遇，外资银行的入驻是否能够助力中国经济实现高质量发展是学术界和政策制定者共同关注的重要问题。本章以外资银行在中国城市设立分支机构作为准自然实验，基于2006—2015年手工整理的各城市外资银行分支机构数据与沪深A股制造业上市公司的匹配数据，运用双重差分法实证分析了外资银行进入对企业全要素生产率的影响。研究发现：①外资银行的进入对企业全要素生产率的提升产生了显著的促进作用，外资银行进入使得企业全要素生产率提升约6%；这一结论在使用PSM-DID估计方法、改用Heckman两步法、进行安慰剂检验以及改变全要素生产率衡量方式后依然稳健。②影响机制检验表明，外资银行进入主要通过缓解融资约束促进企业生产效率的提升。③外资银行进入对企业全要素生产率的影响存在异质性，东部地区的外资银行进入对企业全要素生产率的促进效应大于中西部地区，外资银行进入对非国有企业和大型企业全要素生产率的促进效应相对更强。④全要素生产率的增长主要来源于企业自身的效率提升及技术进步，优化企业间资源配置效率、引入高效率企业、清理低效率企业，也是推动全要素生产率增长的有力举措。

根据研究结论，本章提出如下政策建议：

第一，在风险可控的前提下，应进一步扩大银行业开放力度。支持外资银行在境内设立分支机构以及参股境内银行业金融机构，并优化外资金融机构落户服务机制，完善相应的金融基础设施，构建国际化金融产业招商体系。当然，在引入外资金融机构的时候，不仅要注重"量"，更要注重"质"，吸引优质的外资金融机构进入，是提升金融业服务水平的内在要求，同时也是通过提升企业的全要素生产率推动我国经济高质量发展的重要举措。

第二，应该着力改善中西部地区的投融资环境，优化区域金融布局。为吸引更多的金融资本进入中西部地区，需要着重改善金融生态环境，并依托"一带一路""长江经济带"等重大战略平台，完善金融人才服务体系，提升金融国际化水平。鼓励信贷资金、外来投资向中西部地区流动，引导金融资源向中西部地区适当倾斜，同时要充分发挥金融中心的辐射作用，让更多的外资金融机构为中西部地区的企业服务，这既能推动中西部地区金融大环境的改善，同时也能为中西部地区吸引外商直接投资和促进区域经济良性循环发展创造良好的金融基础。

第三，缓解中小企业融资难问题仍需更多寄希望于国内金融改革。在推动外资金融机构入驻本土金融市场的同时，要积极引导外资金融机构细化客户群体，更要加快完善国内普惠金融服务保障体系和强化适应中小企业发展的差异化监管政策，进一步优化中小企业贷款利率的定价机制，为中小企业发展提供持续的金融动力。

第四，鼓励企业通过创新发展提高全要素生产率，加快要素市场化改革。打铁必须自身硬，企业的发展不仅需要国家政策的支持，还需要企业励精图治，改进与生产力发展不相匹配的环节和流程，努力提升企业的技术水平和管理效率，企业才能真正培育自己的核心竞争力，在竞争中获得比较优势。与此同时，也要着重改善资源配置环境，让优质资源能够真正投入优质的项目中，并建立相应的淘汰机制，及时清除以"僵尸企业"为代表的低效率企业，深化供给侧结构性改革，优化营商环境，构建高效率金融体系，为经济高质量发展提供动力。

第七章　数字普惠金融、企业规模与企业进口

第一节　引　　言

中国数字普惠金融在过去 20 多年里取得了巨大的发展。从电子支付到移动支付、金融科技创新以及数字货币和区块链技术的探索，中国数字普惠金融的发展持续推动着金融行业的转型和创新。当前，大力推进数字普惠金融发展已经成为我国积极融入数字经济新时代、实现数字经济高质量发展的重要组成部分。2021 年，中央网络安全和信息化委员会印发的《"十四五"国家信息化规划》明确提出了"数字普惠金融服务优先行动"，2022 年的中央全面深化改革委员会第二十四次会议也强调，要"有序推进数字普惠金融发展"。

金融服务实体经济是中国经济改革的长期方向，进口作为实体经济的重要一环，对中国经济的高质量发展发挥了重要作用。理论研究与实践经验表明，进口贸易不仅能够通过技术溢出和市场竞争扩大国内生产能力，还能通过倒逼制度改革提升国内流通效率，以及通过产品互补驱动国内消费升级，从而有效推动一国经济增长（吴唱唱和张辉，2023）。习近平主席在二十国集团领导人第十四次峰会上曾强调，中国将进一步通过主动扩大进口等一系列重大措施，努力实现高质量发展。《中华人民共和国国民经济和社会发展第十四个五年规划和 2035 年远景目标纲要》也明确指出，要扩大优质消费

品、先进技术、重要设备、能源资源等进口，促进进口来源多元化。在一系列"促进口"政策的影响下，中国已连续多年成为世界第二大进口国，进口增速位居国际前列。但近年来受新冠疫情、国际贸易摩擦、全球供应链中断风险等因素影响，国内企业尤其是中小企业的融资难题仍未解决，内需不足的问题日益凸显，中国进口贸易的持续增长仍面临诸多挑战。

这就引出了一些重要问题：数字普惠金融的发展能否成为促进企业扩大进口的关键动力？数字普惠金融对不同规模企业进口贸易的影响效应有何差异？一方面，从供给端来看，相较于大型企业，中小企业面临的融资难问题更加突出，数字普惠金融可以为中小企业提供更加便捷和灵活的融资渠道，帮助他们解决融资难题。另一方面，从需求端而言，相较于大型企业，中小企业对消费市场的占有度和敏感度高，对于市场的细微变化反应更为敏锐，能够更快地调整发展战略以适应消费市场的变化。总的来说，数字普惠金融对不同规模企业的进口行为可能具有不同的促进融资和刺激消费的作用。在这些背景之下，研究数字普惠金融对不同规模企业进口贸易的影响，对于拓宽企业融资渠道、改善贸易结构以及推动中国经济的可持续增长具有重要意义。

第二节 理论基础与影响机理

基于以上分析，本章试图考察数字普惠金融对不同规模企业的进口贸易的影响。与本章相关的第一类文献是关于数字普惠金融经济效应的研究。已有研究表明，数字金融的发展能够通过对金融市场的"增量补充"和"存量优化"两种效应，促进企业技术创新能力的提升，且这种创新驱动作用在金融发展禀赋较差的地区更明显，说明数字金融确实具有普惠的性质（唐松等，2020）。在出口方面，张铭心等（2022）发现数字普惠金融对高资金负担、弱政企关系以及西部地区的小微企业的出口促进作用更强，Wu（2022）认为数字普惠金融的发展通过缓解企业信贷约束拉动了区域乃至国家出口贸易规模的增长。此外，还有一些研究发现数字普惠金融的发展能够提高企业全要素生产率（陈中飞和江康奇，2021），减轻企业对银行信贷的依赖（李佳和段舒榕，2022），从而促进经济增长（Jiang et al.，2021）。然而，阅读所及，鲜有文献研究数字普惠金融对不同规模企业进口的影响效应及其作用机制。

与本章相关的另一类文献是关于企业进口影响因素的研究。现有研究对企业进口影响因素的分析主要集中在融资约束（Chor and Manova，2012；Fauceglia，2014；魏浩等，2019）、汇率波动（Wong et al.，2012；陈新禹，2019；邹宏元和崔冉，2020）和贸易政策等方面（Davaakhuu et al.，2018；毛其淋，2020）。与本章关系较为密切的文献是毛其淋和陈乐远（2021），该文发现地区金融发展可以通过缓解融资约束和促进生产规模扩张来促进企业进口。与其不同的是，本章的研究对象是数字普惠金融而非传统意义上加总的地区金融发展水平，同时我们更关心的是不同规模企业的进口行为受数字普惠金融影响程度的差异性。

根据微观经济学的经典理论，价格和数量是影响企业经营行为的两大基础性因素。从供给端而言，影响企业进口行为的价格因素通常包括生产成本和贸易成本，而这些成本的克服在很大程度上会受到企业面临的融资约束的制约（Chor and Manova，2011；Fauceglia，2014；魏浩等，2019）。从需求端而言，影响企业进口行为的数量因素则更多取决于消费者的消费需求。在全球科技变革加速演进的背景下，数字普惠金融能够触及传统金融机构物理网点所无法覆盖的领域和群体，有效提高金融资源对企业和居民的配置效率。研究表明，数字普惠金融可以有效缓解企业信贷约束并减轻其对银行信贷的大幅依赖（Wu，2022；李佳和段舒榕，2022），提升居民消费水平并促进消费升级（杨伟明等，2021），进而可能促进企业进口业务的扩张。结合相关研究，本部分梳理了数字普惠金融影响企业进口贸易的两条机制：①数字普惠金融的发展能够缓解企业的融资约束；②数字普惠金融的发展能够影响当地的消费水平。

一、融资约束渠道

长期以来，融资困难是企业发展面临的主要问题，资金约束自然是影响企业进口的关键因素。在我国金融供给侧结构性改革持续推进的背景下，数字普惠金融是金融服务实体经济的关键一环。一方面，数字普惠金融可以通过提高金融资源配置效率，从而缓解企业的融资约束（Xie and Liu，2022）。数字普惠金融的发展，能够利用多种渠道对企业内部及其产业链上的结构性或非结构性数据进行动态监测，多管齐下缓解信息不对称问题，进而提升资金供求双方的匹配效率，帮助亟须融资的企业以相对较低的成本获得更多金融资源。另一方面，数字普惠金融发展过程中广泛使用的大数据风控和人工智能等技术，能够有效降低融资过程中的信用风险，从而缓解企业的融资约束。贷款方在向企业提供外部融资时，将不可避免地面临逆向选择和道德风险问题（Smolarski and Kut，2011），因此贷款人在融资过程中需要进行充分的风险评估和管理，以便更准确地评估借款企业的信用风险和还款能力。数字普惠金融依托的技术手段可以通过分析企业的交易行为、资金状况等数据，更精确地判断企业的信用情况，从而降低交易风险。此外，数字普惠金融还可以通过区块链技术的去中心化特点，提高金融交易的透明度和可追溯性，有助于降低信息不对称性，降低融资风险。综上，数字普惠金融的发展能够有效缓解企业的融资约束。

毫无疑问，与大企业相比，中小企业面临的融资约束程度更高，获得融资对于中小企业的可持续发展以及盈利能力至关重要（Bakhtiari et al.，2020）。企业的进口行为需要大量的资金投入，自身现金流相对不足的中小企业可能更加依赖于外部资金的支持，但由于中小企业资产质量相对大型企业更低，中小企业从传统的金融机构中获得授信的可能性相对更小，这意味着中小企业相比大型企业对新兴的数字普惠金融具有更强的需求和依赖度。因此，如果发展数字普惠金融降低了融资成本，而使得小企业能够获得更多的外部资金用于承担进口成本，那么企业可能调整部分融资决策，提高生产能力和技术水平，从而扩大进口规模。

二、消费促进渠道

一方面，数字普惠金融可以通过应用人工智能、大数据、云计算等技术对消费者进行个性化的金融需求分析，提供符合消费者需求的金融产品，从而激发消费欲望。现阶段我国仍存在居民消费水平不高、消费结构不合理等现象，而数字普惠金融作为一种金融服务新业态，可以让更多居民享受到便捷、优质的金融产品和服务，提升居民消费水平和促进消费升级（杨伟明等，2021）。与传统普惠金融相比，数字普惠金融为家庭提供了更加丰富的金融产品和服务，通过精准化定位，制定适合家庭的财富管理方案，因此，数字普惠金融更能促进家庭总体财富规模的增长（周天芸和陈铭翔，2021），进而可能提升家庭消费水平。另一方面，数字普惠金融可以通过移动支付、电子钱包等工具提供便捷的支付方式，消费者可以随时随地进行支付。研究表明，移动支付与我国城镇与农村居民人均消费之间均存在长期稳定的均衡关系，对城镇与农村居民消费均具有显著的促进作用（李燕和张聪婧，2021）。除此之外，数字普惠金融还可以通过减少金融成本，提高金融服务效率，进一步降低消费者的金融服务费用，从而促进消费。

因此，数字普惠金融能够通过多元化的渠道促进消费者的消费行为，消费能力的提高可以促进消费需求的增长，对进口商品的需求也会因此增加，根据供求关系，企业通常会选择扩大进口商品的规模。那么数字普惠金融对于消费的促进效用突出体现在大型企业还是中小企业呢？我们认为，这取决于企业的市场敏感度。一方面，大型企业具有更强的资金实力，通常能够承担更高的进口成本和风险，因此其进口活动相对稳定；而中小企业由于风险承担能力较低，其采购行为受需求因素影响的程度会更大，这类企业对于市场和需求的变化更为敏感，即具有更高的市场敏感度。另一方面，大型进口企业从事的商品贸易通常集中为大宗商品和生活耐用品，这类商品的市场需求一般较为稳定，这也可能导致大型企业对于市场需求变化的敏感度相比中小企业会更低；而中小企业可能更加专注于某个特定的细分市场或产品领域，从而在该领域的进口活动中更具竞争优势，对特定市场的需求变化能够更快地做出反应。因此，由消费能力变化影响的市场需求变化对中小企业进口行为的影响可能会更明显。上述分析表明，数字普惠金融的发展能够通过促进居民消费水平的提升从而促进企业扩大进口规模，但由于中小企业具有更高的市场需求敏感度，数字普惠金融的进口促进效应在中小企业中可能更加明显。

综上所述，本章将数字普惠金融影响不同规模企业进口贸易的逻辑思路总结为：在生产端的融资方面，数字普惠金融能够降低融资成本，缓解企业的融资约束；在需求端的消费方面，数字普惠金融的发展能够提高居民消费水平；融资约束的缓解和消费水平的提升均能扩大企业的进口贸易规模。

第三节　计量模型、数据与变量选取

一、计量模型

为了检验数字普惠金融对不同规模企业进口行为的影响，本章建立如下基准模型：

$$\ln value_{ft}=\alpha_0+\alpha_1\ln DIF_{ct}+\gamma X+\lambda_f+\theta_t+\varepsilon_{cft} \quad (7-1)$$

$$\ln value_{ft}=\beta_0+\beta_1\ln DIF_{ct}+\beta_2\ln DIF_{ct}\times size_{ft}+\gamma X+\lambda_f+\theta_t+\varepsilon_{cft} \quad (7-2)$$

其中，c、f、t 分别表示城市、企业和年份，被解释变量 $value$ 表示企业进口总额，对其加 1 后取自然对数得到 $\ln value$。式（7-1）用于检验数字普惠金融对企业进口规模的影响，核心解释变量 DIF 表示地区数字普惠金融指数，对其取自然对数得到 $\ln DIF$。式（7-2）则在式（7-1）的基础上加入了数字普惠金融指数与企业规模的交互项（$\ln DIF\times size$），用于检验数字普惠金融对不同规模企业进口的影响。X 为控制变量集，λ_f 和 θ_t 分别表示企业固定效应和时间固定效应，ε_{cft} 为随机干扰项。

二、数据来源

本章使用的数据主要有四个来源：一是城市层面的数字普惠金融数据，来自由北京大学数字金融研究中心和蚂蚁集团研究院联合编制的北京大学数字普惠金融指数。二是中国工业企业数据库，本部分参考 Yu（2015）的做法对该数据库进行了系列处理。三是企业进口贸易数据，来自中国海关进出口数据库。四是城市层面的控制变量数据，来自中国城市统计年鉴。对于上述数据，我们首先根据企业所在的城市名称，将数字普惠金融指数和其他城市控制变量与相应年份的中国工业企业数据库进行匹配；其次，分别根据企业名称、邮政编码+电话号码后七位数字，将中国工业企业数据库与相应年份的中国海关进出口数据库进行匹配。由于北京大学数字普惠金融指数最早发布于 2011 年，中国工业企业数据库中目前质量较高的数据仅更新至 2014 年，因此本章的样本区间为 2011—2014 年。

三、变量选取

本章企业层面的控制变量包括：①企业规模（*size*），用员工数量的自然对数表示；②企业年龄（*age*），采用当前年份与企业成立年份之差加 1 后的自然对数表示；③所有制类型（*ownership*），借鉴 Hsieh and Song（2015）的做法，将全部企业分为国有企业（*soe*）、外资企业（*foreign*）和民营企业（*private*）；④劳动生产率（*productivity*），用企业工业总产值与企业从业人数的比值的自然对数表示。

城市层面的控制变量包括：①金融发展水平（*finance*），用年末金融机构各项贷款余额除以地区生产总值表示；②教育支出（*education*），用教育支出除以地区生产总值表示；③交通基础设施（*transport*），用城市货运总量的自然对数表示；④地方财政支出（*expend*），用地方财政一般预算内支出除以地区生产总值表示；⑤经济发展水平（*pgdp*），用人均 GDP 的自然对数表示。表 7-1 给出了主要变量的描述性统计结果。

表 7-1 变量描述性统计

变量名	观测值	均值	中位数	标准差	最小值	最大值
lnvalue	845879	1.7857	0	4.6247	0	23.8048
lnDIF	845879	4.7511	4.8226	0.3625	2.8344	5.2953
size	845879	5.5351	5.6095	0.9369	2.1972	12.3717
age	845879	2.2589	2.3026	0.6210	0	4.1897
soe	845879	0.0221	0	0.1471	0	1
foreign	845879	0.1842	0	0.3877	0	1
private	845879	0.7936	1	0.4047	0	1
productivity	845879	6.0622	5.9529	1.1695	0.0287	16.3986
finance	845879	1.0370	0.8744	0.5401	0.1322	7-4502
education	845879	0.0119	0.0103	0.0068	0.0006	0.0499
transrport	845879	9.7670	9.7568	0.7839	5.7746	13.2257
expend	845879	0.1398	0.1231	0.0561	0.0439	2.3488
pgdp	845879	1.9287	1.9028	0.5338	0.4982	3.8665

第四节 实证结果与分析

一、总体样本回归及分析

表 7-2 给出了基于全样本的回归结果。各列均控制了时间固定效应和企业固定效应，第（1）列估计了在未添加任何控制变量的情况下数字普惠金融对企业进口行为的影响，lnDIF 的影响系数在 1% 水平下显著为正。第（2）列是在其基础上加入了所有控制变量后的结果，第（3）列则进一步控制了数字普惠金融与企业规模的交互项（lnDIF×size），可以看出 lnDIF 的影响系数仍在 1% 水平下显著为正，而 lnDIF×size 的系数则在 1% 水平下显著为负。这一结果说明，数字普惠金融的发展显著促进了企业进口规模的扩张，并且这种促进作用对规模越小的企业越明显。

表 7-2　数字普惠金融、企业规模与企业进口的基准回归结果

变量	（1）	（2）	（3）
lnDIF	0.9947***	1.0971***	1.7958***
	（0.0435）	（0.0467）	（0.0598）
lnDIF × $size$			−0.1621***
			（0.0094）
$size$		0.1667***	0.8706***
		（0.0106）	（0.0422）
age		0.0590	−0.0089
		（0.0369）	（0.0368）
soe		−0.0978*	−0.1318**
		（0.0563）	（0.0564）
$foreign$		0.1581*	0.1547*
		（0.0926）	（0.0923）
$productivity$		0.1244***	0.1140***
		（0.0097）	（0.0097）
$finance$		0.0125	0.0137
		（0.0131）	（0.0131）
$education$		−2.6189	−1.9748
		（1.9140）	（1.9118）
$transport$		−0.1014***	−0.1037***
		（0.0137）	（0.0137）
$expend$		1.9572***	1.8211***
		（0.2212）	（0.2205）
$pgdp$		0.4430***	0.4613***
		（0.0233）	（0.0234）
$constant$	−2.9404***	−5.3838***	−8.1061***
	（0.2066）	（0.2957）	（0.3301）

续表

变量	（1）	（2）	（3）
企业固定效应	是	是	是
年份固定效应	是	是	是
观测值	845879	845879	845879
R^2	0.8690	0.8692	0.8693

注：括号内为在企业层面聚类的标准误，***、**、*分别表示在1%、5%、10%水平下显著；如无特别说明，本章下表同。

为了确保检验结果稳健可靠，本章节将从以下四个方面进行稳健性检验。

（1）替换数字金融衡量指标。数字普惠金融是一个多维度的概念，北京大学的数字普惠金融数据既提供了总体的数字普惠金融指数，也包含三个分类指标：数字金融覆盖广度、数字金融使用深度以及普惠金融数字化程度。其中，覆盖广度指标衡量了数字普惠金融的触达性及普及性，主要通过电子账户数等来体现；使用深度指标能够反映用户对数字普惠金融业务和产品的实际使用程度；数字化程度指标则反映的是数字普惠金融服务的便利化及实惠化水平，数字化程度越高，意味着金融服务的便捷性越高。本章基础回归采用的是总体的数字普惠金融指数，为了进一步检验结果的稳健性，此处通过改变数字普惠金融的衡量指标，分别采用数字金融覆盖广度（coverage）、数字金融使用深度（usage）以及普惠金融数字化程度（digitization）这三个二级指标，替换核心解释变量对式（7-1）和式（7-2）进行回归，结果如表7-3所示。从第（1）列、第（3）列和第（5）列可以看出，数字金融三个分指标的回归系数至少在5%水平下显著为正。从第（2）列、第（4）列和第（6）列可以看出，三个分指标与企业规模交互项的回归系数均在1%水平下显著为负。上述结果表明，数字金融的覆盖广度、使用深度或数字化程度的提高，都能显著促进企业（尤其是小规模企业）进口规模的扩张，这也意味着基准回归的结论并未随核心解释变量衡量指标的不同而发生改变。

表7-3 数字普惠金融、企业规模与企业进口的稳健性检验结果（Ⅰ）

变量	（1）	（2）	（3）	（4）	（5）	（6）
ln*coverage*	0.4991*** （0.0231）	1.0066*** （0.0390）				
ln*coverage* × *size*		−0.1201*** （0.0083）				
ln*usage*			0.2066*** （0.0326）	1.0192*** （0.0560）		
ln*usage* × *size*				−0.1526*** （0.0091）		
ln*digitization*					0.0367** （0.0149）	0.5635*** （0.0315）
ln*digitization* × *size*						−0.1024*** （0.0058）
size	0.1645*** （0.0106）	0.6848*** （0.0370）	0.1843*** （0.0106）	0.8545*** （0.0415）	0.1856*** （0.0106）	0.6042*** （0.0267）
age	0.0671* （0.0369）	0.0185 （0.0368）	0.1197*** （0.0369）	0.0636* （0.0369）	0.1200*** （0.0369）	0.0585 （0.0368）
soe	−0.1027* （0.0563）	−0.1303** （0.0564）	−0.1208** （0.0563）	−0.1467*** （0.0564）	−0.1274** （0.0564）	−0.1530*** （0.0563）
foreign	0.1600* （0.0926）	0.1600* （0.0924）	0.1706* （0.0927）	0.1643* （0.0925）	0.1728* （0.0927）	0.1657* （0.0924）
productivity	0.1251*** （0.0097）	0.1189*** （0.0097）	0.1331*** （0.0097）	0.1226*** （0.0097）	0.1340*** （0.0097）	0.1236*** （0.0097）
finance	0.0179 （0.0131）	0.0191 （0.0131）	0.0264** （0.0131）	0.0255* （0.0130）	0.0272** （0.0131）	0.0275** （0.0131）
education	−4.6037** （1.9164）	−3.8080** （1.9151）	−3.7287* （1.9156）	−2.8020 （1.9144）	−5.0030*** （1.9184）	−4.4750** （1.9160）
transport	−0.1159*** （0.0137）	−0.1137*** （0.0137）	−0.0936*** （0.0136）	−0.0992*** （0.0136）	−0.0881*** （0.0136）	−0.0876*** （0.0136）

续表

变量	(1)	(2)	(3)	(4)	(5)	(6)
expend	1.9618*** (0.2209)	1.8818*** (0.2204)	2.6973*** (0.2242)	2.5173*** (0.2231)	2.8984*** (0.2242)	2.8176*** (0.2237)
pgdp	0.4253*** (0.0232)	0.4399*** (0.0232)	0.3752*** (0.0226)	0.3982*** (0.0227)	0.3737*** (0.0226)	0.3867*** (0.0226)
constant	−2.3469*** (0.2216)	−4.3722*** (0.2539)	−1.4974*** (0.2539)	−4.8235*** (0.3164)	−0.7596*** (0.2166)	−2.6978*** (0.2424)
企业固定效应	是	是	是	是	是	是
年份固定效应	是	是	是	是	是	是
观测值	845879	845879	845879	845879	845879	845879
R^2	0.8692	0.8693	0.8691	0.8692	0.8691	0.8692

（2）改变企业规模的衡量方式。为了排除企业规模的不同度量方法对前文估计结果的潜在干扰，此处采用两种方式进行稳健性检验：一是用企业总资产的自然对数衡量企业规模，二是采用营业收入的自然对数衡量企业规模。表7-4第（1）和第（2）列给出了相应的回归结果，从中可以看出，数字普惠金融与企业规模交互项的影响系数均在1%水平下显著为负，再次说明前文的研究结论在主要解释变量的衡量方法上是稳健的。

表7-4 数字普惠金融、企业规模与企业进口的稳健性检验结果（Ⅱ）

变量	(1) ln*value*	(2) ln*value*	(3) ln*intensity*	(4) ln*intensity*	(5) *imp*	(6) *imp*	(7) ln*value*
ln*DIF*	3.4229*** (0.0936)	3.5617*** (0.1209)	0.2458*** (0.0081)	0.3246*** (0.0107)	0.0832*** (0.0038)	0.1322*** (0.0048)	0.4390 (0.3373)
ln*DIF*×*size*				−0.0183*** (0.0016)		−0.0114*** (0.0007)	−1.2010*** (0.0965)
ln*DIF*×*size1*	−0.2095*** (0.0074)						

续表

变量	(1) lnvalue	(2) lnvalue	(3) lnintensity	(4) lnintensity	(5) imp	(6) imp	(7) lnvalue
size1	1.0759*** (0.0345)						
lnDIF × size2		−0.1991*** (0.0091)					
size2		1.0783*** (0.0435)					
size			−0.0286*** (0.0025)	0.0507*** (0.0072)	0.0104*** (0.0009)	0.0597*** (0.0033)	5.4730*** (0.4281)
age	−0.0097 (0.0367)	0.0001 (0.0367)	0.0062 (0.0075)	−0.0015 (0.0075)	0.0056* (0.0029)	0.0009 (0.0029)	−0.1513*** (0.0421)
soe	−0.2413*** (0.0566)	−0.1612*** (0.0562)	−0.0197** (0.0087)	−0.0235*** (0.0087)	−0.0089** (0.0044)	−0.0113*** (0.0044)	−0.5151*** (0.0743)
foreign	0.1485 (0.0921)	0.1628* (0.0920)	−0.0118 (0.0167)	−0.0122 (0.0167)	0.0136* (0.0078)	0.0133* (0.0078)	0.1941** (0.0933)
productivity	0.0137*** (0.0045)	−0.0190*** (0.0047)	−0.0325*** (0.0024)	−0.0336*** (0.0024)	0.0069*** (0.0008)	0.0061*** (0.0008)	0.0944*** (0.0106)
finance	0.0058 (0.0131)	0.0128 (0.0131)	−0.0017 (0.0017)	−0.0015 (0.0017)	0.0013 (0.0010)	0.0013 (0.0010)	0.0946*** (0.0169)
education	−1.9690 (1.9076)	−2.3631 (1.9099)	−0.3651 (0.3317)	−0.2924 (0.3315)	−0.2099 (0.1553)	−0.1648 (0.1552)	−11.4863*** (2.2455)
transport	−0.0966*** (0.0137)	−0.0981*** (0.0137)	−0.0225*** (0.0024)	−0.0227*** (0.0024)	−0.0064*** (0.0011)	−0.0066*** (0.0011)	−0.0406** (0.0170)
expend	1.9234*** (0.2213)	1.9421*** (0.2218)	0.3067*** (0.0394)	0.2914*** (0.0393)	0.1393*** (0.0180)	0.1298*** (0.0180)	5.7779*** (0.5156)
pgdp	0.4867*** (0.0234)	0.4528*** (0.0234)	0.1038*** (0.0049)	0.1059*** (0.0049)	0.0310*** (0.0018)	0.0323*** (0.0018)	0.2356*** (0.0392)

续表

变量	（1） lnvalue	（2） lnvalue	（3） lnintensity	（4） lnintensity	（5） imp	（6） imp	（7） lnvalue
constant	−15.6831*** （0.4726）	−16.7527*** （0.5967）	−0.5686*** （0.0547）	−0.8755*** （0.0603）	−0.3878*** （0.0241）	−0.5784*** （0.0266）	— —
企业固定效应	是	是	是	是	是	是	是
年份固定效应	是	是	是	是	是	是	是
K-P rk LM 统计量							1997.8860***
K-P rk F 统计量							897.6250
观测值	845734	845772	845879	845879	845879	845879	830803
R^2	0.8695	0.8694	0.8925	0.8925	0.8305	0.8305	—

（3）改变被解释变量的衡量方式。同理，在被解释变量方面，为了排除企业进口行为的不同衡量方式对前文结论的潜在干扰，此处采用两种方式进行稳健性检验：一是用企业进口贸易总额占工业增加值的比重加1后的自然对数衡量企业进口强度（lnintensity），二是用企业是否进口的虚拟变量衡量企业的进口倾向（imp）。表7-4第（3）列和第（4）列给出了以企业进口强度为被解释变量的回归结果，lnDIF 的系数在1%水平下显著为正，lnDIF×size 的系数在1%水平下显著为负。表7-4第（5）列和第（6）列则给出了以企业进口倾向为被解释变量的回归结果，lnDIF 的系数仍在1%水平下显著为正，lnDIF×size 的系数在1%水平下显著为负。这些结果表明，无论是从进口规模、进口强度而言，还是从进口倾向的角度而言，数字普惠金融促进企业（尤其是小规模企业）进口扩张的结论未发生实质性改变，这也再次印证了前文结论的稳健性。

（4）考虑内生性问题。影响基准回归结果可靠性的一种担忧是：本地企业进口贸易的活跃程度可能会影响数字金融机构的业务需求，从而影响当地数字普惠金融发展程度，即前文可能存在由反向因果关系引致的内生性问题。为了缓解这一潜在的内生性问题，此处参照傅秋子和黄益平（2018）的方法，用各城市到杭州、上海和北京三地的平均距离与国际互联网用户数的自然对数的乘积作为数字普惠金融的工具变量，在此基础上进行两阶段最小二乘回归。这一工具变量的合理性主要体现在以下两个方面：①相关性方面，杭州、上海、北京是国内数字普惠金融起源较早、发展程度较高的地区，与这些地区距离越近的地区，其数字普惠金融的发展水平可能越高。②外生性方面，企业所在地区到杭州、上海、北京的地理距离是天然形成的，不太可能受到企业进口贸易的影响。但地理距离不随时间变化，不适合直接作为随时间变化的变量的工具变量，所以选择互联网用户数的自然对数与之相乘的交互项作为工具变量。表7-4第（7）列汇报了采用工具变量进行两阶段最小二乘回归的结果。从中可以看出，$\ln DIF \times size$ 的影响系数仍在1%水平下显著为负，说明考虑内生性问题后，本章节的结论仍然成立。当然，为了保证该工具变量的有效性，此处进一步采用了Kleibergen-Paap rk LM（简称K-P rk LM）统计量和Kleibergen-Paap rk Wald F（简称K-P rk F）统计量分别进行不可识别检验和弱工具变量检验，这些结果均表明工具变量是有效的。

二、影响机制检验结果及分析

前文理论分析指出，缓解融资约束和增加消费是数字普惠金融影响企业进口行为的两条作用机制。对于第一条机制，数字普惠金融的发展有助于降低融资门槛，提供多样化的融资产品和服务，加快融资速度，降低融资成本；这些积极影响使得更多的中小企业能够充分利用数字普惠金融带来的机会，获得所需的融资支持，促进企业的进口活动。对于第二条机制，数字普惠金融发展可以通过提供便捷的支付方式、提供定制化金融服务、提高金融服务效率等方式，对消费产生积极的影响，消费能力的提高可以促进消费需求的增长，为了满足市场消费需求的增长企业会因此扩大进口。接下来，本部分将对上述两条作用机制进行实证检验。

（一）融资约束渠道

本部分借鉴鞠晓生等（2013）的研究，采用 SA 指数来度量融资约束，SA 指数的绝对值越大，表示企业所面临的融资约束越严重。表 7-5 给出了融资约束渠道的检验结果，第（1）列估计了数字普惠金融对企业融资约束的影响，从中可以看出，lnDIF 的系数在 1% 水平下显著为负，说明数字普惠金融发展程度越高，SA 指数的绝对值越小，即融资约束越小，这说明数字普惠金融的发展的确显著缓解了企业的融资约束。第（2）列估计了融资约束对企业进口的影响，从中可以看出，SA 变量的系数在 1% 水平下显著为负，说明融资约束的缓解能够为企业提供更多的融资支持和便利，从而增强其进口能力。第（3）列则是在第（2）列的基础上加入融资约束与企业规模交互项后的回归结果，可以看出 $SA \times size$ 的系数在 1% 水平下显著为正，这说明由数字普惠金融发展而引发的融资约束缓解的确对小规模企业进口规模扩大的促进作用更强。总之，上述结果表明，数字普惠金融的发展的确通过缓解融资约束渠道促进了企业（尤其是小规模企业）进口贸易的扩张。

表 7-5 融资约束渠道检验结果

变量	（1） SA	（2） ln$value$	（3） ln$value$
lnDIF	−0.0768*** （0.0091）	1.0823*** （0.0467）	1.0783*** （0.0466）
SA		−0.1862*** （0.0089）	−0.3162*** （0.0195）
$SA \times size$			0.0251*** （0.0034）

续表

变量	(1) SA	(2) lnvalue	(3) lnvalue
size	−0.2466*** (0.0028)	0.1209*** (0.0110)	0.0620*** (0.0149)
age	−0.2520*** (0.0084)	0.0126 (0.0369)	−0.0092 (0.0372)
soe	−0.1073*** (0.0099)	−0.1182** (0.0563)	−0.1256** (0.0564)
foreign	−0.0101 (0.0114)	0.1562* (0.0925)	0.1546* (0.0925)
productivity	−0.2139*** (0.0027)	0.0846*** (0.0101)	0.0836*** (0.0101)
finance	−0.0111*** (0.0023)	0.0105 (0.0131)	0.0106 (0.0131)
education	0.3499 (0.2957)	−2.5519 (1.9124)	−2.3607 (1.9123)
transport	−0.0011 (0.0024)	−0.1016*** (0.0137)	−0.1006*** (0.0137)
expend	0.2663*** (0.0409)	2.0059*** (0.2214)	1.9793*** (0.2212)
pgdp	0.0564*** (0.0019)	0.4536*** (0.0234)	0.4584*** (0.0234)
constant	5.6714*** (0.0536)	−4.3272*** (0.2995)	−3.9532*** (0.3036)
企业固定效应	是	是	是
年份固定效应	是	是	是
观测值	845734	845734	845734
R^2	0.9644	0.8693	0.8693

(二)消费促进渠道

根据国家统计局的统计口径,我国地区的居民消费水平一般可以分为城镇居民消费支出和农村居民消费支出。为了更可靠地验证消费促进渠道,本部分采用三个指标来衡量地区的消费水平,分别是地区总体人均消费支出(csp)、地区的城镇居民人均消费支出(citycsp)、地区的农村居民人均消费支出(ruralcsp);在实证检验过程中,以上三个指标均取了自然对数。表 7-6 汇报了消费促进渠道的检验结果。从第(1)列、第(2)列和第(3)列可以看出,数字普惠金融发展对地区的总体消费支出和农村消费支出均有显著的促进作用,但对城市消费水平的提升作用未通过 10% 水平的显著性检验,表明数字普惠金融发展对消费的促进作用可能主要是通过提振农村消费而实现的。

表 7-6　消费促进渠道检验:数字普惠金融对居民消费的影响

变量	(1) ln*csp*	(2) ln*citycsp*	(3) ln*ruralcsp*
ln*DIF*	0.1436***	0.0351	0.1274***
	(0.0552)	(0.0287)	(0.0325)
finance	0.0208	−0.0085	0.0117
	(0.0174)	(0.0090)	(0.0106)
education	−1.4657	1.8541	−1.5661
	(1.9033)	(1.5800)	(1.7142)
transport	0.0075	−0.0155**	0.0158
	(0.0085)	(0.0077)	(0.0135)
expend	−0.0721	−0.4142**	−0.0315
	(0.1181)	(0.1824)	(0.1841)
pgdp	0.0561	0.0647**	0.0816**
	(0.0503)	(0.0327)	(0.0329)
constant	8.6193***	9.5535***	7.9128***
	(0.2857)	(0.1825)	(0.2139)

续表

变量	（1） ln*csp*	（2） ln*citycsp*	（3） ln*ruralcsp*
城市固定效应	是	是	是
年份固定效应	是	是	是
观测值	1123	962	941
R^2	0.9676	0.9503	0.9694

注：该表是在城市层面进行的回归，因此不再控制企业层面的控制变量和企业固定效应。

表7-7第（1）列、第（3）列和第（5）列的结果则表明，无论是提高地区总体消费水平、城镇居民消费水平还是农村居民消费水平，均能显著促进当地企业扩大进口。第（2）列、第（4）列和第（6）列则分别是进一步加入了地区总体人均消费支出与企业规模交互项、城镇居民人均消费支出与企业规模交互项、农村居民人均消费支出与企业规模交互项后的回归结果，从中可以看出，三个交互项的系数均在1%水平下显著为负，表明地区消费水平的提高的确对小规模企业进口规模的促进作用更强。综上，表7-6和表7-7的结果在一定程度上验证了数字普惠金融的发展的确通过提振消费渠道促进了企业（尤其是小规模企业）进口贸易的扩张。

表7-7 消费促进渠道检验：居民消费对企业进口的影响

变量	（1）	（2）	（3）	（4）	（5）	（6）
ln*DIF*	1.0803*** （0.0466）	0.8179*** （0.0495）	0.8900*** （0.0466）	0.6735*** （0.0490）	0.8004*** （0.0482）	0.6095*** （0.0513）
ln*csp*	0.1236*** （0.0184）	0.6103*** （0.0403）				
ln*csp*×*size*		−0.0832*** （0.0061）				
ln*citycsp*			0.3633*** （0.0711）	1.4763*** （0.1155）		
ln*citycsp*×*size*				−0.1991*** （0.0178）		

续表

变量	（1）	（2）	（3）	（4）	（5）	（6）
ln*ruralcsp*					0.3575***	1.0772***
					（0.0621）	（0.0907）
ln*ruralcsp*×*size*						−0.1344***
						（0.0135）
size	0.1675***	0.9836***	0.1548***	2.0859***	0.1444***	1.3328***
	（0.0106）	（0.0587）	（0.0106）	（0.1711）	（0.0106）	（0.1187）
age	0.0568	0.0239	−0.0125	−0.0437	0.0440	0.0093
	（0.0369）	（0.0369）	（0.0397）	（0.0396）	（0.0388）	（0.0388）
soe	−0.0978*	−0.1052*	−0.0489	−0.0574	−0.0408	−0.0496
	（0.0563）	（0.0563）	（0.0570）	（0.0570）	（0.0612）	（0.0612）
foreign	0.1595*	0.1609*	0.0908	0.0916	0.1393	0.1383
	（0.0926）	（0.0925）	（0.0946）	（0.0945）	（0.0981）	（0.0981）
productivity	0.1243***	0.1203***	0.1265***	0.1212***	0.1105***	0.1060***
	（0.0097）	（0.0097）	（0.0097）	（0.0097）	（0.0097）	（0.0097）
finance	0.0074	0.0072	0.0143	0.0159	−0.0091	−0.0065
	（0.0132）	（0.0132）	（0.0129）	（0.0129）	（0.0131）	（0.0130）
education	−2.3870	−1.7329	−6.0670***	−4.9369**	−0.9134	−0.2477
	（1.9131）	（1.9117）	（2.0130）	（2.0148）	（2.0606）	（2.0613）
transport	−0.1029***	−0.1083***	−0.1304***	−0.1352***	−0.1220***	−0.1279***
	（0.0137）	（0.0137）	（0.0165）	（0.0165）	（0.0171）	（0.0171）
expend	1.9910***	1.7906***	1.8124***	1.5987***	1.2294***	1.1625***
	（0.2212）	（0.2198）	（0.2123）	（0.2115）	（0.2052）	（0.2050）
pgdp	0.4441***	0.4824***	0.3443***	0.3774***	0.5196***	0.5466***
	（0.0233）	（0.0237）	（0.0236）	（0.0239）	（0.0296）	（0.0300）
constant	−6.5296***	−9.9575***	−7.1295***	−16.7977***	−6.7934***	−12.1376***
	（0.3493）	（0.4336）	（0.7620）	（1.1009）	（0.6076）	（0.7767）
企业固定效应	是	是	是	是	是	是
年份固定效应	是	是	是	是	是	是
观测值	845879	845879	739947	739947	734891	734891
R^2	0.8692	0.8693	0.8926	0.8927	0.8867	0.8867

三、异质性检验结果及分析

长期以来，中国不同所有制类型的企业在政策扶持、金融资源获取以及内部管理体制等方面存在较大差异（吴延兵，2012），不同于国有企业具有的预算软约束、政府补贴和优惠信贷等融资优势，非国有企业在正规信贷市场受到的贷款歧视使其面临更为严峻的融资难问题。此外，由于非国有企业通常具有较少的资金储备和融资渠道，当市场消费需求下降时，企业的现金流更易受到冲击，进而影响企业的生产和运营，因此相较于国有企业，非国有企业的发展可能更依赖于产品消费市场。基于此，笔者推测数字普惠金融对非国有企业进口贸易的促进作用可能更强。为了验证上述推断，本部分将样本分为国有企业（$soe=1$）和非国有企业（$soe=0$）两组，并分别对两组样本进行回归，结果如表7-8所示。从第（1）列和第（3）列的结果可以看出，$\ln DIF$的系数仅在非国有企业中显著为正；从第（2）列和第（4）列的结果可以看出，$\ln DIF \times size$的系数也仅在非国有企业中显著为负；这意味着相比国有企业，数字普惠金融对非国有企业进口贸易的促进作用更强，同时数字普惠金融对小规模企业进口的促进作用也在非国有企业群体中更明显。

表7-8 企业所有制异质性检验结果

变量	（1）国有企业	（2）国有企业	（3）非国有企业	（4）非国有企业
$\ln DIF$	0.2269 （0.1676）	0.5006* （0.2758）	1.1039*** （0.0484）	1.8279*** （0.0612）
$\ln DIF \times size$		−0.0465 （0.0364）		−0.1735*** （0.0099）
$size$	0.0421 （0.0587）	0.2355 （0.1635）	0.1706*** （0.0108）	0.9260*** （0.0444）
age	−0.0802 （0.1994）	−0.0919 （0.1991）	0.0845** （0.0385）	0.0161 （0.0384）

续表

变量	（1） 国有企业	（2） 国有企业	（3） 非国有企业	（4） 非国有企业
$productivity$	−0.0093 （0.0550）	−0.0142 （0.0551）	0.1278*** （0.0099）	0.1170*** （0.0099）
$finance$	−0.0213 （0.0419）	−0.0197 （0.0418）	0.0133 （0.0135）	0.0142 （0.0135）
$education$	5.2546 （6.2952）	5.2491 （6.2847）	−2.6906 （1.9778）	−1.9780 （1.9754）
$transport$	−0.0128 （0.0312）	−0.0152 （0.0313）	−0.1064*** （0.0142）	−0.1089*** （0.0142）
$expend$	1.1163 （0.7570）	1.1087 （0.7570）	1.9680*** （0.2300）	1.8047*** （0.2292）
$pgdp$	0.1682 （0.1774）	0.1707 （0.1777）	0.4429*** （0.0236）	0.4621*** （0.0236）
$constant$	−0.6932 （1.3061）	−1.7426 （1.5786）	−5.4158*** （0.3037）	−8.2374*** （0.3375）
企业固定效应	是	是	是	是
年份固定效应	是	是	是	是
观测值	18010	18010	826572	826572
R^2	0.8552	0.8553	0.8694	0.8695

由于发展政策、地理位置以及要素禀赋等方面的不同，中国各地区的经济发展表现出显著的地区差异。数字普惠金融对于不同地区企业进口行为的影响也将有所不同，具体表现为：我国的金融机构主要集中于东部地区，位于该地区的企业更易获取金融资源；且东部地区人民消费水平更高，对企业扩大进口的激励作用更强。据此我们推测，数字普惠金融发展通过缓解融资约束和扩大消费对东部地区企业进口的促进作用更大。为此，此处将样本企业划分为东部地区和中西部地区两个子样本，在此基础上进行分组回归。其

中东部地区包括北京、天津、河北、上海、江苏、浙江、福建、山东、广东、海南，其他省（自治区、直辖市）为中西部地区。表 7-9 汇报了区分企业所在地区后的回归结果，从第（1）列和第（3）列可以看出，东部地区样本中 lnDIF 的系数明显大于中西部地区；从第（2）列和第（4）列可以看出，东部地区样本中 lnDIF×size 系数的绝对值也明显大于中西部地区。这些结果意味着数字普惠金融发展的确对东部地区企业进口的促进作用更强，同时数字普惠金融对小规模企业进口的促进作用也在东部地区更为明显。

表 7-9 地区异质性检验结果

变量	（1）东部地区	（2）东部地区	（3）中西部地区	（4）中西部地区
lnDIF	1.2516***	2.5936***	0.2429***	0.6832***
	（0.1014）	（0.1231）	（0.0564）	（0.0727）
lnDIF×size		−0.2809***		−0.0999***
		（0.0160）		（0.0116）
size	0.2459***	1.5070***	0.0596***	0.4768***
	（0.0165）	（0.0737）	（0.0121）	（0.0504）
age	−0.0341	−0.1521***	0.0262	−0.0179
	（0.0577）	（0.0576）	（0.0422）	（0.0421）
soe	−0.1296	−0.1605	−0.0129	−0.0380
	（0.1196）	（0.1193）	（0.0531）	（0.0533）
foreign	0.1639	0.1546	0.1176	0.1161
	（0.1077）	（0.1073）	（0.1784）	（0.1779）
productivity	0.1831***	0.1660***	0.0316***	0.0255**
	（0.0150）	（0.0150）	（0.0110）	（0.0110）
finance	−0.4214***	−0.4336***	0.0173	0.0182
	（0.0910）	（0.0908）	（0.0127）	（0.0127）
education	−1.5813	−0.4080	11.6144***	12.0499***
	（2.8616）	（2.8579）	（2.4855）	（2.4842）

续表

变量	（1）东部地区	（2）东部地区	（3）中西部地区	（4）中西部地区
$transport$	-0.2860*** （0.0283）	-0.2846*** （0.0283）	-0.0118 （0.0127）	-0.0139 （0.0127）
$expend$	9.0579*** （0.8440）	8.5483*** （0.8433）	0.6694*** （0.1871）	0.6535*** （0.1870）
$pgdp$	0.4347*** （0.0276）	0.4610*** （0.0277）	0.1172** （0.0576）	0.1336** （0.0575）
$constant$	4.7205*** （0.5859）	10.2808*** （0.6552）	1.3786*** （0.3705）	3.0336*** （0.4089）
企业固定效应	是	是	是	是
年份固定效应	是	是	是	是
观测值	538550	538550	307327	307327
R^2	0.8689	0.8691	0.8431	0.8432

第五节 主要结论与政策启示

多年来，中国一直稳居世界第二大进口国的地位，进口成为拉动中国经济增长的重要动力。与此同时，数字经济正在成为改变世界经济格局、重塑全球经济结构的关键因素，中国数字普惠金融在数字化时代得到快速发展。尽管已有诸多研究考察了金融发展对企业贸易行为的影响，但鲜有文献研究数字普惠金融对不同规模企业进口行为的异质性影响。本章研究发现：数字普惠金融的发展显著促进了企业进口贸易规模的扩大，且对小规模企业的影响更为显著，这些影响主要是通过刺激消费和缓解融资约束两条渠道而产生的；同时，数字普惠金融对企业进口的影响在企业所有制和企业的地理区位两个方面也存在异质性的特征。

本章的政策启示主要包括以下三个方面：①要坚持以金融科技助力普

惠金融事业的发展。金融科技可以通过大数据、人工智能、区块链等数字技术手段，提高金融服务的效率和质量，可以实现更准确的风险评估和信用评估，加快贷款审批的速度，提高金融服务的响应速度和满意度，是推动普惠金融可持续发展的关键载体。②鉴于扩大消费尤其是农村消费是数字普惠金融促进企业进口的有效途径，未来可以开展系列农村消费促进行动，支持网络购物、移动支付等消费新业态、新模式向农村拓展，提升农村居民消费意愿。③鉴于数字普惠金融发展对中小企业进口的促进作用更强，笔者认为政府可以通过完善数字普惠金融平台，为中小企业提供更便捷的融资渠道、更低成本的融资服务和更准确的信用评估，缓解中小企业的融资难题，提高其生产能力和竞争力，促进进口需求的增长。

参考文献

［1］Abubakr S, Esposito F. Bank concentration and financial constraints on firm investment in UK［J］. Studies in Economics and Finance, 2012, 29（1）: 11-25.

［2］Agarwal S, Hauswald R. Distance and private information in lending［J］. The Review of Financial Studies, 2010, 23（7）: 2757-2788.

［3］Aggarwal R, Goodell J W. Markets and institutions in financial intermediation: National characteristics as determinants［J］. Journal of Banking & Finance, 2009, 33（10）: 1770-1780.

［4］Aghion P, Bond S, Klemm A, et al. Technology and financial structure: Are innovative firms different?［J］. Journal of the European Economic Association, 2004, 2（2-3）: 277-288.

［5］Alessandrini P, Fratianni M, Zazzaro A. The changing geography of banking and finance［M］. New York: Springer, 2009.

［6］Alessandrini P, Presbitero A F, Zazzaro A. Banks, distances and firms' financing constraints［J］. Review of Finance, 2009, 13（2）: 261-307.

［7］Alfaro L, Hammel E. Capital flows and capital goods［J］. Journal of International Economics, 2007, 72（1）: 128-150.

［8］Allen F, Qian J, Qian M. Law, finance, and economic growth in China［J］. Journal of Financial Economics, 2005, 77（1）: 57-116.

［9］Amiti M, Konings J. Trade liberalization, intermediate inputs, and productivity: Evidence from Indonesia［J］. American Economic Review, 2007, 97（5）: 1611-1638.

[10] Amore M D, Schneider C, Žaldokas A. Credit supply and corporate innovation [J]. Journal of Financial Economics, 2013, 109 (3): 835-855.

[11] Aristei D, Franco C. The role of credit constraints on firms' exporting and importing activities [J]. Industrial and Corporate Change, 2014, 23 (6): 1493-1522.

[12] Backman M, Wallin T. Access to banks and external capital acquisition: perceived innovation obstacles [J]. The Annals of Regional Science, 2018, 61 (1): 161-187.

[13] Bakhtiari S, Breunig R, Magnani L, et al. Financial constraints and small and medium enterprises: A review [J]. Economic Record, 2020, 96 (315): 506-523.

[14] Balasubramanyan L, Houston R. Borrower-lender distance and its impact on small business lenders during the financial crisis [J]. Banks & Bank Systems, 2010, 5 (3): 61-67.

[15] Baron R M, Kenny D A. The moderator - mediator variable distinction in social psychological research: Conceptual, strategic, and statistical considerations [J]. Journal of Personality and Social Psychology, 1986, 51 (6): 1173.

[16] Bas M, Berthou A. The decision to import capital goods in India: firms' financial factors matter [J]. The World Bank Economic Review, 2012, 26 (3): 486-513.

[17] Bas M. Does services liberalization affect manufacturing firms' export performance? Evidence from India [J]. Journal of Comparative Economics, 2014, 42 (3): 569-589.

[18] Bas M. Input-trade liberalization and firm export decisions: Evidence from Argentina [J]. Journal of Development Economics, 2012, 97 (2): 481-493.

[19] Beck T, Demirgüç-Kunt A, Maksimovic V. Financing patterns around the world: Are small firms different? [J]. Journal of Financial Economics, 2008, 89 (3): 467-487.

[20] Beck T, Demirgüç-Kunt A. Small and medium-size enterprises: Access to finance as a growth constraint [J]. Journal of Banking & Finance, 2006, 30 (11): 2931-2943.

[21] Becker B, Chen J, Greenberg D. Financial development, fixed costs, and international trade [J]. The Review of Corporate Finance Studies, 2013, 2(1): 1-28.

[22] Behr P, Entzian A, Güttler A. How do lending relationships affect access to credit and loan conditions in microlending? [J]. Journal of Banking & Finance, 2011, 35 (8): 2169-2178.

[23] Békés G, Harasztosi P. Machine imports, technology adoption, and local spillovers [J]. Review of World Economics, 2020, 156 (2): 343-375.

[24] Bellone F, Musso P, Nesta L, et al. Financial constraints and firm export behaviour [J]. World Economy, 2010, 33 (3): 347-373.

[25] Bellucci A, Borisov A, Giombini G, et al. Collateralization and distance [J]. Journal of Banking & Finance, 2019, 100: 205-217.

[26] Bellucci A, Borisov A, Zazzaro A. Do banks price discriminate spatially? Evidence from small business lending in local credit markets [J]. Journal of Banking & Finance, 2013, 37 (11): 4183-4197.

[27] Benfratello L, Schiantarelli F, Sembenelli A. Banks and innovation: Microeconometric evidence on Italian firms [J]. Journal of Financial Economics, 2008, 90 (2): 197-217.

[28] Benhabib J, Spiegel M M. The role of financial development in growth and investment [J]. Journal of Economic Growth, 2000, 5 (4): 341-360.

[29] Berger A N, Black L K. Bank size, lending technologies, and small business finance [J]. Journal of Banking & Finance, 2011, 35 (3): 724-735.

[30] Berger A N, Miller N H, Petersen M A, et al. Does function follow organizational form? Evidence from the lending practices of large and small banks [J]. Journal of Financial Economics, 2005, 76 (2): 237-269.

[31] Bertrand M, Duflo E, Mullainathan S. How much should we trust differences-in-differences estimates? [J]. The Quarterly Journal of Economics, 2004, 119 (1): 249-275.

[32] Bester H, Hellwig M. Moral hazard and equilibrium credit rationing: An overview of the issues [M]//Bamberg G, Spremann K. Agency Theory, Information, and Incentives. Bertlin: Springer, 1987.

[33] Bharath S T, Shumway T. Forecasting default with the Merton distance to default model [J]. The Review of Financial Studies, 2008, 21 (3): 1339-1369.

[34] Bick P, Crook M D, Lynch A A, et al. Does distance matter in mergers and acquisitions? [J]. Journal of Financial Research, 2017, 40 (1): 33-54.

[35] Bisztray M, Koren M, Szeidl A. Learning to import from your peers [J]. Journal of International Economics, 2018, 115: 242-258.

[36] Blundell R, Bond S. Initial conditions and moment restrictions in dynamic panel data models [J]. Journal of Econometrics, 1998, 87 (1): 115-143.

[37] Bolton, Von Thadden E L. Liquidity and control: A dynamic theory of corporate ownership structure [J]. Journal of Institutional and Theoretical Economics, 1998, 154 (1): 177-211.

[38] Brandt L, Morrow P M. Tariffs and the organization of trade in China [J]. Journal of International Economics, 2017, 104: 85-103.

[39] Brandt L, Van Biesebroeck J, Wang L, et al. WTO accession and performance of Chinese manufacturing firms [J]. American Economic Review, 2017, 107 (9): 2784-2820.

[40] Brandt L, Van Biesebroeck J, Zhang Y. Creative accounting or creative destruction? Firm-level productivity growth in Chinese manufacturing [J]. Journal of Development Economics, 2012, 97 (2): 339-351.

[41] Brealey R, Leland H E, Pyle D H. Informational asymmetries, financial structure, and financial intermediation [J]. Journal of Finance, 1977, 32(2): 371-387.

［42］Brevoort K P, Hannan T H. Commercial lending and distance: Evidence from Community Reinvestment Act data［J］. Journal of Money, Credit and Banking, 2006, 38（8）: 1991-2012.

［43］Broda C, Weinstein D E. Globalization and the gains from variety［J］. The Quarterly Journal of Economics, 2006, 121（2）: 541-585.

［44］Brown J R, Fazzari S M, Petersen B C. Financing innovation and growth: Cash flow, external equity, and the 1990s R&D boom［J］. The Journal of Finance, 2009, 64（1）: 151-185.

［45］Buch C M, Kesternich I, Lipponer A, et al. Exports versus FDI revisited: Does finance matter?［R］. SFB/TR 15 Discussion Paper, 2010.

［46］Carling K, Lundberg S. Asymmetric information and distance: An empirical assessment of geographical credit rationing［J］. Journal of Economics and Business, 2005, 57（1）: 39-59.

［47］Carmignani F, Muscatelli A, Tirelli P. Who's afraid of the big bad central bank? Union-Firm-Central bank interactions and inflation in a model where firms can fail［M］//Franzese R, Mooslechner P, Schürz M. Institutional Conflicts and Complementarities. Boston: Springer, 2003.

［48］Casolaro L, Mistrulli P E. Distance, lending technologies and interest rates［C］. 21st Australasian Finance and Banking Conference, 2008.

［49］Cerqueiro G, Degryse H, Ongena S. Rules versus discretion in loan rate setting［J］. Journal of Financial Intermediation, 2011, 20（4）: 503-529.

［50］Chakrabarti A, Mitchell W. The role of geographic distance in completing related acquisitions: Evidence from US. chemical manufacturers［J］. Strategic Management Journal, 2016, 37（4）: 673-694.

［51］Chaney T. Liquidity constrained exporters［J］. Journal of Economic Dynamics and Control, 2016, 72: 141-154.

［52］Chava S, Oettl A, Subramanian A, et al. Banking deregulation and innovation［J］. Journal of Financial Economics, 2013, 109（3）: 759-774.

[53] Chen Y. Heterogeneous firms in importing: Theory and evidence from China [J]. Frontiers of Economics in China, 2015, 10 (2): 301.

[54] Chen Z, Poncet S, Xiong R. Local financial development and constraints on domestic private-firm exports: Evidence from city commercial banks in China [J]. Journal of Comparative Economics, 2020, 48 (1): 56-75.

[55] Chong T T-L, Lu L, Ongena S. Does banking competition alleviate or worsen credit constraints faced by small-and medium-sized enterprises? Evidence from China [J]. Journal of Banking & Finance, 2013, 37 (9): 3412-3424.

[56] Chor D, Manova K, Yu Z. The global production line position of Chinese firms [C]. Industrial Upgrading and Urbanization Conference, 2014.

[57] Chor D, Manova K. Off the cliff and back? Credit conditions and international trade during the global financial crisis [J]. Journal of International Economics, 2012, 87 (1): 117-133.

[58] Claessens S, Van Horen N. Being a foreigner among domestic banks: Asset or liability? [J]. Journal of Banking & Finance, 2012, 36 (5): 1276-1290.

[59] Clarke G, Cull R, Peria M S M, et al. Foreign bank entry: Experience, implications for developing economies, and agenda for further research [J]. The World Bank Research Observer, 2003, 18 (1): 25-59.

[60] Cornaggia J, Mao Y, Tian X, et al. Does banking competition affect innovation? [J]. Journal of Financial Economics, 2015, 115 (1): 189-209.

[61] Coşar A K, Demir B. Domestic road infrastructure and international trade: Evidence from Turkey [J]. Journal of Development Economics, 2016, 118: 232-244.

[62] Crinò R, Ogliari L. Financial imperfections, product quality, and international trade [J]. Journal of International Economics, 2017, 104: 63-84.

[63] Cristea A D. Buyer-seller relationships in international trade: Evidence from US States' exports and business-class travel [J]. Journal of International Economics, 2011, 84 (2): 207-220.

[64] Crocco M, Santos F, Amaral P V. The spatial structure of financial development in Brazil [J]. Spatial Economic Analysis, 2010, 5 (2): 181–203.

[65] Dai M, Maitra M, Yu M. Unexceptional exporter performance in China? The role of processing trade [J]. Journal of Development Economics, 2016, 121: 177–189.

[66] Davaakhuu O, Sharma K, Bandara Y M W Y. Trade liberalization and import intensity in the Mongolian manufacturing [J]. Global Business Review, 2018, 19 (6): 1436–1448.

[67] Degryse H, Havrylchyk O, Jurzyk E M, et al. Foreign bank entry and credit allocation in emerging markets [R]. IMF Working Paper, 2009.

[68] Degryse H, Ongena S. Distance, lending relationships, and competition [J]. The Journal of Finance, 2005, 60 (1): 231–266.

[69] Detragiache E, Tressel T, Gupta P. Foreign banks in poor countries: Theory and evidence [J]. The Journal of Finance, 2008, 63 (5): 2123–2160.

[70] Deyoung R, Glennon D, Nigro P. Borrower–lender distance, credit scoring, and loan performance: Evidence from informational-opaque small business borrowers [J]. Journal of Financial Intermediation, 2008, 17 (1): 113–143.

[71] Donaldson D. Railroads of the Raj: Estimating the impact of transportation infrastructure [J]. American Economic Review, 2018, 108 (4–5): 899–934.

[72] Edwards L, Sanfilippo M, Sundaram A. Importing and firm export performance: New evidence from South Africa [J]. South African Journal of Economics, 2018, 86: 79–95.

[73] Fan H, Hu Y, Tang L. Labor costs and the adoption of robots in China [J]. Journal of Economic Behavior & Organization, 2021, 186: 608–631.

[74] Fan H, Lai E L C, Qi H S. Trade liberalization and firms' export performance in China: Theory and evidence [J]. Journal of Comparative Economics, 2019, 47 (3): 640–668.

[75] Fan H, Li Y A, Yeaple S R. Trade liberalization, quality, and export prices [J].

Review of Economics and Statistics, 2015, 97（5）: 1033-1051.

[76] Fan H, Liu Y, Qiu L D, et al. Export to elude [J]. Journal of International Economics, 2020, 127: 103366.

[77] Fauceglia D. Credit constraints and firm imports of capital goods: Evidence from middle-and low-income countries [J]. International Economics, 2014, 140: 1-18.

[78] Fauceglia D. Credit market institutions and firm imports of capital goods: Evidence from developing countries [J]. Journal of Comparative Economics, 2015, 43（4）: 902-918.

[79] Feng L, Li Z, Swenson D L. The connection between imported intermediate inputs and exports: Evidence from Chinese firms [J]. Journal of International Economics, 2016, 101: 86-101.

[80] Feng L, Li Z, Swenson D L. Trade policy uncertainty and exports: Evidence from China's WTO accession [J]. Journal of International Economics, 2017, 106: 20-36.

[81] Ferraris L, Minett R. Foreign lenders and the real sector [J]. Journal of Money, Credit and Banking, 2007, 39（4）: 945-964.

[82] Fontagné L, Orefice G, Piermartini R. Making small firms happy? The heterogeneous effect of trade facilitation measures [J]. Review of International Economics, 2020, 28（3）: 565-598.

[83] Fries S, Taci A. Cost efficiency of banks in transition: Evidence from 289 banks in 15 post-communist countries [J]. Journal of Banking & Finance, 2005, 29（1）: 55-81.

[84] Gan L, Hernandez M A, Ma S. The higher costs of doing business in China: Minimum wages and firms' export behavior [J]. Journal of International Economics, 2016, 100: 81-94.

[85] Guariglia A, Poncet S. Could financial distortions be no impediment to economic growth after all? Evidence from China [J]. Journal of Comparative Economics,

2008, 36 (4): 633-657.

[86] Hall B H, Lerner J. The financing of R&D and innovation [M] //Hall B H, Rosenberg N. Handbook of the Economics of Innovation. Amsterdam: North-Holland, 2010.

[87] Hall R E, Jones C I. Why do some countries produce so much more output per worker than others? [J]. The Quarterly Journal of Economics, 1999, 114 (1): 83-116.

[88] Han J H. Does lending by banks and non-banks differ? Evidence from small business financing [J]. Banks & Bank Systems, 2017, 12 (4): 98-104.

[89] Handley K. Exporting under trade policy uncertainty: Theory and evidence [J]. Journal of International Economics, 2014, 94 (1): 50-66.

[90] Hasan I, Ramirez G G, Zhang G. Lock-in effects in relationship lending: Evidence from DIP Loans [J]. Journal of Money, Credit and Banking, 2019, 51 (4): 1021-1043.

[91] Hasan I, Wachtel P, Zhou M. Institutional development, financial deepening and economic growth: Evidence from China [J]. Journal of Banking & Finance, 2009, 33 (1): 157-170.

[92] Hausmann R, Hwang J, Rodrik D. What you export matters [J]. Journal of Economic Growth, 2007, 12 (1): 1-25.

[93] Hauswald, Marquez R. Competition and strategic information acquisition in credit markets [J]. The Review of Financial Studies, 2006, 19 (3): 967-1000.

[94] He Z L, Tong T W, Zhang Y, et al. Construction of a database linking SIPO patents to firms in China's Annual Survey of Industrial Enterprises 1998-2009 [R]. Tilburg University Working Paper, 2016.

[95] Head K, Ries J. Heterogeneity and the FDI versus export decision of Japanese manufacturers [J]. Journal of the Japanese and International Economies, 2003, 17 (4): 448-467.

[96] Heckman J J. Sample selection bias as a specification error [J]. Econometrica,

1979, 47（1）: 153-161.

［97］Herpfer C, Mjs A, Schmidt C. The causal impact of distance on bank lending [C]. Asian Finance Association Conference, 2018.

［98］Hollander S, Verriest A. Bridging the gap: The design of bank loan contracts and distance [J]. Journal of Financial Economics, 2016, 119（2）: 399-419.

［99］Houston J F, James C M. Do relationships have limits? Banking relationships, financial constraints, and investment [J]. The Journal of Business, 2001, 74（3）: 347-374.

［100］Hsieh C T, Klenow P J. Misallocation and manufacturing TFP in China and India [J]. The Quarterly Journal of Economics, 2009, 124（4）: 1403-1448.

［101］Hsieh C T, Song Z M. Grasp the large, let go of the small: The transformation of the state sector in China [R]. National Bureau of Economic Research Working Paper, 2015.

［102］Hsu P, Tian X, Xu Y. Financial development and innovation: Cross-country evidence [J]. Journal of Financial Economics, 2014, 112（1）: 116-135.

［103］Imbruno M. Importing under trade policy uncertainty: Evidence from China [J]. Journal of Comparative Economics, 2019, 47（4）: 806-826.

［104］Ivashina V, Scharfstein D S, Stein J C. Dollar funding and the lending behavior of global banks [J]. The Quarterly Journal of Economics, 2015, 130（3）: 1241-1281.

［105］Jayaratne J, Wolken J. How important are small banks to small business lending?: New evidence from a survey of small firms [J]. Journal of Banking & Finance, 1999, 23（2-4）: 427-458.

［106］Jiang X, Wang X, Ren J, et al. The nexus between digital finance and economic development: Evidence from China [J]. Sustainability, 2021, 13（13）: 7289.

［107］Jiménez G, Salas V, Saurina J. Organizational distance and use of collateral for business loans [J]. Journal of Banking & Finance, 2009, 33 (2): 234–243.

[108] Kalnins A, Lafontaine F. Too far away? The effect of distance to headquarters on business establishment performance [J]. American Economic Journal: Microeconomics, 2013, 5 (3): 157–79.

[109] Kärnä A, Manduchi A, Stephan A. Distance still matters: Local bank closures and credit availability [J]. International Review of Finance, 2021, 21 (4): 1503–1510.

[110] Kasahara H, Lapham B. Productivity and the decision to import and export: Theory and evidence [J]. Journal of International Economics, 2013, 89 (2): 297–316.

[111] Kee H L, Tang H. Domestic value added in exports: Theory and firm evidence from China [J]. American Economic Review, 2016, 106 (6): 1402–1436.

[112] Khandelwal A K, Schott P K, Wei S J. Trade liberalization and embedded institutional reform: Evidence from Chinese exporters [J]. American Economic Review, 2013, 103 (6): 2169–2195.

[113] Kim H, Kim J. Geographic proximity between lender and borrower: How does it affect crowdfunding? [J]. Review of Accounting and Finance, 2017, 16 (4): 462–477.

[114] King R G, Levine R. Finance and growth: Schumpeter might be right [J]. The Quarterly Journal of Economics, 1993, 108 (3): 717–737.

[115] Kinoshita Y. R&D and technology spillovers through FDI: Innovation and absorptive capacity [R]. CEPR Discussion Paper, 2001.

[116] Knyazeva A, Knyazeva D. Does being your bank's neighbor matter? [J]. Journal of Banking & Finance, 2012, 36 (4): 1194–1209.

[117] Lai T, Qian Z, Wang L. WTO accession, foreign bank entry, and the productivity of Chinese manufacturing firms [J]. Journal of Comparative Economics, 2016, 44 (2): 326–342.

[118] Landon S, Smith C E. The exchange rate and machinery and equipment imports:

Identifying the impact of import source and export destination country currency valuation changes [J]. The North American Journal of Economics and Finance, 2007, 18 (1): 3-21.

[119] Leon F. Does bank competition alleviate credit constraints in developing countries [J]. Journal of Banking &Finance, 2015, 57 (61): 130-142.

[120] Leroy A. Banking competition, financial dependence and productivity growth in Europe [J]. International Economics, 2019, 159: 1-17.

[121] Levine R. Foreign banks, financial development, and economic [M]//Barfield C E. International Financial Markets: Harmonization versus Competition. Washington DC: AEI Press, 1996.

[122] Levinsohn J, Petrin A. Estimating production functions using inputs to control for unobservables [J]. The Review of Economic Studies, 2003, 70 (2): 317-341.

[123] Li H, Ma H, Xu Y. How do exchange rate movements affect Chinese exports? —A firm-level investigation [J]. Journal of International Economics, 2015, 97 (1): 148-161.

[124] Li Y, Miao Z. Effect of exchange rate volatility on imports: Evidences from Chinese firms [R]. MPRA Paper, 2019.

[125] Lin F. Trade openness and air pollution: City-level empirical evidence from China [J]. China Economic Review, 2017, 45: 78-88.

[126] Lin H. Foreign bank entry and firms' access to bank credit: Evidence from China [J]. Journal of Banking & Finance, 2011, 35 (4): 1000-1010.

[127] Liu Y, Mao J. How do tax incentives affect investment and productivity? Firm-level evidence from China [J]. American Economic Journal: Economic Policy, 2019, 11 (3): 261-91.

[128] Long C, Zhang X. Cluster-based industrialization in China: Financing and performance [J]. Journal of International Economics, 2011, 84 (1): 112-123.

[129] López R A, Nguyen H D. Real exchange rate volatility and imports of

intermediate inputs: A microeconometric analysis of manufacturing plants [J]. Review of International Economics, 2015, 23 (5): 972-995.

[130] Love I. Perí a M. How bank competition affects firms' access to finance [J]. The World Bank Economic Review, 2014, 29 (3): 413-448.

[131] Lu Y, Tao Z, Zhu L. Identifying FDI spillovers [J]. Journal of International Economics, 2017, 107: 75-90.

[132] Lu Y, Wang J, Zhu L. Place-based policies, creation, and agglomeration economies: Evidence from China's economic zone program [J]. American Economic Journal: Economic Policy, 2019, 11 (3): 325-60.

[133] Manova K, Wei S-J, Zhang Z. Firm exports and multinational activity under credit constraints [J]. Review of Economics and Statistics, 2015, 97 (3): 574-588.

[134] Manova K, Yu Z. How firms export: Processing vs. ordinary trade with financial frictions [J]. Journal of International Economics, 2016, 100: 120-137.

[135] Manova K. Credit constraints, heterogeneous firms, and international trade [J]. Review of Economic Studies, 2013, 80 (2): 711-744.

[136] Maskus K E, Neumann R, Seidel T. How national and international financial development affect industrial R&D [J]. European Economic Review, 2012, 56 (1): 72-83.

[137] Mayer T, Melitz M J, Ottaviano G I. Product mix and firm productivity responses to trade competition [J]. Review of Economics and Statistics, 2021, 103 (5): 874-891.

[138] McKinnon R. Money and capital in economic development [M]. Washington D C: Brookings Institution Press, 1973.

[139] Melitz M J. The impact of trade on intra-industry reallocations and aggregate industry productivity [J]. Econometrica, 2003, 71 (6): 1695-1725.

[140] Merton R C. On the pricing of corporate debt: The risk structure of interest rates [J]. The Journal of Finance, 1974, 29 (2): 449-470.

[141] Midrigan V, Xu D Y. Finance and misallocation: Evidence from plant-level data [J]. American Economic Review, 2014, 104 (2): 422-58.

[142] Milani C. Borrower-lender distance and loan default rates: Macro evidence from the Italian local markets [J]. Journal of Economics and Business, 2014, 71: 1-21.

[143] Minetti R, Zhu S C. Credit constraints and firm export: Microeconomic evidence from Italy [J]. Journal of International Economics, 2011, 83 (2): 109-125.

[144] Modigliani F, Miller M H. The cost of capital, corporation finance and the theory of investment [J]. American Economic Review, 1958, 48: 261-297.

[145] Mukherjee S, Chanda R. Financing constraints and exports: Evidence from manufacturing firms in India [J]. Empirical Economics, 2021, 61 (1): 309-337.

[146] Mulliqi A, Adnett N, Hisarciklilar M. Human capital and exports: A micro-level analysis of transition countries [J]. The Journal of International Trade & Economic Development, 2019, 28 (7): 775-800.

[147] Muûls M. Exporters, importers and credit constraints [J]. Journal of International Economics, 2015, 95 (2): 333-343.

[148] Myers S C, Majluf N S. Corporate financing and investment decisions when firms have information that investors do not have [J]. Journal of Financial Economics, 1984, 13 (2): 187-221.

[149] Nguyen H L Q. Are credit markets still local? Evidence from bank branch closings [J]. American Economic Journal: Applied Economics, 2019, 11 (1): 1-32.

[150] Nucci F, Pietrovito F, Pozzolo A F. Imports and credit rationing: A firm-level investigation [J]. The World Economy, 2021, 44 (11): 3141-3167.

[151] Olley G S, Pakes A. The dynamics of productivity in the telecommunications equipment industry [J]. Econometrica, 1996, 64 (6): 1263-1297.

[152] Onkelinx J, Manolova T S, Edelman L F. Human capital and SME internationalization: Empirical evidence from Belgium [J]. International Small Business Journal, 2016, 34 (6): 818-837.

[153] Ono A, Saito Y, Sakai K, et al. Does geographical proximity matter in small business lending? Evidence from the switching of main bank relationships [R]. Working Paper, 2015.

[154] Paravisini D, Rappoport V, Schnabl P, et al. Dissecting the effect of credit supply on trade: Evidence from matched credit-export data [J]. Review of Economic Studies, 2015, 82 (1): 333-359.

[155] Pateli E L. Local and sectoral import spillovers in Sweden [R]. Centre for Economic Performance Discussion Paper, 2016.

[156] Petersen M A, Rajan R G. Does distance still matter? The information revolution in small business lending [J]. The Journal of Finance, 2002, 57 (6): 2533-2570.

[157] Pollard J S. Small firm finance and economic geography [J]. Journal of Economic Geography, 2003, 3 (4): 429-452.

[158] Ponticelli J, Alencar L S. Court enforcement, bank loans, and firm investment: Evidence from a bankruptcy reform in Brazil [J]. The Quarterly Journal of Economics, 2016, 131 (3): 1365-1413.

[159] Presbitero A F, Rabellotti R. Geographical distance and moral hazard in microcredit: Evidence from Colombia [J]. Journal of International Development, 2014, 26 (1): 91-108.

[160] Qian X, Kong D, Du L. Proximity, information, and loan pricing in internal capital markets: Evidence from China [J]. China Economic Review, 2019, 54: 434-456.

[161] Ricci L A, Trionfetti F. Productivity, networks, and export performance: Evidence from a cross-country firm dataset [J]. Review of International Economics, 2012, 20 (3): 552-562.

[162] Ryan R M, O'Toole C M, McCann F. Does bank market power affect SME financing constraints? [J]. Journal of Banking & Finance, 2014, 49: 495-505.

[163] Sharpe S A. Asymmetric information, bank lending, and implicit contracts: A stylized model of customer relationships [J]. The Journal of Finance, 1990, 45 (4): 1069-1087.

[164] Shaw E. Financial Deepening in Economic Development [M]. New York: Oxford University Press, 1973.

[165] Sheng L, Yang D T. Expanding export variety: The role of institutional reforms in developing countries [J]. Journal of Development Economics, 2016, 118: 45-58.

[166] Smolarski J, Kut C. The impact of venture capital financing method on SME performance and internationalization [J]. International Entrepreneurship and Management Journal, 2011, 7: 39-55.

[167] Solow R M. A contribution to the theory of economic growth [J]. The Quarterly Journal of Economics, 1956, 70 (1): 65-94.

[168] Song Z, Storesletten K, Zilibotti F. Growing like China [J]. American Economic Review, 2011, 101 (1): 196-233.

[169] Stein J C. Information production and capital allocation: Decentralized versus hierarchical firms [J]. The Journal of Finance, 2002, 57 (5): 1891-1921.

[170] Stiglitz J E, Weiss A. Credit rationing in markets with imperfect information [J]. American Economic Review, 1981, 71 (3): 393-410.

[171] Stock J H, Yogo M. Testing for weak instruments in linear IV regression [R]. National Bureau of Economic Research Technical Working Paper, 2002.

[172] Sturm J E, Williams B. Foreign bank entry, deregulation and bank efficiency: Lessons from the Australian experience [J]. Journal of Banking & Finance, 2004, 28 (7): 1775-1799.

[173] Turner G. Financial geography and access as determinants of exports [J]. Cambridge Journal of Regions, Economy and Society, 2011, 4 (2): 269-286.

[174] Unite A A, Sullivan M J. The effect of foreign entry and ownership structure on the Philippine domestic banking market [J]. Journal of Banking & Finance, 2003, 27(12): 2323-2345.

[175] Wagner J. Credit constraints and margins of import: First evidence for German manufacturing enterprises [J]. Applied Economics, 2015, 47(5): 415-430.

[176] Wang Z, Wei S J, Yu X, et al. Characterizing global value chains: Production length and upstreamness [R]. National Bureau of Economic Research Working Paper, 2017.

[177] Wei H, Lian H. Intellectual property rights and the margins of firm imports in China [J]. Emerging Markets Finance and Trade, 2020, 56(1): 188-207.

[178] Wong Y S, Ho C M, Dollery B. Impact of exchange rate volatility on import flows: The case of Malaysia and the United States [J]. Applied Financial Economics, 2012, 22(24): 2027-2034.

[179] Wu Y. The Impact of Digital Inclusive Finance on the High-Quality Development of China's Export Trade [J]. International Journal of Law and Political Sciences, 2022, 16(5): 290-296.

[180] Xie C, Liu C. The nexus between digital finance and high-quality development of SMEs: Evidence from China [J]. Sustainability, 2022, 14(12): 7410.

[181] Xu J, Mao Q. On the relationship between intermediate input imports and export quality in China [J]. Economics of Transition, 2018, 26(3): 429-467.

[182] Xu Y. Towards a more accurate measure of foreign bank entry and its impact on domestic banking performance: The case of China [J]. Journal of Banking & Finance, 2011, 35(4): 886-901.

[183] Yeaple S R. A simple model of firm heterogeneity, international trade, and wages [J]. Journal of International Economics, 2005, 65(1): 1-20.

[184] Yu M. Processing trade, tariff reductions and firm productivity: Evidence from Chinese firms [J]. The Economic Journal, 2015, 125(585): 943-988.

[185] Zhang J, Wang L, Wang S. Financial development and economic growth:

Recent evidence from China [J]. Journal of Comparative Economics, 2012, 40 (3): 393-412.

[186] 白东北, 张营营, 王珏. 产业集聚与中国企业出口: 基于创新要素流动视角 [J]. 国际贸易问题, 2021 (2): 63-79.

[187] 白俊, 孟庆玺, 申艳艳. 外资银行进入促进了本土企业创新吗？[J]. 会计研究, 2018 (11): 50-55.

[188] 白重恩, 冀东星. 交通基础设施与出口: 来自中国国道主干线的证据 [J]. 世界经济, 2018 (1): 101-122.

[189] 包群, 阳佳余. 金融发展影响了中国工业制成品出口的比较优势吗 [J]. 世界经济, 2008 (3): 21-33.

[190] 蔡庆丰, 陈熠辉, 林焜. 信贷资源可得性与企业创新: 激励还是抑制？——基于银行网点数据和金融地理结构的微观证据 [J]. 经济研究, 2020 (10): 124-140.

[191] 蔡卫星. 银行业市场结构对企业生产率的影响——来自工业企业的经验证据 [J]. 金融研究, 2019 (4): 39-55.

[192] 陈刚, 王燕飞. 外资银行的经济增长效应: 生产率增长还是资本积累？——基于增长分解的实证研究 [J]. 产业经济研究, 2012 (6): 77-85.

[193] 陈刚, 翁卫国. 外资银行降低信贷融资成本的实证研究——基于中国工业企业的数据 [J]. 产业经济研究, 2013 (6): 66-76.

[194] 陈继勇, 刘骐豪. 信贷融资对中国企业出口行为的影响——基于双重信贷和双重出口边际的研究 [J]. 世界经济研究, 2015 (4): 53-63.

[195] 陈瑾, 李丹, 孙楚仁. 增值税转型与中国制造业企业出口动态 [J]. 经济科学, 2021 (1): 5-17.

[196] 陈梅, 周申, 何冰. 金融发展、融资约束和进口二元边际——基于多产品企业的研究视角 [J]. 国际经贸探索, 2017 (6): 85-101.

[197] 陈卫东, 宗良, 张兆杰. 入世五周年外资银行发展的基本特点及趋势——外资银行发展问卷调查分析报告 [J]. 国际金融研究, 2007 (3): 38-44.

[198] 陈雯, 孙照吉. 劳动力成本与企业出口二元边际 [J]. 数量经济技术经济

研究，2016（9）：22-39.

［199］陈新禹.人民币汇率、物价水平和国际贸易结算［J］.当代经济科学，2019（3）：83-91.

［200］陈勇兵，李燕，周世民.中国企业出口持续时间及其决定因素［J］.经济研究，2012（7）：48-61.

［201］陈中飞，江康奇.数字金融发展与企业全要素生产率［J］.经济学动态，2021（10）：82-99.

［202］程凯，杨逢珉.贸易便利化与中国企业进口中间品质量升级［J］.经济评论，2020（5）：82-97.

［203］程凯，杨逢珉.人民币汇率、产品质量与中国企业进口行为［J］.金融经济学研究，2019（5）：23-37.

［204］程锐，马莉莉.高级人力资本扩张与制造业出口产品质量升级［J］.国际贸易问题，2020（8）：36-51.

［205］戴觅，茅锐.外需冲击、企业出口与内销：金融危机时期的经验证据［J］.世界经济，2015（1）：81-104.

［206］段文奇，刘晨阳.贸易便利化、企业异质性与多产品企业出口［J］.国际贸易问题，2020（5）：72-88.

［207］樊纲，王小鲁，朱恒鹏.中国市场化指数——各地区市场化相对进程2011年报告［M］.北京：经济科学出版社，2011.

［208］樊海潮，郭光远.出口价格、出口质量与生产率间的关系：中国的证据［J］.世界经济，2015（2）：58-85.

［209］方成，丁骋骋."攻城略地"还是"扎根本土"：空间距离与中小企业融资便利——来自城市商业银行贷款数据的实证［J］.南开经济研究，2019（4）：123-142.

［210］方芳，蔡卫星.银行业竞争与企业成长：来自工业企业的经验证据［J］.管理世界，2016（7）：63-75.

［211］傅秋子，黄益平.数字金融对农村金融需求的异质性影响——来自中国家庭金融调查与北京大学数字普惠金融指数的证据［J］.金融研究，2018

（11）：68-84.

［212］耿伟，廖显春.要素价格负向扭曲与中国企业进口中间品多样化［J］.国际贸易问题，2016（4）：15-26.

［213］耿伟，杨晓亮.最低工资与企业出口国内附加值率［J］.南开经济研究，2019（4）：188-208.

［214］国务院发展研究中心课题组.加工贸易：全球化背景下工业化的新道路（总报告）［J］.经济研究参考，2003（11）：2-15.

［215］何欢浪，吴兰兰.银行业放松管制和中国制造业企业出口［J］.财贸研究，2020（6）：48-58.

［216］侯欣裕，陈璐瑶，孙浦阳.金融服务、外资政策调整与企业出口——基于中国微观数据的验证［J］.金融研究，2019（11）：94-111.

［217］胡亚茹，陈丹丹.中国高技术产业的全要素生产率增长率分解——兼对"结构红利假说"再检验［J］.中国工业经济，2019（2）：136-154.

［218］贾春新，夏武勇，黄张凯.银行分支机构、国有银行竞争与经济增长［J］.管理世界，2008（4）：7-14.

［219］贾俊生，伦晓波，林树.金融发展、微观企业创新产出与经济增长——基于上市公司专利视角的实证分析［J］.金融研究，2017（1）：99-113.

［220］姜付秀，蔡文婧，蔡欣妮，等.银行竞争的微观效应：来自融资约束的经验证据［J］.经济研究，2019（6）：72-88.

［221］荆逢春，李翠锦，周一.外资银行进入、金融脆弱性与企业出口［J］.世界经济研究，2018（6）：58-69.

［222］鞠晓生，卢荻，虞义华.融资约束、营运资本管理与企业创新可持续性［J］.经济研究，2013（1）：4-16.

［223］康志勇.政府补贴与中国本土企业出口行为研究［J］.世界经济研究，2014（12）：22-27.

［224］康志勇.中国本土企业研发对企业出口行为的影响："集约边际"抑或"扩展边际"［J］.世界经济研究，2013（10）：29-36.

［225］黎文靖，郑曼妮.实质性创新还是策略性创新？——宏观产业政策对微观

企业创新的影响［J］.经济研究，2016（4）：60-73.

［226］李兵，李柔.互联网与企业出口：来自中国工业企业的微观经验证据［J］.世界经济，2017.

［227］云廷，吴东松.专利质量对企业出口竞争力的影响机制：基于知识宽度视角的探究［J］.世界经济研究，2021（1）：32-46.

［228］李佳，段舒榕.数字金融减轻了企业对银行信贷的依赖吗？［J］.国际金融研究，2022（4）：88-96.

［229］李健，卫平.民间金融和全要素生产率增长［J］.南开经济研究，2015（5）：74-91.

［230］李俊青，谢芳.外资银行进入能够促进企业创新吗？——基于跨国的经验证据［J］.国际金融研究，2020（1）：54-64.

［231］李燕，张聪婧.移动支付促进城乡居民消费效应研究［J］.价格理论与实践，2021（12）：110-113.

［232］李扬.中国金融改革开放30年：历程、成就和进一步发展［J］.财贸经济，2008（11）：38-52.

［233］李志生，金凌，孔东民.分支机构空间分布、银行竞争与企业债务决策［J］.经济研究，2020（10）：141-158.

［234］李志生，金凌.银行竞争提高了企业投资水平和资源配置效率吗？——基于分支机构空间分布的研究［J］.金融研究，2021（1）：111-130.

［235］厉以宁，吴敬琏，等.三去一降一补：深化供给侧结构性改革［M］.中信出版社，2017.

［236］梁平汉，邹伟，胡超.时间就是金钱：退税无纸化改革、行政负担与企业出口［J］.世界经济，2020（10）：52-73.

［237］林毅夫，孙希芳，姜烨.经济发展中的最优金融结构理论初探［J］.经济研究，2009（8）：4-17.

［238］林毅夫，孙希芳.银行业结构与经济增长［J］.经济研究，2008（9）：31-45.

［239］刘斌，赵晓斐.近邻效应与企业进口决策［J］.国际贸易问题，2020（3）：

40-55.

[240] 刘光溪.供给侧管理与结构性改革的特殊及现实意义——关于金融结构性改革增加融资有效供给的思考[J].中共中央党校学报,2017(1):105-113.

[241] 刘美秀,徐微,朱小明,等.贸易政策不确定性对企业进口技术复杂度的影响——以中国制造业企业为例[J].宏观经济研究,2020(12):70-83.

[242] 刘明康.中国银行业改革开放30年[M].北京:中国金融出版社,2009.

[243] 刘晴,程玲,邵智,等.融资约束、出口模式与外贸转型升级[J].经济研究,2017(5):75-88.

[244] 刘玉海,廖赛男,张丽.税收激励与企业出口国内附加值率[J].中国工业经济,2020(9):99-117.

[245] 鲁晓东,连玉君.中国工业企业全要素生产率估计:1999—2007[J].经济学(季刊),2012(2):541-558.

[246] 罗红希.民国时期对外贸易政策特征分析[J].求索,2016(10):156-160.

[247] 吕勇斌,周先平,易盈盈.基于金融许可证信息的中国商业银行机构空间布局及其对区域经济的影响分析[J].国际金融研究,2017(6):54-64.

[248] 马述忠,吴国杰.中间品进口、贸易类型与企业出口产品质量——基于中国企业微观数据的研究[J].数量经济技术经济研究,2016(11):77-93.

[249] 马述忠,张洪胜,王笑笑.融资约束与全球价值链地位提升——来自中国加工贸易企业的理论与证据[J].中国社会科学,2017(1):83-107.

[250] 毛捷,李冠一,金雪军.外资潜在进入的竞争效应分析:来自中国银行业对外开放的经验证据[J].世界经济,2009(7):59-73.

[251] 毛其淋,陈乐远.地区金融发展如何影响了中国企业进口[J].国际贸易问题,2021(6):48-62.

[252] 毛其淋,盛斌.贸易自由化与中国制造业企业出口行为:"入世"是否促进了出口参与?[J].经济学(季刊),2014(2):647-674.

[253] 毛其淋,王澍.地方金融自由化如何影响中国企业出口?:以城市商业银

行发展为例［J］.世界经济研究，2019（8）：11-29.

［254］毛其淋.贸易政策不确定性是否影响了中国企业进口？［J］.经济研究，2020（2）：148-164.

［255］毛泽盛，吴洁，刘敏楼.外资银行对中国信贷供给影响的实证研究［J］.金融研究，2010（1）：106-116.

［256］孟珊珊，王永进.移民网络与企业进口扩张——基于网络分析方法的研究［J］.经济科学，2020（6）：48-59.

［257］倪红福，王海成.企业在全球价值链中的位置及其结构变化［J］.经济研究，2022（2）：107-124.

［258］潘越，宁博，纪翔阁，等.民营资本的宗族烙印：来自融资约束视角的证据［J］.经济研究，2019（7）：94-110.

［259］裴长洪.进口贸易结构与经济增长：规律与启示［J］.经济研究，2013（7）：4-19.

［260］裴长洪.中国贸易政策调整与出口结构变化分析：2006—2008［J］.经济研究，2009（4）：4-16.

［261］彭宝玉，蒋冰华，魏雪燕，等.国外金融地理：地理学和经济学研究对比［J］.人文地理，2016（2）：18-23.

［262］齐俊妍，王岚.贸易转型、技术升级和中国出口品国内完全技术含量演进［J］.世界经济，2015（3）：29-56.

［263］齐俊妍，王晓燕.金融发展对出口净技术复杂度的影响——基于行业外部金融依赖的实证分析［J］.世界经济研究，2016（2）：34-45.

［264］齐绍洲.外资银行进入的竞争效应与中资银行的竞争战略［J］.国际金融研究，2007（10）：42-46.

［265］綦建红，尹达，刘慧.经济政策不确定性如何影响企业出口决策？——基于出口频率的视角［J］.金融研究，2020（5）：95-113.

［266］邱斌，杨帅，辛培江.FDI技术溢出渠道与中国制造业生产率增长研究：基于面板数据的分析［J］.世界经济，2008（8）：20-31.

［267］邵朝对，苏丹妮，李坤望.服务业开放与企业出口国内附加值率：理论和

中国证据[J].世界经济,2020(8):123-147.

[268] 邵朝对,苏丹妮.产业集聚与企业出口国内附加值:GVC升级的本地化路径[J].管理世界,2019(8):9-29.

[269] 沈国兵,袁征宇.企业互联网化对中国企业创新及出口的影响[J].经济研究,2020(1):33-48.

[270] 施炳展,张雅睿.贸易自由化与中国企业进口中间品质量升级[J].数量经济技术经济研究,2016(9):3-21.

[271] 施炳展.补贴对中国企业出口行为的影响——基于配对倍差法的经验分析[J].财经研究,2012(5):70-80.

[272] 苏振东,洪玉娟,刘璐瑶.政府生产性补贴是否促进了中国企业出口?——基于制造业企业面板数据的微观计量分析[J].管理世界,2012(5):24-42.

[273] 孙楚仁,田国强,章韬.最低工资标准与中国企业的出口行为[J].经济研究,2013(2):42-54.

[274] 孙灵燕,李荣林.融资约束限制中国企业出口参与吗?[J].经济学(季刊),2011(1):231-252.

[275] 孙浦阳,侯欣裕,盛斌.服务业开放、管理效率与企业出口[J].经济研究,2018(7):136-151.

[276] 孙浦阳,蒋为,陈惟.外资自由化、技术距离与中国企业出口——基于上下游产业关联视角[J].管理世界,2015(11):53-69.

[277] 孙浦阳,张龑.外商投资开放政策、出口加工区与企业出口生存——基于产业关联视角的探究[J].经济学(季刊),2019(2):701-720.

[278] 孙伟,戴桂林.开发区设立与企业出口国内附加值[J].产业经济研究,2020(5):1-13.

[279] 孙铮,李增泉,王景斌.所有权性质、会计信息与债务契约——来自我国上市公司的经验证据[J].管理世界,2006(10):100-107.

[280] 谭用,孙浦阳,胡雪波,等.互联网、信息外溢与进口绩效:理论分析与经验研究[J].世界经济,2019(12):77-98.

[281] 唐松, 伍旭川, 祝佳. 数字金融与企业技术创新——结构特征、机制识别与金融监管下的效应差异[J]. 管理世界, 2020, 36（5）: 52-66.

[282] 唐宜红, 俞峰, 林发勤, 等. 中国高铁、贸易成本与企业出口研究[J]. 经济研究, 2019（7）: 158-173.

[283] 陶锋, 胡军, 李诗田, 等. 金融地理结构如何影响企业生产率？——兼论金融供给侧结构性改革[J]. 经济研究, 2017（9）: 55-71.

[284] 田素华, 徐明东. 外资银行进入对中国不同行业影响差异的经验证据[J]. 金融研究, 2011, （10）: 88-99.

[285] 王桂军, 卢潇潇. "一带一路"倡议与中国企业升级[J]. 中国工业经济, 2019（3）: 43-61.

[286] 王晞. 跨国银行进入中国决定因素的实证分析[J]. 金融研究, 2005（8）: 63-71.

[287] 王勋, Johansson A. 金融抑制与经济结构转型[J]. 经济研究, 2013（1）: 54-67.

[288] 王兆星, 曹宇. 全面推进新时代银行业高质量发展[J]. 中国金融, 2019（2）: 14-17.

[289] 魏浩, 白明浩, 郭也. 融资约束与中国企业的进口行为[J]. 金融研究, 2019（2）: 98-116.

[290] 吴唱唱, 张辉. 以高水平对外开放推动构建新发展格局——中国进口贸易发展视角[J]. 中共中央党校（国家行政学院）学报, 2023（2）: 101-112.

[291] 吴小康, 韩剑. 邻居、信息溢出与企业进口[J]. 中南财经政法大学学报, 2018（2）: 114-125.

[292] 吴延兵. 中国哪种所有制类型企业最具创新性？[J]. 世界经济, 2012（6）: 3-29.

[293] 武力超, 刘莉莉. 信贷约束对企业中间品进口的影响研究——基于世界银行微观企业调研数据的实证考察[J]. 经济学动态, 2018（3）: 63-79.

[294] 夏怡然, 陆铭. 城市间的"孟母三迁"——公共服务影响劳动力流向的经验研究[J]. 管理世界, 2015（10）: 78-90.

［295］肖文，薛天航．劳动力成本上升、融资约束与企业全要素生产率变动［J］．世界经济，2019（1）：76-94．

［296］谢申祥，冯玉静．经济政策不确定性与企业出口——基于中国工业企业数据的实证研究［J］．当代财经，2018（9）：91-101．

［297］邢斐，王书颖，何欢浪．从出口扩张到对外贸易"换挡"：基于贸易结构转型的贸易与研发政策选择［J］．经济研究，2016（4）：89-101．

［298］邢斐，张建华．外商技术转移对我国自主研发的影响［J］．经济研究，2009（6）：94-104．

［299］徐思远，洪占卿．信贷歧视下的金融发展与效率拖累［J］．金融研究，2016（5）：51-64．

［300］许和连，金友森，王海成．银企距离与出口贸易转型升级［J］．经济研究，2020（11）：174-190．

［301］许和连，王海成．简政放权改革会改善企业出口绩效吗？——基于出口退（免）税审批权下放的准自然试验［J］．经济研究，2018（3）：157-170．

［302］许和连，王海成．最低工资标准对企业出口产品质量的影响研究［J］．世界经济，2016（7）：73-96．

［303］许家云，毛其淋．生产性补贴与企业进口行为：来自中国制造业企业的证据［J］．世界经济，2019（7）：46-70．

［304］薛新红，王忠诚．国家质量声誉、国家软实力与企业出口利润［J］．世界经济研究，2016（11）：47-59．

［305］杨继军，刘依凡，李宏亮．贸易便利化、中间品进口与企业出口增加值［J］．财贸经济，2020（4）：115-128．

［306］杨连星，张杰，金群．金融发展、融资约束与企业出口的三元边际［J］．国际贸易问题，2015（4）：95-105．

［307］杨汝岱．中国制造业企业全要素生产率研究［J］．经济研究，2015（2）：61-74．

［308］杨伟明，粟麟，孙瑞立，等．数字金融是否促进了消费升级？——基于面板数据的证据［J］．国际金融研究，2021（4）：13-22．

[309] 杨烨, 谢建国. 开发区设立对企业出口产品质量的影响——基于高技能人才质量匹配视角的研究[J]. 经济评论, 2021（2）: 83-102.

[310] 姚晓明, 朱晟君. 银行业空间演化与企业信贷[J]. 地理科学, 2019（2）: 294-304.

[311] 姚耀军, 吴文倩, 王玲丽. 外资银行是缓解中国企业融资约束的"白衣骑士"吗？——基于企业异质性视角的经验研究[J]. 财经研究, 2015（10）: 58-68.

[312] 尹志超, 钱龙, 吴雨. 银企关系、银行业竞争与中小企业借贷成本[J]. 金融研究, 2015（1）: 134-149.

[313] 余淼杰, 金洋, 张睿. 工业企业产能利用率衡量与生产率估算[J]. 经济研究, 2018（5）: 56-71.

[314] 余淼杰, 李乐融. 贸易自由化与进口中间品质量升级——来自中国海关产品层面的证据[J]. 经济学（季刊）, 2016（3）: 1011-1028.

[315] 余长林. 知识产权保护与中国企业出口增长的二元边际[J]. 统计研究, 2016（1）: 35-44.

[316] 岳云嵩, 李兵, 李柔. 互联网对企业进口的影响——来自中国制造业企业的经验分析[J]. 国际经贸探索, 2017（3）: 57-69.

[317] 张大永, 张志伟. 竞争与效率——基于我国区域性商业银行的实证研究[J]. 金融研究, 2019（4）: 111-129.

[318] 张红军, 杨朝军. 外资银行进入中国市场的区位选择及动因研究[J]. 金融研究, 2007（9）: 160-172.

[319] 张健华, 王鹏, 冯根福. 银行业结构与中国全要素生产率：基于商业银行分省数据和双向距离函数的再检验[J]. 经济研究, 2016（11）: 110-124.

[320] 张杰, 郑文平. 政府补贴如何影响中国企业出口的二元边际[J]. 世界经济, 2015（6）: 22-48.

[321] 张金清, 吴有红. 外资银行进入水平影响商业银行效率的"阈值效应"分析——来自中国商业银行的经验证据[J]. 金融研究, 2010（6）: 60-74.

[322] 张明志, 铁瑛. 工资上升对中国企业出口产品质量的影响研究[J]. 经济

学动态, 2016 (9): 41-56.

[323] 张铭心, 谢申祥, 强皓凡, 等. 数字普惠金融与小微企业出口: 雪中送炭还是锦上添花 [J]. 世界经济, 2022 (1): 30-56.

[324] 张鹏杨, 李众宜, 毛海涛. 产业政策如何影响企业出口二元边际 [J]. 国际贸易问题, 2019 (7): 47-62.

[325] 张夏, 施炳展. 融资约束是否影响了中国企业资本品的进口边际 [J]. 当代财经, 2016 (8): 98-108.

[326] 张一林, 林毅夫, 龚强. 企业规模、银行规模与最优银行业结构——基于新结构经济学的视角 [J]. 管理世界, 2019 (3): 31-47.

[327] 张雨, 戴翔. 加强知识产权保护能够提升企业出口国内增加值吗?[J]. 当代经济科学, 2021 (2): 97-108.

[328] 钟腾龙, 余淼杰. 外部需求、竞争策略与多产品企业出口行为 [J]. 中国工业经济, 2020 (10): 119-137.

[329] 周记顺, 洪小羽. 进口中间品、进口资本品与企业出口复杂度 [J]. 国际贸易问题, 2021 (2): 48-62.

[330] 周天芸, 陈铭翔. 数字渗透、金融普惠与家庭财富增长 [J]. 财经研究, 2021 (7): 33-47.

[331] 周煊, 程立茹, 王皓. 技术创新水平越高企业财务绩效越好吗?——基于16年中国制药上市公司专利申请数据的实证研究 [J]. 金融研究, 2012 (8): 166-179.

[332] 朱小明. 反倾销保护对进口多元化的影响——基于中国微观企业的经验研究 [J]. 现代财经(天津财经大学学报), 2018 (1): 68-82.

[333] 诸竹君, 黄先海, 余骁. 金融业开放与中国制造业竞争力提升 [J]. 数量经济技术经济研究, 2018 (3): 114-131.

[334] 邹宏元, 崔冉. 实际汇率和关税税率变动对中国进出口的影响 [J]. 数量经济技术经济研究, 2020 (2): 143-161.